U0919161

神话研究集刊

第六集

向宝云　主编

巴蜀书社

目 录

古代神话研究

《山海经》对妖怪学研究的启示 …………………………… 陈连山(1)
《山海经》文献校理十三则 ………………………………… 贾雯鹤(11)
《春秋左氏解谊》引《神异经》献疑
兼说《吴都赋》“海童”的出典问题………………………… 王 宁(21)
中国厕神神话形态初探…………………………………… 刘 勤(39)
大禹神话与蚕桑文化探析………………………………… 谢天开(53)
中国神话普及的经典范式
——评刘勤等《中华远古神话衍说:三皇五帝》系列丛书 … 吴 华(69)

巴蜀神话研究

神话与历史——略论杜宇………………………………… 李 诚(74)
从古史传说看蚕丛氏蜀人与古蜀国和冉駹古国的关系……… 徐学书(93)
盘古神话与汉代高禖画像探讨…………………………… 黄剑华(113)

外国神话研究

杜环《经行记》:一则传说记载之希腊神话内涵的考察 ……… 郭 锋(132)
粗略批评与多维反思:英语学界的缪勒神话学研究 ………… 杨 艳(143)
《神谱》爱欲的语义与属性建构 …………………………… 刘庆莲(154)

跨学科神话研究

论龙凤与商祖喾、契之关系 …………………………………… 宋亦箫(163)
生与死:商代玉鱼的神话考古 ………………………………… 杨 骊(180)
大禹信仰及其祭祀活动源流…………………………… 陈 云 唐 颖(208)
《押沙龙,押沙龙!》中的神话叙事与人类学想象 ………… 秦崇文(221)
试论老子化胡传说的历史形成………………………… 王文心 胡祥琴(238)
网络时代的异兽形象建构……………………………………… 何胜莉(252)

研究综述

中国神话学文献及资料整理与保存现状概述……… 王殿之 杨雨霖(269)

青年论坛

族群叙事理论视野下的巴蜀古代民族与神话……………… 宋 峰(282)

征稿启事……………………………………………………………… (293)

《山海经》对妖怪学研究的启示

北京大学中文系　陈连山

摘　要　《山海经》中的怪物有些是当时人尚未认识的客观存在，有些是信仰和想象。妖怪学作为一门现代人文学，虽然不能以消灭妖怪为目的，但仍然需要判断妖怪究竟是未被认识的客观存在，还是基于信仰的想象。郭璞以知识有限论为《山海经》的怪力乱神进行的辩护存在漏洞。汪绂对《山海经》神怪问题的研究超越了对神怪真假的判断，比较全面地揭示了神怪的文化价值，对现代妖怪学具有启发性意义。

关键词　妖怪学；《山海经》；有神论；无神论；汪绂

《山海经》是中国原始的自然地理志和人文地理志。其中记录的超自然事物比较多，因此，从明代胡应麟开始，一些学者把《山海经》视为中国志怪小说鼻祖；而现代一些学者则称《山海经》为“巫书”“神话宝库”等等。研究中国的妖怪，不得不从《山海经》开始。本文将用《山海经》中关于超自然事物的记载反思妖怪学研究的几个方面，以期学界在引入日本妖怪学的时候注意其适用性问题。

一、《山海经》作者相信妖怪是真实的存在

《山海经》中有很多怪物，在今人眼中它们大都是想象虚构之物。可是，《山海经》作者既然把这些东西记录在地理志中，这就表明他们相信这些怪物是真实的存在。这和现代人对待这些记录的态度是完全不同的。

《山海经》中没有包含明显道德贬义的“妖”字，只有比较客观的“怪”字。《南山经》之首：“又东三百八十里，曰猨翼之山，其中多怪兽，水多怪鱼，多白玉，多蝮虫，多怪蛇，多怪木，不可以上。”郭璞注云：“凡言怪者，皆谓貌状倔奇不常也。”[①] 所谓怪兽、怪鱼、怪蛇、怪木，都是作者不常见，不认识，又无可命名之物。类似的还有《西次三经》昆仑之丘：“黑水出焉，而西流于大杅。是多怪鸟兽。”[②]《中次五经》：“……苟床（当为林）之山，无草木，多怪石。”[③] 郭璞注云：“怪石，似玉也。”[④]《中次七经》：“……堵山，神天愚居之，是多怪风雨。”[⑤]

与“怪”的概念接近的是“奇”和“异”。《西次三经》：“自崟山至于钟山，四百六十里，其间尽泽也。是多奇鸟、怪兽、奇鱼，皆异物焉。”[⑥] 这里的奇鸟、奇鱼和怪兽并列，并且都被概括为“异物”，说明在古人心目中，它们都属于怪物。《海外北经》：“聂耳之国在无肠国东，使两文虎，为人两手聂其耳。县居海水中，及水所出入奇物（《道藏》本为“奇怪物”）。”郭璞注云：“言尽规有之。”[⑦] 意思是全部拥有在海里生活的奇怪动物。上述所谓怪兽、怪鱼、怪蛇、怪木、怪石、怪风雨，或者奇鸟、奇鱼、异物，在《山海经》作者眼中都是真实存在的罕见之物而已。

《山海经》中还有所谓的“怪神”。《中次十二经》云：“……澧沅之风，交潇湘之渊，是在九江之间，出入必以飘风暴雨。是多怪神，状如人而载蛇，

---

① 袁珂：《山海经校注》，北京联合出版公司，2014 年，第 2—3 页。

② 同上，第 42 页。

③ 同上，第 122 页。

④ ［晋］郭璞：《山海经传》卷五，中华书局，1984 年影印本。

⑤ 袁珂：《山海经校注》，北京联合出版公司，2014 年，第 133 页。

⑥ 同上，第 37 页。

⑦ 同上，第 214 页。

左右手操蛇。"[①] 郝懿行解释"载"就是"戴"，所谓"载蛇"就是"戴蛇"。在《山海经》中凤凰和鸾鸟都有戴蛇的说法，而操蛇的神灵更多，这一点无须赘言。所以，这些神灵戴蛇、操蛇倒算不上特别怪异。所以这里的所谓"怪神"应该也是指无可名状之神。

《山海经》对各种具体怪物、怪神的描写是完全视为真实来进行的。例如《南山经之首》云："……基山，其阳多玉，其阴多怪木。有兽焉，其状如羊，九尾四耳，其目在背，其名曰猼訑，佩之不畏。有鸟焉，其状如鸡而三首六目，六足三翼，其名曰䳜鵂，食之无卧。"[②] 在我们看来，猼訑和䳜鵂都是想象出来的动物，但是《山海经》说佩戴前者可以使人勇敢，食用后者可以使人不睡觉。可见，作者完全相信它们是现实存在的实有动物。

这表明，在《山海经》时代，人们的科学知识是非常有限的，世界上存在着大量不认识，也未被命名的事物，这就是他们所谓的怪物、奇物和异物。在《山海经》的知识体系中，存在很多误解和想象。当时人的宗教信仰非常虔诚，正是在宗教思想的笼罩下，当时的人们才会把那些想象的事物都视为真实存在。由此可知，《山海经》中的奇怪之物，有些是古人尚待认识的事物，有些是古人的信仰和想象。

如果我们的妖怪学研究忽略了这一点，只从艺术想象的角度看待《山海经》中的怪物，就可能无法理解古人的真实思想，无法正确把握古人的精神世界。

由此，我对经典的妖怪学理论有两个看法。

第一，妖怪学的奠基人——日本学者井上圆了为了消除迷信，竭力辨析妖怪是否存在，企图尽量地通过科学消除虚构的妖怪[③]。由于这种科学主义目的不符合现代学术观念，所以新妖怪学已经不再关注妖怪是否存在的问题，或者说把这个问题悬置起来了。可是，假如我们能够剔除井上圆了学说中的科学主义目的，其中仍然存在合理性——对怪物真假性质的辨析，可以使我们更好地认识哪些妖怪属于有待认识的客观事物，哪些妖怪属于信仰和想象。以信仰和想象为背景来研究妖怪，和纯粹从艺术虚构角度来研究妖怪，是有

---

① 袁珂：《山海经校注》，北京联合出版公司，2014年，第166页。

② 同上，第5页。

③ ［日］井上圆了著，蔡元培译：《妖怪学讲义》，台湾东方文化书局，1951年，第3页。

很大差异的。究竟采用哪种研究视角，会对妖怪学发展产生很大的影响。所以，尽管新的妖怪学不再把辨析妖怪是否存在作为重点，但是仍然不可忽视这个问题。另外，妖怪学作为一门现代人文学科，从学术性质来看，也应该以科学立场为前提，就像神话学、宗教学一样，而不是像神学那样以神的存在为前提。虽然我们不能以消灭妖怪作为学术研究的目的，但是妖怪学也不能回避对于妖怪是否客观存在的判断。

第二，另一位日本学者柳田国男关于“妖怪是神明信仰衰退之后的产物”[①] 的理论，跟《山海经》的上述事实有矛盾。在《山海经》中，妖怪的存在与虔诚的宗教信仰同时存在，因此，“妖怪是神明信仰衰退后的产物”的理论无法解释《山海经》中的相关材料。

二、《山海经》怪物传达的凶兆与祥瑞

《山海经》中记录了很多怪物，其中一部分怪物具有预告未来的功能。预兆好事的，后人称为祥瑞；预兆坏事的，后人称为妖孽。日常生活是平淡的，而好事、坏事都是小概率事件。因此，具有预兆功能的这些动物从概率的角度看，必然都是罕见的，都属于“非常”之物，它们大体上都属于妖怪学研究的范围。

属于凶兆一类的，例如《西次三经》云：“有鸟焉，其状如鹤，一足，赤文青质而白喙，名曰毕方，其鸣自叫也，见则其邑有讹火。”[②] 《东次四经》石膏水“其中多薄鱼。其状如鳣鱼而一目，其音如欧，见则天下大旱。”[③] 同上篇，子桐之水，“其中多鳎鱼，其状如鱼而鸟翼，出入有光。其音如鸳鸯，见则天下大旱。”[④] 剡山，“有兽焉，其状如彘而人面。黄身而赤尾，其名曰合窳，其音如婴儿。是兽也，食人，亦食虫蛇，见则天下大水。”[⑤]

属于祥瑞的也有。《西次三经》云：师水，“有兽焉，其状如豚而有牙，

① 参见［日］小松和彦：《妖怪学新考——从妖怪来看日本人的心》，东京洋泉社，2007 年，第 18 页。

② 袁珂：《山海经校注》，北京联合出版公司，2014 年，第 46—47 页。

③ 同上，第 105 页。

④ 同上，第 106 页。

⑤ 同上。

其名曰当康，其鸣自叫，见则天下大穰。”[①] 最突出的祥瑞是凤凰，《南次三经》丹穴之山说：“丹水出焉，而南流，注于渤海。有鸟焉，其状如鸡[②]，五采而文，名曰凤皇[③]。首文曰德，翼文曰义，背文曰礼，膺文曰仁，腹文曰信。是鸟也，饮食自然，自歌自舞，见则天下安宁。”[④]

中国人对于吉凶预兆的关注是贯穿于整个历史的，很多王朝都有关于祥瑞的制度。可是，当我们把凶兆动物和祥瑞合在一起进行妖怪学研究时，就会遇到一个问题：在汉语中，“妖怪”二字具有强烈的贬义，人们惧怕它们，厌恶它们。《左传·宣公十五年》把妖怪视为自然秩序和社会秩序被破坏之后的产物：“天反时为灾，地反物为妖，民反德为乱，乱则妖灾生。”[⑤] 而祥瑞却具有强烈的褒义，人们对它们充满喜爱之情。所以，如果妖怪学同时包括了妖怪和祥瑞，在中国的文化语境下就显得扞格难通。但是，假如妖怪学抛弃祥瑞，只研究凶兆妖邪，这又和《山海经》中所记录的怪物实际同时包含着妖邪和祥瑞两种的事实不符。这有点令人无所适从。我觉得，中国传统的“志怪”概念比较中性，既可以包含贬义的妖怪，又可以包含褒义的祥瑞。把妖怪学改称志怪学，能够比较好地解决上述两难处境。

与此相关的另外一个问题是：日本学者小松和彦先生认为妖怪的产生源于人们心中的“警戒心与不安”[⑥]，非常有创见。这个理论为妖怪现象的产生提供了一个很好的心理学解释，而且理论本身也包含着很大的发展潜力。假如把这个理论运用到《山海经》研究，把令人恐惧的妖怪和令人愉悦的祥瑞都纳入视野，就可以有所发展。面对不可控制的现实生活的危险性，人们想象有祥瑞可以保证未来的平安幸福，那么人类就可以由此获得精神的抚慰，减少恐惧感。

---

① 袁珂：《山海经校注》，北京联合出版公司，2014 年，第 105 页。

② 鸡：古书所引多为“鹤”，元代曹善抄本也作“鹤”。

③ 凤皇：即凤凰。

④ 袁珂：《山海经校注》，北京联合出版公司，2014 年，第 14—15 页。

⑤ ［清］阮元：《十三经注疏》本，中华书局，1980 年，第 1888 页。

⑥ ［日］小松和彦：《妖怪学新考——从妖怪来看日本人的心》，东京洋泉社，2007 年，转引自苏筱《“妖怪学”小考》，《北方工业大学学报》2020 年第 4 期。

三、《山海经》学术史研究对妖怪学的启发

一般而言，中国古代知识分子受孔子“不语怪力乱神”思想的影响，出于政治和道德两方面的顾虑，经常回避或者否定妖怪的存在。不过，那些研究《山海经》的古代学者无法回避。下面，我从古代《山海经》学者们的妖怪理论出发，看看其中有哪些东西可以给我们以启发。

1. 妖怪的真假问题

现代妖怪学已经不再重视妖怪的真假问题。我觉得应该继续关注，因为这是保证妖怪学作为一门现代学术的前提，否则当人们问起我们妖怪是否真实存在的问题时，我们可能无法应对。

中国古代的《山海经》学者们对于书中描述的妖怪的真假很纠结。因为假如妖怪是假的，那么谈论妖怪就违背孔子确定的儒家道德原则“不语怪力乱神”。假如妖怪是真实存在，那么他们讨论妖怪就不算违背上述原则，而《山海经》也就获得了存在的合法性。因此，古代那些肯定《山海经》的学者们大体都设法“证明”《山海经》中的怪物都是现实中真实存在的。第一个注解《山海经》的郭璞曾经运用了多种方法，企图全面肯定《山海经》的记载都是真实存在[①]。其中最值得注意的是郭璞采用庄子“人之所知，莫若其所不知”的知识有限论来展开辩护。郭璞《注山海经叙》云：

> 夫以宇宙之寥廓，群生之纷纭，阴阳之煦蒸，万殊之区分。精气浑淆，自相喷薄。游魂灵怪，触像而构。流形于山川，丽状于木石者，恶可胜言乎？然则总其所以乖，鼓之于一响；成其所以变，混之于一象。世之所谓异，未知其所以异；世之所谓不异，未知其所以不异。何者？物不自异，待我而后异，异果在我，非物异也。故胡人见布而疑黂，越人见罽而骇毳。夫玩所习见而奇所希闻，此人情之常蔽也。[②]

① 参看拙著《〈山海经〉学术史考论》，北京大学出版社，2012 年，第 90—94 页。

② 见袁珂：《山海经校注》，北京联合出版公司，2014 年，第 399 页。

按照这种理论，宇宙万物极其复杂，而人类知识是极其有限的，不可能全面认识世界。对于不了解的东西，就会觉得它奇怪。正如北方的胡人看见南方的木棉布不认识，怀疑是黂（粗麻布）。而南方的越人看见罽（氍毹毛一类的高级毛织物）不认识，怀疑是毳（粗糙的毛织物）。因此，"物不自异，待我而后异，异果在我，非物异也。"按照郭璞的说法，妖怪属于未知领域，所有被人视为怪异的事物都是由于人类现有知识的局限性决定的。郭璞把一切的"怪异"都归结为世人的主观认识缺陷。现代一些相信妖怪存在的人依然用这种思想来辩护。但是，我认为这种思想存在两个缺陷。第一，这种证明不能自圆其说。既然怪物是未知的，那么记录怪物的作者是如何得知的？第二，这种证明违背现代科学理念，因为它从根本上取消了人们运用经验事实来判断真伪的权利。依照卡尔·波普尔关于"科学是可以被证伪的学问"的论断，我们使用现有知识来判断妖怪的真伪是合理的。诚然现有知识是不完备的，随着知识的增加，未来有可能推翻现有结论。但这并不意味着我们现在不能做判断，或者现在做判断就"不科学"。未来的新知识可能证伪现有判断，但这个现有判断依然不失其科学属性。

2. 如何超越妖怪的真假问题

妖怪学当然不能停留在判断妖怪真假的基本立场上。那么如何超越这一立场呢？我认为清代人汪绂的思想值得关注。

汪绂是徽派名儒。他站在格物穷理的立场研究《山海经》，针对书中各种超自然内容提出了一种非常独特的解说。他认为人们过分执着于神怪有无，是导致迷惑的原因：

> 学者于物怪、神奸，既惑而不能不信，然又不敢全信，故只得委之无穷，付之以不可知。然疑念既生，终被神怪牵惑，谓之不敢全信，已是深信之矣。故人贵穷理。穷理者，非穷此神怪有无之理，只是穷究自己身心性命之理。身心性命之理，果能真知其本源，则神怪自不足惑。若乡（向）神怪穷究其有无，则终身只是惑也。①

① 见刘师培《汪绂传》，引自章太炎、刘师培等：《中国近三百年学术史论》，上海古籍出版社，2006年，第295页。

他认为一味探求神怪存在与否的问题，只能使人永远迷惑。这一点倒是在井上圆了身上得到了“应验”。井上圆了原本想用科学消灭妖怪，但是他的妖怪学分类体系中包含着所谓“实怪”类，其中有“真怪”，即科学无法解释的超越理性的怪物。所以，井上圆了最终承认科学只能部分地消除妖怪，他说：“虽如何明睿之学者，犹不能无妖怪。”①

为了摆脱这种困境，汪绂主张：神怪存在与否是一个次要问题，真正重要的是探索宇宙万物本身所隐含的、同时也存在于人类内心的“身心性命之理”。弄清了这个根本道理，回头再看神怪，神怪就不足以使人疑惑了。今天的妖怪学研究基于人类精神生活的需要，承认人类对妖怪的信仰和想象具有天然的合理性与合法性，我们就可以不再持有从科学上消除妖怪的执念。

另外，汪绂认为：即便是那些明显的虚构想象的怪物叙事，也是具有独立价值的。这就超越了神怪真假的基本问题，而进入了更高的理论层次。《大荒东经》云：“有波谷山者，有大人之国。”② 这属于巨人传说，古代典籍中经常出现类似故事。《河图玉版》云：“从昆仑以北九万里，得龙伯国人，长二十丈，生万八千岁乃死。从昆仑以东，得大秦人，长十丈，皆衣帛。从此以东十万里，得中秦国人，长一丈。”汪绂云：“案西域有大秦国，然无所谓长十丈人者。地毬（即地球）不过九万里，又乌所谓数十万里者耶?”③ 他依据史料和西学地球知识，判定《河图玉版》关于大秦人长十丈为虚构。于是，所谓龙伯国人长二十丈也就不攻自破了。《大荒东经》又云：“有小人国，名靖人。”④ 这是大人国的反面。汪绂注云：“《含神雾》云：‘中州以南四十万里得僬侥国人，长一尺五寸。东北有人长九寸。’……案：国朝闽提督某得二僬侥人，畜之槛中，长尺许，食以果实。然其头大身小，殊类猿猴耳。以为有技巧、谷食，殆未然也。”⑤ 他用现实中的所谓“僬侥人”没有技能，不吃五谷，只吃果实而推断它们类似于猿猴，不是真正的人类，进而推定历史上的很多小人国故事都是虚构。他总结道：“《外传》云：‘僬侥人长三尺，短

---

① ［日］井上圆了著，蔡元培译：《妖怪学讲义》，台湾东方文化书局，1951 年，转引自苏筱《“妖怪学”小考》。

② 袁珂：《山海经校注》，北京联合出版公司，2014 年，第 292 页。

③ ［清］汪绂：《山海经存》卷八，杭州古籍出版社，1984 年影印本。

④ 袁珂：《山海经校注》，北京联合出版公司，2014 年，第 293 页。

⑤ ［清］汪绂：《山海经存》卷八，杭州古籍出版社，1984 年影印本。

之至也。长者（指大人国之类）不过十丈，数之极也。’斯言近之，其余皆荒谈也。”①

判定为荒谈，并不意味着完全否定，这是汪绂跟一般儒生不同之处。《大荒东经》云：“汤谷上有扶木，一日方至，一日方出，皆载于乌。”汪注云：“荒谈，甚无稽！却甚有趣！”② 所谓“甚无稽”，是根据事实进行的科学判断。所谓“甚有趣”则是基于审美情感而做出的判断。这种观念实际上承认荒怪之谈具有不依赖于道德的独立价值——审美的价值。汪绂对虚构性质的神怪的美学价值的肯定，实际上等于把科学领域、道德领域与审美领域加以区分，审美领域可以独立存在。这是中国古代《山海经》研究中非常突出的成就，可以作为现代妖怪学的基本立场。

3. 汪绂肯定神怪的道德价值

正统的儒家并不笼统地反对超自然事物，对符合道德规范的超自然事物，称之为“天地正神”，并加以肯定。这就是所谓的以神道设教。他们只是排斥有悖道德的其他超自然事物，并贬称之为“怪力乱神”，为“物怪、神奸”。

汪绂在排斥了他眼里的虚构神怪之后，对其余鬼神的存在进行了肯定，即便这些神怪被夸张过。例如，《大荒东经》有无角独足怪牛夔，“黄帝得之，以其皮为鼓。橛以雷兽之骨，声闻五百里，以威天下”。汪绂注云：“雷兽，即雷泽中神也。《孔子家语》云：‘山木之怪、夔石之怪。’后人所谓‘山中木客’、‘独脚山魈’、‘独脚公’、‘铁鬼使’，皆此类也。此特夸张其神耳。”③

汪绂肯定神怪，跟传统儒家以神道设教思想基本是一致的。其《参〈读礼志疑〉》云：“然愚谓：‘神之格思，不可度思，矧可射思！’④ 塞满天地，固无非鬼神。……天地间物，有其妙用，则有其神焉。赖其利用，则报以祀焉。”⑤ 在汪绂看来，天地鬼神是普遍存在的。只要物有所用，就有神。仰赖于这些事物有利于满足人类需要，所以，人类就要用祭祀来报答其中的神灵。

---

① ［清］汪绂：《山海经存》卷八，杭州古籍出版社，1984 年影印本。

② 同上。

③ 同上。

④ ［清］阮元：《十三经注疏》，中华书局，1980 年，第 555 页。《诗经·大雅·抑》毛注云：“格，至也。”郑笺云：“矧，况。射，厌也。神之来至去止，不可度知。况可于祭末而有厌倦乎？”

⑤ 见《四库全书珍本四集》，台湾商务印书馆，1969 年，第 39—40 页。

这样，作者不但为神的存在提供了理由，也为人类信仰神灵提供了道德依据。

汪绂《参〈读礼志疑〉》又云：

> 天地鬼神，莫非实理。一阴一阳之谓道，天地以二气生人、生物，而此理即寓其中。故形气魂魄之身灵妙无端，而仁孝慈爱恭敬之良，亦动于中而不能自已。随感而发，各有当然之则。是则天道之至教也，圣人修道之教，修此而已。①

按照汪绂的说法，天地鬼神都是包含实在道理的。阴阳二气造物、生人之时，道理就化入其中——天地人神包含同样的道理。所以，具有形气魂魄的身体无比奇妙，道德良心自然生发。这就是天道的最高教化。圣人掌握了这个道理，就可以按照天道教化百姓了。汪绂依照阴阳哲学从天地人神之中“格”出共通的天道，从而消解了神怪的非道德、非理性特征。有了这样的理论根底，神怪不但不构成对儒家思想的威胁，反而是一种助力。这就是汪绂敢于突破“子不语怪力乱神”原则的根本原因。汪绂作为儒学思想家从审美和道德两个方面肯定了有关神怪的超自然叙事，对于《山海经》的研究做出了独特的贡献。

作为现代学者，我们研究妖怪学当然不是想充当“教化”民众的士大夫，也不是想充当“启蒙”民众的思想领袖。不过，我们是否可以关注妖怪传说中所包含的道德性？毕竟道德也是人类情感的一个重要因素。中国古代盛行天人感应思想，古人把祥瑞和妖怪的出现分别对应于人类的善恶。《周礼·春官》：“眡祲掌十辉之法，以观妖祥、辨吉凶。”郑玄注：“妖祥，善恶之征。”贾公彦疏：“祥是善之征，妖是恶之征。”② 所以，研究各种妖怪故事是否包含道德因素，以及所包含的道德因素究竟有哪些，还是十分必要、十分有意义的。

---

① 见《四库全书珍本四集》，台湾商务印书馆，1969 年，第 47 页。

② 见［清］阮元：《十三经注疏》，中华书局，1980 年，第 808 页。

《山海经》文献校理十三则[①]

四川省社会科学院神话研究院　贾雯鹤

摘　要　《山海经》作为我国先秦时期的一部典籍，具有重要的文献价值。典籍在流传过程中，会不断产生各种文献错误，这些文献错误若不经校正，将影响我们对典籍的准确使用。《山海经》同样包含不少的文献错误，影响了该书的使用价值。同时，后世注家又时有误解之处，需要纠正。我们对《山海经》的文献错误和后人误解之处进行考正，都是为了更好、更准确地使用《山海经》。

关键词　《山海经》；郭璞；文献；校勘

《山海经》是我国先秦时期的一部作品，全书篇幅不大，不到三万一千字，但内容丰富，具有极高的文献价值，是诸多学科的学者需要参考利用的重要典籍。然而典籍在流传过程中，会不断产生讹脱倒衍的文献错误。这些文献错误若不经校正，将影响我们对典籍的准确使用。在先秦典籍中，《山海经》的文献错误尤为严重，亟待校正。前人曾经做过这项工作，如清代的毕沅就写过一部《山海经新校正》，把他所认为的错讹径直做了修改。当代《山海经》研究大家袁珂先生有《山海经校注》《山海经校译》和《山海经全译》

---

① ［基金项目］本文为2018年国家社科基金项目“《山海经》汇校集释”（编号：18BZW084）阶段性成果。

等著作，对《山海经》文献错误的校正做出了很大的贡献。我研读《山海经》有年，发现它未经前人校正的文献错误和后世注家的误解之处还有不少，曾撰系列论文予以揭示①。今以通行的阮元琅嬛仙馆本郝懿行《山海经笺疏》为底本，再对此类问题提出个人看法，以就教于方家。

1.《南山经》之首，曰䧿山，其首曰招摇之山……有兽焉，其状如禺而白耳，伏行人走，其名曰狌狌，食之善走。(《南山首经》)

郭璞注："禺，似猕猴而大，赤目长尾，今江南山中多有。说者不了此物名，'禺'作'牛'字，图亦作牛形；或作'猴'，皆失之也。禺字音遇。"②此注"说者"以下至"皆失之也"二十三字疑为后人校语，检《山经》，郭璞引图作注仅此一见，是可疑也；"禺字音遇"一句本为"禺"字注音，当接"今江南山中多有"一句之后，今被后人校语"说者"云云插入，遂致上下文义割裂；《南次二经》长右之山，"有兽焉，其状如禺而四耳，其名曰长右"，胡文焕《山海经图》卷上"长彘"条图说云："有兽状如猴，四耳。"③即易经文"禺"作"猴"，与此注"或作'猴'"正合，然胡文焕《山海经图》实本北宋舒雅《山海经图》，舒雅实本南朝梁张僧繇《山海经图》，皆郭璞之后所作《山海经图》，非郭璞所能见也。进而言之，"禺"作"猴"，尚与故训合；"禺"作"牛"，则为浅学之人不知"禺"为何义而妄改之矣。郭璞《山海经图赞》云："狌狌似猴，走立行伏。"④亦以"猴"当经文"禺"，

---

① 参见贾雯鹤：《〈山海经〉疑误考正三十例》，《中华文化论坛》2019 年第 1 期；《〈山海经〉旧注辨正十九则》，《西北民族大学学报》2019 年第 6 期；《〈山海经〉及郭璞注校议二十八例》，《西华师范大学学报》2019 年第 6 期；《〈山海经〉文献疏误举隅》，《神话研究集刊》第一集，巴蜀书社，2019 年；《"刑天"还是"形夭"：基于〈山海经〉的考察》，《民族艺术》2020 年第 2 期；《〈山海经〉旧注商补十三例》，《神话研究集刊》第二集，巴蜀书社，2020 年；《〈山海经·大荒四经〉校议》，《神话研究集刊》第三集，巴蜀书社，2020 年；《〈山海经·中山经〉校议》，《西昌学院学报》2021 年第 1 期；《〈山海经·海内经〉校议》，《史志学刊》2021 年第 1 期；《〈山海经·海外四经〉校诠》，《四川图书馆学报》2021 年第 4 期；《〈山海经·东山经〉校证》，《唐都学刊》2021 年第 4 期；《〈山海经〉斠诠十九则》，《天中学刊》2021 年第 4 期；《〈山海经疑难文献考校十二则〉》，《四川民族学院学报》2021 年第 4 期；《〈山海经〉篇目及其相关问题》，《中南大学学报》2021 年第 5 期；《〈山海经〉文献校理九例》，《四川文理学院学报》2021 年第 6 期；《〈山海经〉文献疑误校证十则》，《绵阳师范学院学报》2021 年第 12 期；《〈山海经〉文献校议十一则》，《内江师范学院学报》2022 年第 1 期。

② ［清］郝懿行：《山海经笺疏》，台湾艺文印书馆，2009 年，第 6 页。

③ ［明］胡文焕：《山海经图》，明万历二十一年刊本，今藏国家图书馆。

④ 王招明、王暄：《山海经图赞译注》，岳麓书社，2016 年，第 3 页。

而注云“皆失之也”，岂非自我否定？此益可知注文“说者”云云以下二十三字非郭璞所作耳。

2. 又北三百里，曰带山……有鸟焉，其状如乌，五采而赤文，名曰鵸鵌，是自为牝牡，食之不疽。(《北山首经》)

经文说鵸鵌鸟“五采而赤文”，根据《山海经》的文例，言“赤文”即指身体羽毛为赤色，然而又言“五采”，显然自相矛盾。《南次三经》丹穴之山，“有鸟焉，其状如鹤，五采而文，名曰凤鸟”；《西次二经》女床之山，“有鸟焉，其状如翟而五采文，名曰鸾鸟”；《北次三经》阳山，“有鸟焉，其状如雌雉而五采以文，是自为牝牡，名曰象蛇”，都说的是“五采文”。因此此经“赤”字当为衍文，《庄子·天运篇》《释文》引此经作“五采文”[①]，正无“赤”字可证，应据删。

鵸鵌，郭璞注：“上已有此鸟，疑同名。”[②] 毕沅校云：“陆德明《庄子音义》引此作‘奇类’，以释‘类自为雌雄’，则当为奇类也。详郭义，又是鵸鵌。”[③] 鵸鵌已见《西次三经》翼望之山，“有鸟焉，其状如乌，三首六尾而善笑，名曰鵸鵌”，与此经之鸟形状不同。《经典释文》引此经作“奇类”，是也，“奇”与“鵸”音同，“类(類)”与“鵌”形近，且同为“其状如乌”，后人遂妄改为“鵸鵌”，即成今本。此注当为后人据误本所作校语，非郭璞所作也。

3. 又北二百里，曰空桑之山。(《北次三经》)

郭璞注：“上已有此山，疑同名也。”[④]

清李文田手校《山海经》云：“案《山经》次序，郭璞原本或不如此，当以《东山经》为首，何以知之？《北山经》空桑之山，郭注云：‘上已有此山，疑同名也。’及遍考上文，自《南山经》起，并无此名重出。惟下文《东山经》二经之首有曰空桑之山，郭注但云：‘此山出琴瑟材，见《周礼》。’揣郭之义，并不以《东山》之空桑为重出，则郭本必以《东山经》为始矣。又且《周礼》空桑琴瑟，郭必注之于初见之本。惟先见《东山经》，

---

① ［唐］陆德明：《经典释文》，上海古籍出版社，1985年，第1492页。
② ［清］郝懿行：《山海经笺疏》，台湾艺文印书馆，2009年，第105页。
③ ［清］毕沅校：《山海经》，上海古籍出版社，1989年，第35页。
④ ［清］郝懿行：《山海经笺疏》，台湾艺文印书馆，2009年，第146页。

故于空桑之山下直注云云，而《北山》一经空桑下直注云‘上已有此名’，是《东山》在《南山经》之前，郭本如此无疑也。”

李说看似有理，实则非也。如《东山首经》竹山，“多瑶、碧”，郭璞无注。而“碧”字见于《西次二经》高山，“其下多青碧”，郭注云：“碧，亦玉类也。”① “瑶”字见于《西次三经》章莪之山，“多瑶、碧”，郭注云：“瑶亦玉属。”② 如李说是，此书始于《东山经》，则竹山的“瑶、碧”为初见，郭氏当注，而不应于其后之《西山经》始出注。实则此经始于《南山经》，“碧”“瑶”皆始见于《西山经》，故郭璞注之云云。检《山经》，山名重出者非一，即以《东山经》“竹山”为例，其名亦见于《西山首经》，郭璞例不于后出之山名下注云“上已有此山，疑同名也”，此独于《北山经》“空桑之山”下出注，甚可疑也。疑此为后人读书未审，所作旁校之语，误成郭注矣。李氏据此孤证以定《东山经》居首，大误。

4. 凡萯山之首，自敖岸之山至于和山，凡五山，七十里。其祠泰逢、熏池、武罗皆一牡羊副，婴用吉玉。其二神用一雄鸡瘗之，糈用稌。(《中次三经》)

郭璞注：“副，谓破羊骨磔之以祭也，见《周礼》。”郝懿行疏：“《说文》云：‘副，判也。’引《周礼》曰‘副辜’，籀文作‘疈’。今《周礼·大宗伯》正作‘疈’。”③ 征之典籍，从未见过用于祭祀的动物需要破开骨头的说法。《周礼·春官·大宗伯》云：“以疈辜祭四方百物。”郑玄注：“疈，疈牲胷也，疈而磔之。”④ 郭璞注引《周礼》为证，其注释实本郑玄注，两相比较，可知郭注“破羊骨”当为“破羊胷”之误，而“破羊胷”即郑玄注“疈牲胷”。今本之误，盖因“胷”字又可写作“胸”，与“骨”字形近，传写遂误成“骨”耳。

5. 据比之尸，其为人折颈，被发，无一手。(《海内北经》)

此经言无手臂，云“无臂”，《大荒西经》云：“有神人面无臂，两足反属于头上，名曰嘘。”即其证也。或云“无右臂”，《大荒西经》又云“有人

① ［清］郝懿行：《山海经笺疏》，台湾艺文印书馆，2009 年，第 52 页。
② 同上，第 81 页。
③ 同上，第 195 页。
④ ［清］阮元校刻：《十三经注疏》，中华书局，2009 年，第 1635 页。

名曰吴回，奇左，是无右臂”是也。经云“无一手”，似不词。《永乐大典》卷九一〇有“据北之尸（《山海经》）”图，图绘作一手，图说云：“海内昆仑墟北，有据北之尸，其人折颈，披发，一手。”本此经为说，而无“无”字。此经言“一手”者多矣，如《海外北经》：“柔利国在一目东，为人一手一足。”即是其例。今本经文“无”字疑衍。

6. 有五采之鸟，相乡弃沙。惟帝俊下友。帝下两坛，采鸟是司。（《大荒东经》）

郭璞注：“未闻沙义。”郝懿行疏：“‘沙’疑与‘娑’同，鸟羽娑娑然也。”[①] 王謇云：“‘弃’字疑为‘粪’字，《说文》：‘粪，弃除也。从廾推華。粪，釆也。’段注：‘合三字会意，方问切。’今案方问切之音实从華来，華，北番切，音般，与番古音近。番古音近婆，番沙即婆娑。后人不知粪从華音，不能思及婆娑，遂强改为‘弃’，而成弃沙，遂不成辞。郝氏知‘鸟羽娑娑然’，亦未悟及粪与番音近，粪、番、釆三字之音递相蝉嫣。明乎此义，则‘相乡婆娑’之意跃于其上矣。”[②] 袁珂先生云：“郝云‘沙疑与娑同，鸟羽娑娑然’，近之矣，而于弃字无释。弃疑是媻字之讹。媻娑，婆娑，盘旋而舞之貌也。五采之鸟，盖鸾凤之属也。《山海经》屡有“鸾鸟自歌、凤鸟自儛”（《海外西经》、《大荒南经》、《大荒西经》、《海内经》）之记载，此经五采之鸟，相乡媻娑，盖亦自歌自舞之意也。”[③] 孙作云《〈九歌〉湘神考》云：“此五彩之鸟即凤凰，若玄鸟。‘相向弃沙’即相向生卵，‘沙’字或为‘卵’字之误。又乡人称蚕粪为蚕沙。卵、粪皆为排泄物，故谓生卵曰弃沙。”[④]

“弃（棄）”与“媻”字字形并不相近，故以“弃”为“媻”字之讹，恐难以成立。因此王謇先生以“弃（棄）”为“粪（糞）”字之误，二字字形虽略近，然“粪”字又需辗转通“番”通“婆”，恐亦难成立。即使“婆娑”、“媻娑”能够成立，然二词多作形况之词，若作“相乡婆娑/媻娑”则文义不顺。孙作云先生以“沙”为“卵”，近于臆测，可不论矣。《渊鉴类函》卷四三七引《魏文帝杂占》云：“黄帝录图，五龙舞沙。”可知古有“舞

① ［清］郝懿行：《山海经笺疏》，台湾艺文印书馆，2009 年，第 404 页。
② 范祥雍：《山海经笺疏补校》，上海古籍出版社，2013 年，第 342—343 页。
③ 袁珂：《山海经校注》，巴蜀书社，1993 年，第 409—410 页。
④ 孙作云：《孙作云文集·〈楚辞〉研究》，河南大学出版社，2003 年，第 432 页。

沙”一词。疑“弃（棄）”为“舞”字之误，二字字形略近，且“五采之鸟舞沙”与“五龙舞沙”义亦可通。

7. 东荒之中，有山名曰壑明俊疾，日月所出。（《大荒东经》）

检此经，皆言“大荒之中”，而无“南荒”“西荒”“北荒”之名。因此“东”字当为“大”字之讹，今本“东”字涉下文“东北海外”而误耳。

8. 有巫山者，西有黄鸟。帝药八斋。黄鸟于巫山司此玄蛇。（《大荒南经》）

郭璞注：“天帝神仙药在此也。”郝懿行疏：“后世谓精舍为‘斋’，盖本于此。”[①] 郝说非也，“斋”有精舍之义，为后世引申之义，非先秦所宜有。经文“斋”疑为“齐（齊）”字之误。“齐”为“剂”的古字，言此有帝药共八剂，盖亦图像然也。元钞本郭璞《图赞》云：“帝药八齐，越在巠（巫）山。”[②] 正作“齐”字可证。今本之误，盖因“齐”字又为“斋”的古字，后人遂读“齐”作“斋”，而改为“斋”字。

9. 有西周之国，姬姓，食谷。有人方耕，名曰叔均。帝俊生后稷，稷降以百谷。稷之弟曰台玺，生叔均。叔均是代其父，及稷播百谷，始作耕。（《大荒西经》）

今人标点《山海经》，大都以“叔均是代其父及稷播百谷”十一字作一句读，即以“及”字为连词。如杨锡彭译作“叔均代替他的父亲和后稷播种百谷”[③]，方韬译作“叔均在这里代替父亲和后稷播种各种谷物”[④]，即其例也。

那么这种标点是否正确呢？征诸典籍，皆以后稷为播种百谷者。《诗·周颂·思文》云：“思文后稷，克配彼天。立我烝民，莫匪尔极，贻我来牟。帝命率育，无此疆尔界，陈常于时夏。”“来牟”即五谷之“麦”，盖以代指五谷也。《尚书·尧典》云：“帝曰：‘弃，黎民阻饥，汝后稷，播时百谷。’”《尚书·皋陶谟》云：“暨稷播奏庶艰食、鲜食，懋迁有无化居，烝民乃粒，万邦作乂。”《尚书·吕刑》云：“稷降播种，农殖嘉谷。”《逸周书·商誓》

---

① ［清］郝懿行：《山海经笺疏》，台湾艺文印书馆，2009年，第411页。

② 张宗祥：《足本山海经图赞》，古典文学出版社，1958年，第46页。

③ 杨锡彭：《新译山海经》，台湾三民书局，2016年，第248页。

④ 方韬译注：《山海经》，中华书局，2011年，第313页。

云:“在昔后稷,惟上帝之言,克播百谷,登禹之绩。凡在天下之庶民,罔不维后稷之元谷用蒸享。”《国语·郑语》云:“周弃能播殖百谷蔬,以衣食民人者也。”韦昭注:“弃,后稷也。百谷,黍、稷、稻、粱、麻、麦、荏菽、雕胡之属。”《国语·鲁语上》云:“稷勤百谷而山死。”《荀子·成相》云:“得后稷,五谷殖。”《大戴礼·五帝德》云:“使后稷播种,务勤嘉谷,以作饮食。”《艺文类聚》卷十一引《帝王世纪》云:“弃为后稷,播时百谷。”稷降谷播种,本为农神,神话历史化则为农业之官。《左传·昭公二十九年》云:“稷,田正也。”《管子·法法》云:“舜之有天下也,禹为司空,契为司徒,皋陶为李,后稷为田。”上博简《容成氏》云:“乃立后稷以为緿。”“緿”、“田”音近字通。《文子·自然》云:“昔尧之治天下也,舜为司徒,契为司马,禹为司空,后稷为田畴。”《淮南子·齐俗训》云:“故尧之治天下也,舜为司徒,契为司马,禹为司空,后稷为大田。”《说苑·君道》云:“当尧之时,舜为司徒,契为司马,禹为司空,后稷为田畴。”以《山海经》而言,《海内经》云:“后稷是播百谷。稷之孙曰叔均,是始作牛耕。”以播百谷者归后稷,作牛耕者归叔均,判然有别,故知连读者非也。此经正确的标点应是“叔均是代其父,及稷播百谷,始作耕”,“及”是介词,“到”的意思。可知此经亦以播百谷者为后稷,作耕者为叔均,与《海内经》所言正同,与诸书的记载吻合。

10. 有钟山者。有女子衣青衣,名曰赤水女子献。(《大荒北经》)

郭璞注:“神女也。”[①] 吴承志《山海经地理今释》云:“‘献’当作‘魃’。上文有人衣青衣,名曰黄帝女魃,后置之赤水之北,赤水女子魃即黄帝女魃也。此文当本上句之异文,校者两存之,遂成歧出耳。”袁珂先生云:“吴说疑是。疑此‘献’本作‘魃’,所以为前文诸‘妭’字之异文;迨后前文诸‘妭’字均改为‘魃’,此‘魃’字亦遂讹为‘献’耳。”[②] 郭璞既注云“神女也”,则不得为“魃”耳。又元钞本郭璞《图赞》小题作“赤水女子献”,云:“江有窈窕,水生艳滨。彼美灵献,可以寤神。交甫丧佩,无思远人。”[③] “彼美灵献”之“献”即此赤水女子献,益可证郭璞所见本必作

① [清]郝懿行:《山海经笺疏》,台湾艺文印书馆,2009年,第453页。
② 袁珂:《山海经校注》,巴蜀书社,1993年,第495页。
③ 张宗祥:《足本山海经图赞》,古典文学出版社,1958年,第50页。

“献”矣。

11. 有国名曰流黄辛氏，其域中方三百里，其出是尘土。(《海内经》)

经文“域”，《藏经》本作“城”，《海内西经》云：“流黄酆氏之国中方三百里。”郭注：“言国城内。”可证作“城”是也，应据改。

经云“其出是尘土”，郭璞注：“言殷盛也。”郝懿行疏：“尘坌出是国中，谓人物喧阗也。”① 袁珂先生云：“诸说意或正或反，然皆以出产尘土或超出尘土之‘尘土’为言，俱非上古种落所有景象也。独清蒋知让于孙星衍校本眉批云：‘“尘土”当是“麈”、“麈”等字之讹。’为巨眼卓识，一语中的。今按此经‘尘土’确系‘麈’字误析为二也。麈字形体本长，如书之竹简，其长当又特甚；钞者不慎，误析为‘尘土’二字，乃极有可能。‘其出是麈’者，言此国之出产唯麈也。《藏经》本无‘其’、‘是’二字，‘出麈’则义更晓明。《山海经·大荒南经》：‘黑水之南，有玄蛇食麈。’《大荒北经》：‘大人国有大青蛇，黄头，食麈。’《白氏六帖》、《艺文类聚》、《太平御览》等引之，均以‘麈’为‘尘’而误入《尘部》，益知此经‘尘土’为‘麈’之误析，盖无可疑焉。”②

“尘（麈）”与“麈”字形相近，亦有讹误之例。然若从蒋知让说，则作“其出是麈”，此经无此句式，且在国城之中，不应有“麈”。《海内西经》“流黄酆氏国”，元钞本郭璞《图赞》云：“城围三百，连阿比栋。动是尘昏，蒸气雾重。焉得游之，以傲以纵。”③ 其中“动是尘昏”一句即本此经而言，则郭璞所见本正作“尘土”。

12. 后稷是播百谷。稷之孙曰叔均，是始作牛耕。(《海内经》)

郭璞注：“始用牛犁。”④ 袁珂先生云：“经文‘叔均始作牛耕’，《大荒西经》作‘叔均始作耕’，无‘牛’字。”⑤

若经文作“始作牛耕”，则注文为赘语也，可知今本“牛”字当涉注文而衍。《慧琳音义》卷四十一“耕垦”条、《太平御览》卷八二二、《事物纪

① ［清］郝懿行：《山海经笺疏》，台湾艺文印书馆，2009年，第467页。

② 袁珂：《山海经校注》，巴蜀书社，1993年，第516页。

③ 张宗祥：《足本山海经图赞》，古典文学出版社，1958年，第40页。

④ ［清］郝懿行：《山海经笺疏》，台湾艺文印书馆，2009年，第476页。

⑤ 袁珂：《山海经校注》，巴蜀书社，1993年，第516页。534

原》卷九“犁”条引此经皆无“牛”字，是也。

13. 洪水滔天，鲧窃帝之息壤，以堙洪水，不待帝命。帝令祝融杀鲧于羽郊。鲧复生禹。帝乃命禹卒布土，以定九州。(《海内经》)

“鲧复生禹”，郭璞注：“《开筮》曰：‘鲧死三岁不腐，剖之以吴刀，化为黄龙也。’”①

今本郭注有误，因为根据文献记载，鲧化为黄龙（当为“能”或“熊”字之误）当在“剖之以吴刀”之前。《国语 · 晋语八》云：“昔者鲧违帝命，殛之于羽山，化为黄熊，以入于羽渊。”当鲧“剖之以吴刀”之后，则是禹的诞生，而鲧则再无变化。今本郭注云鲧“剖之以吴刀”之后方化为黄龙，颠倒失次，显然是错误的。郭引《开筮》即《启筮》，为《归藏》中的一篇，《初学记》卷二十二引《归藏》云：“大副之吴刀，是用出禹。”两相比照，可知今本郭注“化为黄龙也”一句当作“是用出禹”。郭璞是为经文“鲧复生禹”一句作注，若作“化为黄龙也”，则所引全为鲧事，而于此句的中心“生禹”毫不涉及，显非注释之体；若作“是用出禹”，经与注则密合无间，可证《初学记》所引《归藏》是正确的。

《楚辞 · 天问》云：“伯禹愎鲧，夫何㠯变化?”王逸注：“禹，鲧子也。言鲧愚很，愎而生禹。”正文与注文“愎”字，或本俱作“腹”。闻一多《天问疏证》校改“伯禹愎鲧”作“伯鲧腹禹”，复谓此经“鲧复生禹”云：“‘复生’无义，‘复’当读为‘腹’，亦谓鲧化生禹耳。《山经》之文正可与《天问》互相发明。”② 其说是也，故郭璞注引《归藏 · 启筮》鲧剖生禹为证。

复有说者，今本郭注“化为黄龙”当为后人旁注之文，而“龙（龍）”又为“能”字之误，《藏经》本即作“黄能”可证。《左传 · 昭公七年》云：“郑子产聘于晋。晋侯有疾，韩宣子逆客，私焉，曰：‘寡君寝疾，于今三月矣，并走群望，有加而无瘳。今梦黄熊入于寝门，其何厉鬼也?’对曰：‘以君之明，子为大政，其何厉之有? 昔尧殛鲧于羽山，其神化为黄熊，以入于羽渊，实为夏郊，三代祀之。晋为盟主，其或者未之祀也乎!’”《释文》云：“熊音雄，兽名，亦作‘能’，如字，一音奴来反，三足鳖也。解者云，兽非

① ［清］郝懿行：《山海经笺疏》，台湾艺文印书馆，2009 年，第 479 页。
② 闻一多：《天问疏证》，上海古籍出版社，1985 年，第 23 页。

入水之物，故是鳖也。一曰既为神，何妨是兽。案《说文》及《字林》皆云：‘能，熊属，足似鹿。’然则能既熊属，又为鳖类。今本作能者，胜也。东海人祭禹庙，不用熊白及鳖为膳，斯岂鲧化为二物乎？”孔疏云：“梁王云：‘鲧之所化，是能鳖也。若是熊兽，何以能入羽渊？但以神之所化，不可以常而言之。若是能鳖，何以得入寝门？先儒既以为兽，今亦以为熊兽是也。’”[①] 鲧化为黄熊，《释文》云或本作“黄能”，王引之《经义述闻》卷十九“黄熊”条举有多证，以作“黄熊”为是[②]。元钞本郭璞《图赞》云：“鲧切（窃）息土，以湮洪水。傲佷违命，卒以殛死。化为黄熊，作晋厉鬼。”[③]《中次三经》青要之山，“南望墠渚，禹父之所化”，郭璞注：“鲧化于羽渊，为黄熊，今复云在此。然则一已有变怪之性者，亦无往而不化也。”[④] 可知郭璞亦以鲧所化为黄熊矣。

---

① 阮元校刻：《十三经注疏》，中华书局，2009 年，第 4450 页。

② 王引之：《经义述闻》，商务印书馆，1936 年，第 738—741 页。

③ 张宗祥：《足本山海经图赞》，古典文学出版社，1958 年，第 52 页。

④ ［清］郝懿行：《山海经笺疏》，台湾艺文印书馆，2009 年，第 191 页。

《春秋左氏解谊》引《神异经》献疑

——兼说《吴都赋》“海童”的出典问题

枣庄广播电视台　王　宁

摘　要　《神异经》旧题为西汉时东方朔所作，目前学界或以为是六朝人所托，或以为是东汉末时作品，倾向于后说者较多，其主要根据是唐代孔颖达在《春秋左传正义》中说东汉末服虔的《春秋左氏解谊》中即引用了《神异经》。孔颖达说疑点很大，以前学者多有疑之者。从各种情况考察，服虔书中所引《山海经》和《神异经》都是后人在抄书时随手加的备参文字混入正文者，非服书原有；近世学者或以为左思《吴都赋》“海童”之出典为《神异经》，证明西晋早期《神异经》即在世上流传，亦非，“海童”当是根据吴地民间流传的海神神话，与《神异经》无关。

关键词　服虔；《春秋左氏解谊》；孔颖达；《神异经》；《山海经》；海童

《神异经》是一本记录“荒外之言”的作品，在以“经”命名的此类作品中，除了《山海经》之外，大概就数它有名，虽然已经佚失，但因为古籍中多所征引，存留佚文较多，仍是研究神话传说的重要资料。

对此书最大的争论是其制作的时代，到现在都不太好定论。目前可见的说法，主要有西汉说、六朝说和汉末说，西汉说就是相信《隋书·经籍志》的说法，认为这书是东方朔作的，东方朔是西汉人，即使不是东方朔亲作，也是西汉人托名他所作。这个说法今学界没几个相信的，所以可以不论。

“六朝说”和“汉末说”两派的争论很大，许多学者论述这方面的问题，周淑敏在其硕士论文《〈神异经〉研究》中对诸家说作了比较详细的梳理和分析，最后的结论是：

> 《神异经》最迟在东汉末年既已问世，但没有确切证据证明其在东汉中期以前已存在，因此，在新的资料被发掘出来之前，我们可以断定其成书年代为东汉末期，而且此时尚少见流通，直到魏晋六朝时期才广泛流传，并被大量应用。①

目前学界普遍接受“汉末说”，因为此说有一个很直接的证据，就是唐代孔颖达在《春秋左传正义》说服虔解《左传》时引用了《神异经》，他所引的服虔说，即出自东汉末期服虔的《春秋左氏解谊》，后人或称《春秋传服氏注》，可这个证据却疑点重重。

一、服虔引《神异经》的问题

关于这个问题，论证较早且最为详细的是余嘉锡，也最具有代表性。他在《四库提要辨证》卷十八“子部·小说类”的《神异经》条下作了很长的一番论述：

> 案《左传》文十八年《正义》曰：“服虔案：《神异经》云：梼杌状似虎，毫长二尺，人面虎足猪牙，尾长丈八尺，能斗不退。饕餮，兽名，身如牛，人面，目在腋下，食人。”此所引梼杌，在今本《西荒经》中，文字小异。惟其言饕餮之状，乃大不同。盖服虔原注，分属传文两句，并不联为一条。其释饕餮，别有所据，本非用《神异经》文也。李贻德

① 周淑敏：《〈神异经〉研究》，重庆大学硕士学位论文，2012年，第12页。

《左传贾服注辑述》卷八曰："《山海（经）·北山经》云：钩吾之山有兽焉，其状如羊身，人面，其目在腋下，虎齿人爪，其音如婴儿，名曰狍鸮，是食人。郭注：像在夏鼎，《左传》所谓饕餮是也。服亦以《山海经》之狍鸮为饕餮，故所引即狍鸮状。"其说是矣。夫此经既为服虔所引用，则至迟当出于灵帝以前（《后汉书》虔本传云：中平末拜九江太守。），或且后汉初年，已有其书。班固所谓后世好事者，因取奇言怪语附著之朔者也。若如《提要》之说，以为格近齐、梁，当为六朝文士所作，则服子慎卒于汉末，安得豫引六朝之书乎？段玉裁《古文尚书撰异》卷一曰："《神异经》疑是伪作，未必东方朔所为、张华所注也。而服氏注《左氏》梼杌、饕餮亦引《神异经》（案段氏未知服注饕餮乃用《山海经》文。），则自汉有之矣。学者阙疑可也。"陶宪曾《神异经辑校序》曰："子慎释经，世期注史，贾思勰之《要术》，郦道元之《水经》，莫不采兹异闻，证彼故实。固不仅西海神童，左太冲因之作赋；北荒明月，陆佐公取以为铭。故知此书者馔箸于两汉，而流衍于六代，乃经史之考镜，而辞赋之渊峦也。"盖援引此经文字以著书者，莫早于服虔之《春秋左氏传解谊》，运用此经故实以入文者，莫早于左思之《吴都赋》（赋云："江裴于是往来，海童于是宴语。"李善注：《神异经》曰：西海有神童，乘白马，出则天下大水。）；固不始自陆倕、徐陵。段、陶两家之言，洵足补《提要》所不及矣。①

余氏坚持《神异经》是汉代的作品，其证据主要就是两方面：

一是东汉时期的服虔《春秋左氏解谊》（下简称"服书"）里引用了《神异经》。

二是从西晋的左思作《三都赋》时就开始引用"海童"的典故，而"海童"的典故据李善注就是出自《神异经》。

此后凡是持"汉末说"者基本上也都是以余氏所论的内容为主要依据。可如果仔细考察一下就会发现，这两个证据都很薄弱。

第一点，也是最大、最直接的证据，是唐代孔颖达在《春秋左传正义》

① 余嘉锡：《四库提要辩证》卷十八，中华书局，1980 年，第 1124—1125 页。

中说到服虔引用了《神异经》。在《左传·文公十八年》里，提到“四凶”，是浑敦、穷奇、梼杌、饕餮，古人注书时，把这“四凶”和《尚书·尧典》里的“四罪”联系起来，认为浑敦是欢兜，穷奇是共工，梼杌是鲧，饕餮是苗民。在解释“四凶”时，孔颖达《正义》两次引到服虔说，一次是说帝鸿氏不才子“浑敦”，孔《正义》先说：

> 浑敦，不开通之貌，言其无所知也。服虔用《山海经》，以为欢兜人面鸟喙，浑敦亦为兽名。①

这是孔颖达说服虔针对“浑敦”给出的解释，说“欢兜”“浑敦”都出自《山海经》，可这里面有漏洞。王国良说：

> 但《左氏传》所提四凶中的“浑敦”、“穷奇”、“饕餮”，也分别见于《神异经》的《西荒经》、《西北荒经》、《西南荒经》，服氏却不引，乃转而援用《山海经》。这种作法，颇令人不解。服虔到底有否看过《神异经》，并引用之以解释《左氏传》，单由唐代学者转引的孤证就下论断，似嫌轻率。②

王氏认为孔颖达的话有问题，不可轻信，他经过考察得出的结论是“最迟在西晋末年，《神异经》即已问世，并稍见流通”③。且不说他的结论如何，只说他质疑孔颖达《正义》的这段话有道理，可也不准确——孔颖达说服虔解释梼杌、饕餮用《神异经》，解释欢兜、浑敦是用《山海经》，王氏却说解“饕餮”也用《山海经》，想必是记错了。

在“欢兜”“浑敦”的解释里，孔氏说也有问题，《山海经》和《神异经》中都有欢兜，也都说到他“人面鸟喙”，是一样的；可《山海经》中没有“浑敦”。里面提到过“浑敦”这个词汇，是《西次三经》里记载天山上的神帝江的状貌“浑敦无面目”，和兽名的浑敦无关。而最早说到“浑敦”

① ［清］阮元校刻：《十三经注疏》，中华书局，1980 年，第 1862 页。
② 王国良：《神异经研究》，台湾文史哲出版社，1985 年，第 7 页。
③ 同上，第 10 页。

是“兽名”的，就是《神异经》。这个问题，清代学者李贻德作过一番考证，他说：

> 案《山海经·西山经》云：“有神焉，其状如黄囊，赤如丹火，六足四翼，浑敦无面目，是识歌舞，实惟帝江也。”毕氏沅曰：“江读为鸿，《春秋传》云帝鸿氏有不才子，天下谓之浑敦。此云帝江，犹言帝江氏子也。”愚按毕氏之说非也。经云“浑敦无面目”，言其象，帝江则其名。经云“神”，服云“兽”，不得以帝江当之。《神异经》云：“昆仑西有兽焉，其状如犬，有目而不见，有两耳而不闻，有腹无五藏，有肠直而不旋，食物径过。人有德行而往抵触之，有凶德则往依凭之，天使其然，名为浑敦。”则实有此兽。《尔雅翼》亦引帝江为浑敦，误也。①

自然《山海经》里根本就没有“浑敦”这个兽名，那么服虔说“浑敦亦兽名”必定不是根据《山海经》。这么一分析我们只能相信，孔颖达说的“服虔用《山海经》，以为欢兜人面鸟喙，浑敦亦为兽名”，很可能是孔氏的表述不清晰，应该是服虔用《山海经》以为“欢兜人面鸟喙”，又案《神异经》浑敦亦为兽名。也就是说服书中解释《左传》的“四凶”的时候，是引了《山海经》和《神异经》二书为说的。服虔对“四凶”的解释既引《神异经》，一定是一整段文字，不是只言片语，这点孔颖达不可能搞错。

之后孔颖达又说了很长一段话，说明此“四凶”就是《尧典》的“四罪”，同时第二次引到服虔说，里面有“案《神异经》”之语：

> 此传所言说《虞书》之事。彼云“四罪”，谓共工、欢兜、三苗、鲧也；此传“四凶”，乃谓之浑敦、穷奇、梼杌、饕餮，检其事以识其人。《尧典》帝言共工之行，云“靖言庸违”，传说穷奇之恶，云“靖谮庸回”，二文正同，知穷奇是共工也。《尧典》帝求贤人，欢兜举共工应帝，是与共工相比。传说浑敦之恶，云“丑类恶物，是与比周”，知浑敦

① ［清］李贻德：《春秋左氏传贾服注辑述》，《续修四库全书》第125册，上海古籍出版社，2002年，第479—480页。

是欢兜也。《尧典》帝言鲧行，云“咈哉，方命圮族”，传说梼杌之罪，云“告顽舍嚚，傲狠明德”，即是“咈戾”、“圮族”之状，且鲧是颛顼之后，知梼杌是鲧也。《尚书》无三苗罪状，既甄去三凶，自然饕餮是三苗矣。先儒尽然，更无异说，皆以行状验而知之也。《庄子》称，南方之神，其名为倏，北方之神，其名为忽，中央之神，其名为混沌。混沌无七窍，倏忽为凿之，一日为一窍，七日而混沌死。混沌与浑敦，字之异耳。《庄子》虽则寓言，要以无窍为混沌，是浑敦为不开通之貌。此四凶者，浑敦、梼杌以状貌为之名；穷奇、饕餮以义理为之名。古人之意自异耳。服虔案《神异经》云：梼杌状似虎，毫长二尺，人面虎足猪牙，尾长丈八尺，能斗不退。饕餮，兽名，身如牛，人面，目在腋下，食人。①

这里面说“四凶”就是“四罪”的看法，“先儒尽然，更无异说”，就是说贾（逵）、服（虔）、杜（预）等人的看法都是一致的，没有异说，贾、服注已佚，而验之杜注确实如此。只是解释“四凶”之名的含义是各家有所不同，他举了两种“异说”，即《庄子》里的神名“混沌”，和服虔用《神异经》里的兽名梼杌和饕餮，也就是服虔认为《左传》里的梼杌和饕餮即《神异经》里的这两种兽名。否定汉末说的学者，也指出这里面有问题，比如周次吉否认服虔用的是《神异经》，认为：

今考服氏注《左传·文公十八年》的“饕餮”，是引的《山海经·北次二经》的“狍鸮”条，不是《神异经》的文字。再看服注“梼杌”，实在也是引自《山海经·北次二经》的“独狢”，不是引自《神异经》的《西荒经》“梼杌”，说详前文《西南荒经》、《西荒经》的“校订”。②

周次吉又举出从东汉许慎直到两晋之际的郭璞，诸家著作中都不曾引过《神异经》，他经过研究认为是东晋末成书③。但是周氏认为“饕餮”即“狍

① ［清］阮元校刻：《十三经注疏》，第1862页。
② 周次吉：《神异经研究》，台湾文津出版社，1986年，第80—81页。
③ 同上，第83页。

鸮”是有根据的，可认为“梼杌”是“独狢”的说法，就牵强比附，证据薄弱，实在是缺乏说服力的，不足以否认孔颖达的说法。

二、服解“饕餮”用《山海经铭》

服书中解释“饕餮”时，的确是用了《山海经·北山经》“狍鸮”的文字，《北山经》云：

钩吾之山……有兽焉，其状如羊身，人面，其目在腋下，虎齿人爪，其音如婴儿，名曰狍鸮，是食人。

服虔在引用此文时有所节略，还把“如羊”讹为“如牛”。而《神异经》的文字是：

西南方有人焉，身多毛，头上戴豕，性狠恶，好息，积财而不用，善夺人物。强毅者夺老弱者，畏群而击单，名曰饕餮。一名贪惏，一名强夺，一名凌弱。此国之人皆如此也。①

二者的文字迥异，根本就不是一书。李贻德辨之云：

《北山经》云：“钩吾之山有兽焉，其状如羊身人面，其目在腋下，虎齿人爪，其音如婴儿，名曰狍鸮，是食人。”郭注：“像在夏鼎，《左传》所谓饕餮是也。”《吕览·先识》云：“周鼎着饕餮，有首无身，食人未咽，害及其身。”服亦以《山海经》之狍鸮为饕餮，故所引即狍鸮状。闽本、监本、毛本并作“身如牛”，宋本作“身如羊”，是也。②

余嘉锡也指出：

① 据王国良校释本，见王国良：《神异经研究》，台湾文史哲出版社，1985年，第77页。
② ［清］李贻德：《春秋左氏传贾服注辑述》，《续修四库全书》第125册，第481页。

此所引梼杌，在今本《西荒经》中，文字小异。惟其言饕餮之状，乃大不同。盖服虔原注，分属传文两句，并不联为一条。其释饕餮，别有所据，本非用《神异经》文也。李贻德《左传贾服注辑述》卷八曰："《山海·北山经》云：钩吾之山有兽焉，其状如羊身，人面，其目在腋下，虎齿人爪，其音如婴儿，名曰狍鸮，是食人。郭注：像在夏鼎，《左传》所谓饕餮是也。服亦以《山海经》之狍鸮为饕餮，故所引即狍鸮状。"其说是矣。①

余氏同意李贻德的说法，其饕餮之文是用《山海经》而非《神异经》，可服虔既然是案《神异经》，为什么又不引《神异经》？这个问题实在难以索解，余氏说"分属传文两句，并不联为一条"，根本解释不了这个现象。还有一个很大的问题是，《山海经》本文中并没说"狍鸮"是"饕餮"，那么服虔认为饕餮是狍鸮是怎么来的？这个郭璞注可以给出答案，郭璞注"狍鸮"云：

为物贪惏，食人未尽，还害其身，像在夏鼎，《左传》所谓饕餮是也。②

原来服虔之说就是本于此。可问题是，东汉的服虔怎么会看到晋代郭璞的注？当然，郭璞这个注文是有来历的。《吕氏春秋·先识》云：

周鼎著饕餮，有首无身，食人未咽，害及其身，以言报更也。③

郭注很像是根据《先识》篇，可文字又不同，比如《先识》里就没有"为物贪惏"这句，《先识》里说"周鼎著饕餮"，而郭璞的注却说是"像在夏鼎"，郭璞也没说明出《吕氏春秋》。可是看看郭璞这几句注，前四句都是整齐的四字句，如果把最后一句的"是也"去掉，这五句以"惏"（侵部，侵、真通转）、"尽"（真部）、"身"（真部）、"餮"（质部，质、真对转）为

① 余嘉锡：《四库提要辩证》卷十八，第1125页。

② 袁珂：《山海经校注》，上海古籍出版社，1980年，第82页。

③ ［战国］吕不韦：《吕氏春秋》，《四部备要》第53册，中华书局，1989年，第109页。

韵，也就是这段注文本身是韵文。

我们知道郭璞在注《山海经》时，在注文中五次引用到《铭》，同时还为《山海经》作了《图赞》，“铭”、“赞”都是针对《山海经图》而作的。郭璞引用到的《山海经铭》如下：

> 《铭》曰：安得沙棠，刻以为舟，泛彼沧海，以遨以游。（《西次三经》注）
>
> 《铭》曰：穷奇之兽，厥形甚丑。驰逐妖邪，莫不奔走。是以一名，号曰神狗。（《西次四经》注）
>
> 《铭》曰：蜚之为名，体似无害。所经枯竭，甚于鸩厉。万物斯惧，思尔遐逝。（《东次四经》注）
>
> 《铭》曰：跂踵为鸟，一足似夔。不为乐兴，反以来悲。（《中次十经》注）
>
> 《铭》曰：开明为兽，禀资干精。瞪视昆仑，威震百灵。（《海内西经》注）[①]

郝懿行《山海经笺疏》认为“《铭》即郭氏《图赞》”、“《铭》亦郭氏《图赞》也”[②]，郝氏的说法影响很大，其实他的看法是不对的。如果郭璞引的是自己的《图赞》，那么他作的《图赞》很多，为什么只引了这五首？同时，《铭》和《图赞》有文字上的差异。比如郝懿行解释“狍鸮”郭璞注云：

> 注盖《图赞》之文，与今世所传复不同。[③]

郝氏这么说，是因后面郭璞的《图赞》是这样的：

---

① ［晋］郭璞注：《山海经》，《景印文渊阁四库全书》第1042册，台湾商务印书馆，1986年，第15页、第19页、第34页、第47页、第64页。

② ［清］郝懿行著，刘朝飞点校：《山海经笺疏》，华东师范大学出版社，2019年，第56页、第277页。

③ 同上，第97页。

狍鸮贪婪，其目在腋。食人未尽，还自龈割。图形妙鼎，是谓不若。①

郝氏《笺疏》云："《赞》与郭注《铭》词异。臧庸曰：'割'字非韵。"② 郝氏以为郭璞的那段注文是《铭》，可谓一语中的，但认为《铭》就是郭璞的《图赞》就错了，二者文字大异（另：其中那个不入韵的"割"字当是"啮"之形误，"龈啮"犹今言"磨牙"）。其他再如"穷奇"，其所引《铭》已见上引，其《图赞》是：

穷奇如牛，猬毛自表。蒙水之蠃，匪鱼伊鸟。孰湖之兽，见人则抱。③

郭璞是把"穷奇""蠃""孰湖"三样动物放在一首赞里的，明显和《铭》不同。再如"蜚"的《铭》见上引，而其《图赞》是："蜚则灾兽，跂踵厉深。会所经涉，竭水槁林。禀气自然，体此殃淫。"④ 也和《铭》的内容不同。郝懿行于此条下云：

案郭注《铭》词即《图赞》也。此《赞》乃全与《铭》异，可疑。⑤

严可均在《全晋文》辑郭璞《山海经图赞》此条下亦云：

《广韵·八未》引郭璞《山海经赞》，今《东山经》注《赞》作《铭》，"攸惧"作"斯惧"，余皆同，而藏本之《赞》绝异，疑莫

① ［清］郝懿行著，刘朝飞点校：《山海经笺疏》，华东师范大学出版社，2019 年，第 381 页。
② 同上，第 381 页。
③ 同上，第 378 页。
④ 同上，第 385 页。
⑤ 同上。

能明。[①]

其实这很容易明白，《铭》与《图赞》本非一书，《铭》当是郭璞之前已经有的一种作品，它是东汉《山海经》在社会上流传开来之后，有人给《山海经图》中的图画作的题铭，其具体制作时代和作者不详，可是它里面出现了“瞪视”这个词语。“瞪”字汉代使用较少，《说文》中不收，西汉王褒《洞箫赋》中曰“瞪瞢”，东汉王延寿《鲁灵光殿赋》《梦赋》里有“瞪眄”，“瞪视”一词出现很晚，目前能见到的最早的书证就是郭璞所引的《山海经铭》，其他的，是传为晋陶潜（渊明）所作的《搜神后记》（又称《续搜神记》，当是六朝人所伪托），其卷九曰：“须臾，有一大熊来入，瞪视此人。”[②]再早的就见不到了，而隋唐及以后的作品中却在大量使用，显然它是晋代才有的一个词语，《山海经铭》应该是郭璞之前的西晋人所作，而且它是一物一铭，郭璞注书引它是当古籍来引的，以证经义；《图赞》则是郭璞自作的，他是模仿《铭》又重新作的一种作品，往往把好几种事物放在同一首赞里，而且他注书的时候从没引述过，因为古人注书惯例是引前人著作为证，注书时引述自己著作者很罕见。只不过在后世的流传中，《铭》大部分失传，残存的一部分和郭氏《图赞》掺混在一起了，于是就出现了两种绝然不同的文辞。郭璞在注《北山经》钩吾之山的“狍鸮”时，也当是引用了《山海经铭》，只不过他没明确地写“《铭》曰”，或者本来有而被后人抄书时偶然遗漏。

服虔书中认为“狍鸮”是“饕餮”，可《山海经》本文里，绝无言“狍鸮”是“饕餮”之事，如果服书中真的是把“狍鸮”当成“饕餮”，那就应是根据《山海经铭》，因为《铭》里很明确地说“狍鸮”是“《左传》所谓饕餮”，否则就无法解释。其实《铭》的作者也是瞎比附，鼎彝上的饕餮是有五官、有肉翅、有爪的怪兽形，最突出的是其首部的两只巨眼，与狍鸮“目在腋下”的形状全不相同，绝非一物；大概《铭》的作者只是看到“饕”字从“號”声，“鸮”、“號”音近，就联想到了“饕餮”才这么说的。

---

① ［清］严可均：《全上古三代秦汉三国六朝文·全晋文》卷一百二十二，中华书局，1958 年，第 2164 页。

② 旧题［晋］陶潜撰：《搜神后记》卷九，《景印文渊阁四库全书》第 1042 册，第 493 页。

三、服书所引《山海经》及《神异经》是掺入

知道了服虔解释“饕餮”的根据，仍然是个问题，东汉的服虔怎么可能看到晋人的作品？而且《神异经》里明明就有直接说“饕餮”的文字，他为什么不引？同时，《山海经》《神异经》中都有“穷奇”的记述，为什么服虔也没引？李贻德也发现了这个问题，说：

> 服释浑敦、梼杌、饕餮皆援兽名，此注疑已佚也。《西山经》：“邽山有兽焉，其状如牛，猬毛，名曰穷奇，音如獆狗，是食人。”《海内北经》云：“穷奇状如虎，有翼，食人从首始。所食被发。一曰从足。”①

是李贻德也认为服注可能有文字缺佚，其中当有引《山海经》以释“穷奇”的文字而佚失了，所以他又抄了一番《山海经》关于“穷奇”的文字进行补充。实际上，在“四凶”“四罪”中，欢兜、苗民（三苗）、穷奇、饕餮（狍鸮）见于《山海经》，而“浑敦”“梼杌”“共工”“鲧”见于《神异经》，可服书只引了《山海经》中的文字来证明了欢兜和饕餮（狍鸮），只引了《神异经》来证明了浑敦、梼杌，其他的都没涉及，服虔会粗率如此？

如果看看现存《神异经》的文字，就更奇怪了，孔颖达在说“四凶”即“四罪”时特别说“先儒尽然，更无异说”，也就是服虔也是持此说，可是，《神异经》里不仅有梼杌、穷奇、浑敦、饕餮“四凶”，另外还有苗民、欢兜、共工和鲧这“四罪”，各有不同的记述文字，也就是《神异经》作者的看法与传授《左传》的诸儒迥异，他不认为“四凶”就是“四罪”，而以“四凶”为四种兽名，“四罪”是四种人类，各有其人其兽，如果服虔真的看过《神异经》并且加以采用的话，怎么还会同于其他先儒之说而于焉不置一词？

另外，南朝刘宋时的裴骃作《史记集解》，在解《史记·五帝本纪》这“四凶”的时候，引了贾逵、服虔、杜预三家说，并没提到《神异经》的事

---

① ［清］李贻德：《春秋左氏传贾服注辑述》，《续修四库全书》第125册，第480页。

情，反而唐代张守节的《史记正义》引了《神异经》，却没有提到服虔说[①]。杜预是晋代人，在贾、服之后，其注今存，里面也丝毫没提到《神异经》，甚至连《山海经》都没涉及。盖两汉魏晋的古文经派注经，务求雅正简明，除了先儒师说之外，很少引书证，魏晋人伪造的《古文尚书孔传》里也奉行这个原则，更不肯涉怪猎奇，闲僻杂书，并不在他们引述之列。特别是《山海经》之类带有荒怪色彩的书，汉人在注经时都尽量回避引用，服虔也是东汉末古文经派的大家，他怎么会引《山海经》《神异经》这种书作证呢？

统观上述种种情况，服虔引《山海经》和《神异经》的事情实在是疑点重重。唯一合理的解释就是，服虔根本就没看过《神异经》，他的书里也没引过《神异经》，甚至连那段引《山海经》的文字都可疑。

我们知道，宋代以前书籍的流传主要是靠传抄，古人有个普遍的习惯，就是在传抄过程中，除了会增删篡改文字外，还会在正文旁加校、加注、加批语，甚至把一些可用作参考的资料也抄在里面备考，而这些文字在后来的传抄中往往会混入正文，这种情况实在是太多见了，至少自汉代以来即有之。比如《山海经》的《山经》末尾有“禹曰天下名山”一段经文，也见于《管子·地数》，郝懿行《山海经笺疏》里说：

> 毕氏云：自“此天地之所分壤树固也”已下，当是周秦人释语，旧本乱入经文也。今案：自“禹曰”已下，盖皆周人相传旧语，故《管子》援入《地数篇》，而校书者附着《五臧山经》之末。[②]

这节文字在晋代已经当成了正文，郭璞还给作了注。再比如《逸周书》里的《王会》这篇之末有一篇《伊尹·朝献》，还有解释说：“《商书》，不《周书》，录中以事类来附。”

孙诒让就认为：

> 《朝献》即《伊尹书》之一篇，秦汉人附录《周书》，而刘向校定，

① ［汉］司马迁：《史记》（二十四史修订本），中华书局，2014年，第35—36页、第43—45页。
② ［清］郝懿行著，刘朝飞点校：《山海经笺疏》，华东师范大学出版社，2019年，第228页。

遂因而存之耳。[①]

这篇《朝献》因为和《王会》的文字类似，所以传抄《逸周书》的人抄了放在《王会》后面备参，所谓“录中以事类来附”，在晋代也被当成了正文，孔晁也给作了注。

那么服书中有引《山海经》和案《神异经》的文字，也不能排除是后人在传抄服书时加入的备考文字被混入了正文。笔者的看法是服书中本来就没有引用《山海经》和《神异经》，是后人在抄书时觉得不完备，就抄了《山海经》和《神异经》的相关文字作为参考，还加了个“案”字以示区别，此引述的文字在服书中必定是独立于正文之外的夹注或旁注，和服虔文字是不掺混的；同时，因为它是抄书者随手所加，随意性很大，是想到一点加一点，自然就不会那么整齐完备，《山海经》《神异经》的文字或引或不引，所以才会出现上述种种问题。

到了唐代，因为辗转传抄这些备参的内容被混成了正文，孔颖达看到的服书，就是这么个经过辗转传抄有所窜乱的本子，所以他把里面案《山海经》和《神异经》的话都当成了服书的原文，而且是用他自己的话叙述出来的，把引《山海经》的文字或案《神异经》的文字掺混在一起说，给了后人以极大的误导。

另外，周次吉指出，从东汉的许慎一直到两晋之际的郭璞，这期间有大量的著作，但是没有人引述《神异经》。特别是郭璞，他的例子较有代表性。周次吉说：

> 就是晚张华四五十年的郭璞，他的学问、识见，以及好虚妄怪诞处，都不下张华。然而，他注《尔雅》、注《方言》、注《山海经》、注《穆天子传》等，尽有很多机会引到《神异经》，而却没有。[②]

郭璞是正一道教徒，特别好怪，也是因为这个他才为荒怪诡谲的《山海

---

① 黄怀信等：《逸周书汇校集注》，上海古籍出版社，1995 年，第 696 页引。

② 周次吉：《神异经研究》，台湾文津出版社，1986 年，第 82 页。

经》作注，《神异经》这样的书，也正是郭璞所喜好的著作，且里面的很多内容可以和《山海经》互证（比如关于“四凶”“四罪”的记载），郭璞注《山海经》引用过许多古书，包括晋代才出土的汲冢书，《神异经》却只字没引——从东汉直到西晋末，服虔引《神异经》之事成了个例，或者说是孤证，同时还是由唐代人孔颖达转述出来的，那么学者们认为此事证据薄弱，就不是没有理由了；说这些内容可能是古人传抄服书时加入的备参内容，也合乎情理了。

笔者的看法即如上说，服虔书里不仅没引《神异经》，连引《山海经》的文字都是后人掺入的，刘宋时期的裴骃作《史记集解》时，服书里还没有这些文字，只有服虔随文解释“四凶”即“四罪”和解释“四凶”之名含义的内容，他没有引书证。

裴骃之后直到唐朝近二百年间，服书又不知几经传抄，大概也就是此时之人传抄服书时觉得文意不完足，就抄了些《山海经》和《神异经》的文字作为备参资料附录在相关文字旁，后来这些附著的文字混入了正文。孔颖达看到的正是这么个本子，他就误认为是“服虔用《山海经》”或“服虔案《神异经》”了。所以，孔颖达转述说服虔用《山海经》和《神异经》解《左传》，说服力实在薄弱。

四、“海童”之典非出《神异经》

余嘉锡的第二个证据，就是左思作《三都赋》的时候开始使用了“海童”的典故，《吴都赋》里说“江斐于是往来，海童于是宴语”，据李善注就是出自《神异经》，余氏和后来持“汉末说”者对此深信不疑，可这个说法也有问题。

首先，《神异经》说所谓“海童”的原文是：

> 西海水上有人［焉］，乘白马朱鬣，白衣玄冠，从十二童子，驰马西海水上，如飞如风，名曰河伯使者。或时上岸，马迹所及，水至其处。

所之之国，雨水滂沱，暮则还河。[1]

这条经文记述的不是“海童”，而是“河伯使者”，河伯是黄河之神，河伯使者自然也是黄河之神，因为据《山海经·海内西经》记载，黄河是先入渤海，又出海外，再由禹所导积石山入海，据何幼琦研究，这个“渤海”又作“勃海”，认为“勃海是巨野泽的古名”，同时认为巨野泽也是“西海”，[2]所以河伯使者可以驰马西海；那十二个童子是他的随从，也没有出现“海童”这个词语；特别说“暮则还河”，说明河伯使者和十二童子都是河神，只是巡行于西海，和“海童”毫无关系——左思写《吴都赋》主要是写吴地的事情，而吴国靠海却不靠河（黄河），他怎么会用河伯使者的典故？而今传李善注左思《吴都赋》所引是：

《神异经》曰：西海有神童，乘白马，出则天下大水。[3]

在这条注的引文里，“河伯使者”没了，其所从的十二童子成了“西海神童”，也成了乘白马巡行西海的主角，明显是篡改了原文，这种削足适履的做法有多大说服力不言自明。李善只是看到了《神异经》这条里有“西海”和“童子”，就凭己意给篡改成了“西海有神童”。

其实这条注文是不是李善所作都有疑问，唐钞《文选集注》中的李善注里没引《神异经》，引《神异经》的是《文选钞》和陆善经的注：

《钞》曰：《神异经》：海童乘朱鬣白马，有十八人童子从，若见则雨。……陆善经曰：《神异经》云：河伯使者乘白马朱鬣，行四海水上，从十二童，斯即海童。[4]

---

① 据王国良校释本。见王国良：《神异经研究》，台湾文史哲出版社，1985 年，第 87 页。

② 何幼琦：《〈海经〉新探》，《历史研究》，1985 年第 2 期。

③ ［唐］李善：《文选注》，《景印文渊阁四库全书》第 1329 册，第 86 页。

④ 周勋初纂辑：《唐钞文选集注汇存》第一册，上海古籍出版社，2000 年，第 129—130 页。

宋刻本《六臣注文选》此句的李善注里也没有引《神异经》的注文[①]。在南宋时期的尤袤刻本《文选注》里，李善就引《神异经》如今本了[②]，不能排除那是后人掺入的文字。三家所引的是同一条《神异经》文，可差别很大，只有陆善经的引文比较接近原貌。总之，认为“海童”的出典是《神异经》，这是唐代人的观点。

这就有个很大的问题，左思《三都赋》作成之后，就有同时代的学者张载和刘逵（字渊林）给作了注，刘逵注“海童”是怎么说的呢？他说：

> 海童，海神童也。《吴歌曲》曰：“仙人赍持何，等前谒海童。”[③]

刘逵给《吴都赋》作注时引用了很多古书指明出典，可在“海童”上就奇怪了，既然如余氏及今诸家所言左思是用了《神异经》中的典故，而且是“海童”唯一的出典，刘逵怎么不引《神异经》反而引《吴歌曲》？难道左思看过《神异经》并从中取典，而与之同时代的刘逵就一点都不知道？西晋的刘逵不知道左思文中的“海童”是出自《神异经》，那么唐代人是怎么知道的？

李善注没引《神异经》的另一个证据，是同为西晋学者的木华《海赋》里也出现了“海童”，说“则有海童邀路，马衔当蹊”，西晋末的郭璞《江赋》里也有“海童之所巡游，琴高之所灵矫”。《六臣注文选》本李善注“海童邀路”“海童之所巡游”二句时都是作“《吴歌》曰：‘仙人赍持何，等前谒海童’”，只是后者的所引“海童”作“仙童”[④]；今本《文选注》于《江赋》“海童之所巡游”句只说“海童，已见上文”[⑤]，都没提《神异经》的事情，而是像刘逵一样只引了《吴歌》（即刘逵引的《吴歌曲》），可见那条引《神异经》的李善注文很可疑。

由上可知，“海童”的典故绝非出自《神异经》，而是别有来历，应该是

---

① 《六臣注文选》，中华书局，2012 年，第 104 页。

② 刘跃进著，徐华校：《文选旧注辑存》第二册，凤凰出版社，2017 年，第 1075 页。

③ 《六臣注文选》，中华书局，2012 年，第 104 页。

④ 同上，第 233 页、第 243 页。

⑤ 《文选注》，《景印文渊阁四库全书》第 1329 册，第 218 页。

取自流传在吴地的民间传说，所谓的《吴歌曲》是流传在吴地的民间歌谣。左思在作《三都赋》时曾经广泛阅读文献、咨询耆老，全面搜集相关资料，吴地的传说、歌谣自然也在其中。吴国占据江南大部，东靠大海，有漫长的海岸线，其民间有海神传说毫不足怪。说出自《神异经》河伯使者的十二童子是唐代人的牵强附会。

因此，余嘉锡所持的两个主要证据均薄弱，难以证明《神异经》出自东汉或西晋已有之。从其内容和形式上看，《神异经》明显是出自郭璞注《山海经》之后，其内容或有取自《山海经》者，而其形式全仿照《山海经》：《山海经》托名禹、益所作，《神异经》则托名东方朔所作；《山海经》有铭，《神异经》也有铭；《山海经》有郭璞注，《神异经》则托名张华注——此书的经、铭、注实际是出自一人之手，它能比其他同类文献有名，也正是这种比拟和依托之故。所以说《神异经》是六朝人所作，应该是最为适当的。

中国厕神神话形态初探[①]

四川师范大学文学院　刘　勤

摘　要　神话的形态问题是所有神话研究的前提性问题。中国学界对神话形态的讨论较晚，诸家分歧也较大。结合当前学界观点，根据神话的时间、内容、结构、风格等要素，可对神话的形态进行编码，分为原生态神话、再生态神话、新生态神话、衍生态神话四种。它们相互渗透，甚至水乳交融，或隐或显。本文以厕神神话为契机，对四种类型的区别和联系进行了较为细致的说明、甄别、商榷和建议。很明显，厕神神话贯穿了以上四个形态。在方法上，不妨以“原生态神话”为基准，理出三条思路：与原生态厕神还有紧密联系者；与原生态厕神已有相当距离者；失去神圣性的衍生态厕神。这不仅是首次对厕神的形态问题进行专门讨论，而且据此所得出的结论也应是整体上适用于中国神话的。

关键词　神话；形态；厕神；原生态神话；广义神话

学界对神话形态的讨论较晚，也不多。当下比较有代表性的是萧兵、刘

① ［基金项目］本文为国家社科基金项目“三皇五帝神话体系的文化基因研究”（项目编号：21XZW008）阶段性成果。

城淮、陈建宪等学者的看法。刘城淮将神话分为“原生态神话”和“次生态神话”两种①。萧兵将神话分为“原生态神话”（又叫“原始氏族神话”“原始部落神话”或“单纯神话”）②、“次生态神话”（又叫“文明早期神话”“复杂神话”）、“过渡态神话”（又叫“文野交替神话”“过渡神话”）、“再生态神话”（又叫“后世加工神话”“新生神话”）四种③。之后，陈建宪撰专文讨论神话的形态问题，认为神话应分为“原生态神话”（又叫“氏族神话”“部落神话”“单纯神话”“简单神话”“原始神话”“原始形态神话”“狭义神话”）、“再生态神话”“新生态神话”和“衍生态神话”四类④。此外，还有的学者分为“原生形态”“衍生形态”“系统形态”三种⑤，或者“原始形态”“发展形态”两种⑥。

以上分歧恰好反映了诸家在神话形态问题上，所持观念极为不同。神话的形态问题，应是神话学的基本问题，也是所有神话研究的前提性问题。

从 20 世纪 80 年代袁珂提出“广义神话论”以来，狭义神话和广义神话的论争一直持续着。学界目前基本是将二者中和，将人类族群远古时代在原始思维基础上不自觉的神话创造作为神话的起始，在此基础上，也承认对原始神话的改造、在阶级社会的新造以及今天的民间口传，均属于神话范畴，

① 这一提法实际上最早出现在《民间文艺季刊》1988 年第 2 期的《原生态神话与次生态神话——中国上古神话与希腊神话的比较研究》。后来刘城淮在《中国上古神话通论》第十三章《中国上古神话的特点》中说：“就形态而言，世界上现存的上古神话不外乎两种：一种为原生态神话，即创作于原始社会，保存了或基本保存了原始风貌的神话；一种为次生态神话，即创作于原始社会而经过了后人再创作的神话与早期阶级社会创作的神话。”见刘城淮：《中国上古神话通论》，云南人民出版社，1992 年，第 601 页。从这个划分，以及他所提出的“原生态神话为主，次生态神话为辅”来看，可知他秉承的是狭义神话论，因此早期阶级社会之后的神话并没有被他囊括在内。

② 萧兵给“原生态神话”的定义是“主要是由氏族或部落集体创造的，反映本群团的传说、历史、风习和观念，没有或极少掺杂进外来或后起的成分，所以也叫‘氏族（部落）神话’或‘单纯神话’。这种神话在口头和文献上都保存得极少，鉴定起来特别困难，所以也分外珍贵。封闭性强，长期被‘隔离’的现存原始部落，也许还保藏着一些单纯神话。……浅易，简单，幼稚，却又包含有解释宇宙……可能便是一种原生性的‘单纯神话’。”见萧兵：《古代小说与神话》，辽宁教育出版社，1992 年，第 26 页。

③ 萧兵：《古代小说与神话》，辽宁教育出版社，1992 年，第 26—27 页。

④ 陈建宪：《试论神话的定义与形态》，《黄淮学刊》（社会科学版）1995 年第 4 期；陈建宪：《神话在当代的四种形态》，《高师函授学刊》1995 年第 1 期；陈建宪：《神话解读、母题分析方法探索》，湖北教育出版社，1997 年，第 13 页。

⑤ 向柏松：《中国创世神话形态演变论析》，《文艺研究》2014 年第 6 期；又见其《中国原生态创世神话类型分析》，《文学遗产》2013 年第 1 期。

⑥ 秦家华：《论神话的原始形态和发展形态》，《民族文学研究》1985 年第 2 期。

只不过形态不同。

正因为“神话”历时长、构成复杂，这就需要我们对不同阶段的神话加以辨别以便于研究。换句话说，神话的形态问题，是伴随着“广义神话”的合理性而展开的。为了区分和统摄如此复杂的神话，就必须研究神话的形态，就需要按照神话的时间、内容、结构、风格等要素，对神话的形态进行编码。下面以中国厕神为例，来讨论一下中国神话的形态问题。

一、原生态厕神

对“原生态神话”的定义，各家基本一致。或说“是原始氏族公社时期及其以前的初民所创作和讲述的神话”①；或说即“原始神话，很少经过后人的加工，基本上保存了原始面目”② 的神话；或说“即创作于原始社会、保存了或基本保存了原始风貌的神话”③；或说“主要是由氏族或部落集体创造的，反映本群团的传说、历史、风习和观念，没有或极少掺进外来或后起的成分，所以也叫做‘氏族（部落）神话’或‘单纯神话’”④。

以上说法，一言以蔽之，即“原生态神话”是原始社会（氏族或部落时期），人们集体创作和讲述的神话，很少经过后人加工，基本保存了原始风貌，内容也主要是反映原始族团的历史、传说、风习和观念。认为“原生态神话”源自人类童年时期神话时代的集体记忆，蕴含着浓厚的原始意象、原始思维和原始天性。

实际上，“原生态神话”就是狭义神话论者所划属的“神话”范畴，也是广义神话论者划分的人类历史上第一批神话。史学上，中国原始社会，起于约 170 万年前的元谋人，止于公元前 21 世纪夏王朝的建立。原始社会经历了原始人群和氏族公社两个时期。神话的产生和繁荣，正对应着母系氏族时期，所以往往打上浓厚的“大母神”（The Great Mother）崇拜烙印。马克思曾

---

① 陈建宪：《试论神话的定义与形态》，《黄淮学刊》（哲学社会科学版）1995 年第 4 期；陈建宪：《神话解读、母题分析方法探索》，湖北教育出版社，1997 年，第 13 页。

② 姜彬主编：《中国民间文学大辞典》，上海文艺出版社，1992 年，第 70 页。

③ 刘城淮：《中国上古神话通论》，云南人民出版社，1992 年，第 601 页。

④ 萧兵：《古代小说与神话》，辽宁教育出版社，1992 年，第 26 页。

有这样的经典论述："任何神话都是用想象和借助想象以征服自然力，支配自然力，把自然力加以形象化；因而，随着这些自然力实际上被支配，神话也就消失了。"① 但是，袁珂、叶舒宪等广义神话论者，则认为它永远不会消失，只是会被文明的"灰尘"掩盖而已。

当然，时过境迁，人类主流历史既然无法再回到氏族时期，研究者也尽是文明人，那么完全纯正的"原生态神话"在某种程度上纯属推测和假想。我们只能说，或许可以在现存的某些资源中，按照研究者们所"预设"的"原生态神话"特征，从传世汉文文献中爬梳出某些没有被后世"污染"过的片段或者要素，或者在近世少数民族中找到残存的"原生态神话"活的形式。具体而言，有以下几种途径：

（一）处于原始社会末期或者距离原始氏族公社阶段不久的边远少数民族，他们在很大程度上还过着神话生态的生活，并传述着活生生的"原生态神话"。这些神话往往与民间宗教、巫术、节日、祭典、生产、生活、乐舞、风俗等混为一体。但是，随着汉化、商业化、现代化，"原生态神话"越来越少，濒临灭绝。

（二）比较偏远、封闭，发展比较缓慢的南方山区、水乡，巫风盛行，也还在一定程度上保留着原始思维。虽然所传述的故事大多已是三教杂糅、今古并存，但其思维的原始性还历历可见。

（三）考古文献。出土的文字、图画、器物、遗迹等，当然是考察的重点。只是，有些文物没有文字，不能自言。

（四）一些传世文献，虽然后人在收集、整理、撰写的过程中，自觉或不自觉掺杂了后世内容，但一定多少包含着"原生态神话"。尽管"去伪存真"的工作十分艰辛，甚至"一败涂地"，但不是毫无踪影。

从（一）到（四），与"原生态神话"的亲密度依次递减。当然，具体问题应具体分析。判断的标准，除了要考证这些文献所产生的年代外，最主要的就是要把握"原生态神话"的母题（被视为神话的"细胞"）②、风格（古朴、粗野、荒诞等），以及原始思维本身所具有的各种特点（如用具象代

---

① 中共中央马克思、恩格斯、列宁、斯大林著作编译局译：《马克思恩格斯全集》，人民出版社，1979年，第48—49页。

② 陈建宪：《论神话学的基本概念与方法》，《湖北民族学院学报》（社会科学版）1997年第2期。

表抽象、普遍联系、终始相续、回归、以局部代全局等)。

以厕神为例，其原生态性质如影随形，对此，已有学者论及。如张晓舒在《迎紫姑习俗起源新论》一文中主要由南朝以来的“捶粪”习俗和“正月十五”中所包含的“满月”崇拜来推测紫姑、如愿信仰源自古老的粪土崇拜，与农业生产密切相关[①]；陈廷亮在《土家族节日述论》中也说紫姑是原始农神[②]；田祖海在《论紫姑神的原型与类型》中说紫姑“是由祭厕神、猪神和收获女神习俗复合而成”的[③]；林朝枝的《紫姑研究——厕神之起源及流变》一文也提出，紫姑信仰习俗是由远古驱鬼、祭猪神、收获女神，以及粪土崇拜等信仰共同糅合而成的[④]。

古今中外的典籍中的确记载了很多粪尿创世、粪尿化育，以及粪尿感生的神话传说故事。这显然是远古粪尿崇拜和生殖女神崇拜相结合的产物。唐代牛肃的《纪闻》在讲述刁缅、王无有、王升的故事时，都说到厕神是恐怖的猪怪，或能带来利达，或导致死亡。此猪怪的原型正是具有“大母神”象征意义的远古猪神（兼厕神)。当代民间田野调查也证实，不少少数民族地区的厕神还带有相当的“原生态神话”性质，比如，莱阳的“搬姑姑”习俗、满族的古歌谣《笊篱姑姑》、达斡尔族的“请笊篱姑姑”、白族的“青姑娘祭”、湖北利川毛坝土家人的“迎紫姑”等。此外，荆楚故地、巴蜀山区农村，还有一些地方保存着比较浓厚的原始巫文化，厕神信仰也随之有一些原始留存。比如沅湘间的“迎紫姑”、湘黔桂边界侗族的“唱七姐”、湘鄂川边界土家族的“请七姑娘”、湘西瓦乡苗族的“化七姑娘娘”等，都保存着浓厚的原始巫风。词旨鄙陋，朴野奔放，甚至还有不少“亵慢淫荒之杂”[⑤]，与原始社会某些生活内容接近。

二、再生态厕神

陈建宪认为，“再生态神话”是指“产生于原始氏族公社及其以前时期，

---

① 张晓舒:《迎紫姑习俗起源新论》,《中南民族大学学报》(人文社会科学版)2001 年第 4 期。

② 陈廷亮:《土家族节日述论》,《吉首大学学报》(社会科学版) 1991 年第 4 期。

③ 田祖海:《论紫姑神的原型与类型》,《湖北大学学报》(哲学社会科学版) 1997 年第 1 期。

④ 林朝枝:《紫姑研究——厕神之起源及流变》，静宜大学硕士论文，2011 年。

⑤ ［宋］朱熹撰，蒋立甫校点:《楚辞集注》，上海古籍出版社，2001 年，第 31 页。

但流传于这一时期之后。这类神话在各民族现存神话资料中占绝大部分，其具体流传分为两种方式：一种是在民间口头流传，一种是记录在文献之中，随典籍代代相传。例如中国著名的盘古开天、女娲造人、后羿射日、精卫填海等神话，就既见于古代的文献，又在当代老百姓口头广泛流传”①。

这个范围极广，基本将现在见载于典籍的神话悉数纳入，包括我们目前认为最古老的神话，比如“盘古开天”“女娲造人”“精卫填海”等。如此，从某种意义上说，之前所提出的“原生态神话”就流于“空头支票”。盘古开天、女娲造人、后羿射日、精卫填海等神话，显然不应归为“再生态神话”，而是带有相当“原生态神话”成分的“原生态神话”——尽管严格说来，流传至今的各种文献无一例外都打上了后世烙印。向柏松曾将原生态创世神话分为五个类型：自然形成型（如阿昌族《遮帕麻与遮米麻》、纳西族《创世纪》等）、化生型（如盘古化生等）、制造型（如彝族《阿细的先基》等）、女子生人型（如满族《佛朵妈妈》等）、婚配型（如伏羲女娲兄妹婚等）②。在这里，他显然是将盘古神话、女娲伏羲神话等归为原生态神话的。

与陈建宪不同，萧兵认为“再生态神话”（他又称之为“新生神话”）是“经过后人较大整理加工，渗进时代观念和作者个人思想风格的神话故事”③。显然，他的判断标准不是简单地以时间为限，而是还提倡从文献所反映的观念和思想来进行区分。这里所谓的“较大整理加工”，主要体现在以下两个方面：

（一）创作者和创作目的不同。与“原生态神话”的集体创作不同，“再生态神话”可能成形于个人之手（尽管在诸多方面仍源自“原生态神话”），产生了个体作者（记录、创作、改编），这些作者可能是巫师、王公、政客、文人、民间艺人、迷信者等。如文人编撰的志怪、笔记、野史等保存了大量神话；又如统治阶级利用神话来为自己的统治秩序制造舆论支持或者加披神秘外衣（如感生神话、谶纬故事等）；还有不法分子篡改、添加、杜撰原初故事，以获取金钱利益（如巴蜀地区的“关仙婆”迷信）等等。故萧兵认为，

① 陈建宪：《试论神话的定义与形态》，《黄淮学刊》（社会科学版）1995 年第 4 期；陈建宪：《神话解读、母题分析方法探索》，湖北教育出版社，1997 年，第 15 页。

② 向柏松：《中国创世神话形态演变论析》，《文艺研究》2014 年第 6 期。

③ 萧兵：《古代小说与神话》，辽宁教育出版社，1992 年，第 27 页。

“再生态神话”还该包括近世民间的神话创作①，然而陈建宪却认为此类属于更晚的“新生态神话”范畴了。可见，诸家在神话的形态问题上，存在着相当的分歧。

（二）神话故事的主题不同。“原生态神话”的主题是基于原始生活，而“再生态神话”的主题则是基于阶级社会生活。这可以通过文献资料，从生产生活、组织形态、思想观念等维度进行辨别。不过，如前所述，因为“再生态神话”是对“原生态神话”的延续和改造、继承和发扬，固然“再生态神话”融入了后世的不少内容，甚至表面看起来与“原生态神话”相差甚大，但是毫无疑问，仍然可以从中剥离出“原生态神话”。

除了“再生态神话”，不少学者还提出了“次生态神话”，这里一并介绍。

刘城淮认为“次生态神话”是“创作于原始社会而经过了后人再创作的神话与早期阶级社会创作的神话”②。结合我们前面的分析可知，这一定义实际上涵盖了前面所说的“原生态神话”和“再生态神话”。

萧兵也提出了“次生态神话”这一概念，但定义有所不同。他认为：“对照着这类原生神话、单纯神话，阶级社会或文明时代早期诞生的神话便叫做‘次生态神话’，因为这类神话和绝大多数失去单纯性的原生神话都经过后人的整合、润色、增删，所以又叫做‘复杂神话’。”萧兵只将“阶级社会或文明时代早期诞生的神话”视为“次生态神话”。这一时期一般指夏商周三代，有时辐及春秋战国时期。萧兵把产生于这一时期的神话又称之为“文野交替”的神话，并又名之为“过渡态神话”③。

再来看《中国民间文学大辞典》的定义：“次生态神话”是“指产生于原始社会、经过了后人重大加工、基本上失去了原貌的神话，及继承原始神话而生发的阶级社会神话”④。这一定义与前面的“再生态神话”也有重合。

综合以上观点，“次生态神话”具有以下特征：

（一）在起源上，“次生态神话”源自原始社会，与“原生态神话”有不

---

① 萧兵：《古代小说与神话》，辽宁教育出版社，1992 年，第 27 页。

② 刘城淮：《中国上古神话通论》，云南人民出版社，1992 年，第 601 页。

③ 萧兵：《古代小说与神话》，辽宁教育出版社，1992 年，第 27 页。

④ 姜彬主编：《中国民间文学大辞典》，上海文艺出版社，1992 年，第 70 页。

可分割的关系。这点与“再生态神话”相同。

（二）在创作者和目的上，“次生态神话”与“原生态神话”的集体创作不同，成形于个人，产生了个体作者，这些作者可能是巫师、政客、文人等，尽管与“再生态神话”相比，在目的上更加多样化，但这也不过只是“度”的不同而已。

（三）“次生态神话”经过后人的“重大”加工基本失去原貌，而“再生态神话”是经过“较大”加工，显然也只是“度”的不同。

总之，这一定义，与上述“再生态神话”在性质上并无二致，差别只在于“度”上，而非在“质”上。也就是说，“次生态神话”是对“再生态神话”的进一步改造。理论上说，时间上更晚一些，不过也不一定，关键是看神话的内容、风格和思想。

学者之所以提出“次生态神话”以区别于“再生态神话”，无非是为了强调“次生态神话”的“基本失去原貌”（“失去单纯性”）和“早期阶级社会创作”（“阶级社会或文明时代早期诞生”）。学者提出这一点的意义在于，试图提示“次生态神话”将开始与“原生态神话”割裂。但这显然不现实。任何神话都不是无源之水，无本之木。而且，不一定在文献上出现得晚近的神话，在观念和思维上就会“基本失去原貌”（“失去单纯性”）。

这一概念与前面的“再生态神话”以及后面的“新生态神话”概念也多有重合。理论上看，这样越来越细的形态区分是有逻辑思路可循的，但其实在实际研究上和理据上都无法落实。神话的性质也决定了它很难被这样细致区分。

实际上，我们也很难找出能够区分“次生态神话”和“再生态神话”的神话实例。所以，不如将“次生态神话”并入“再生态神话”。概而言之，“再生态神话”就是源自“原生态神话”，经后世加工，或成型于后世。有的还带有较为浓厚的原始神话色彩，而有的已经比较淡薄。今日大部分神话，都有这种形态。

以厕神为例，魏晋南北朝文献中的厕神紫姑和如愿，从她们身上还能找到“厕神”的神格基点，还保留着浓厚的原始厕神气息，含有“原生态神话”因素。紫姑在南朝宋《异苑》中表现出与粪秽、厕之空间（豢豕空间）的密切关系；如愿循粪遁逃，并因之而形成“捶粪”习俗，所体现的远古粪肥崇拜昭然若揭。但是，二者又都融入了后世阶级社会（甚至当时）的某些观念。比如，紫姑和如愿都具有卑下的人妾（奴仆）身份，祸福生死全由他人掌握。这是等级社会中男尊女卑的反映。又如，如愿故事中强调的“富贵”观念，也是生产力发展到一定阶段后，出现了等级制、私有制和剩余财产的产物；再如，南朝典籍中所记载的“后帝”，其装束“朱衣平上帻”就明显带有南朝武官的打扮特点。这类例子不胜枚举。

三、新生态厕神

陈建宪认为，“新生态神话”是指“产生于原始氏族公社时期以后的各个时代中，直到今天仍在不断产生的神话……例如关于玉皇大帝、二郎神、孙悟空、观世音、关羽、灶神、土地神等的新神话，在全国许多地区都有流传”①。其中，“产生于原始氏族公社时期以后的各个时代”，这个跨度极大，其区别于“原生态神话”和“再生态神话”的关键点，就是并非产生于原始社会。同时也借鉴了“广义神话论”的观点，认为神话会时时产生。

由前面的分析可知，这一看法与刘城淮、萧兵等人的看法不同，后二者将“早期阶级社会”创造的神话纳入“再生态神话”，与此处的“新生态神话”有一定重合。

从陈建宪的定义可看出，“新生态神话”是指新的社会历史、地域环境条件下新产生的神话，是完全的后起神话，与原始神话有一定断裂。在具体的表现上，多指那些有名有姓、较为晚出、明显带有“历史的神话化”痕迹的，且价值取向体现了文献当时价值取向（时代性）的神话。

“新生态神话”在表面上与“原生态神话”已无多少联系——其实严格说来，仍不过是“旧瓶装新酒”“新瓶装旧酒”，抑或“挂羊头卖狗肉”，二者总会有千丝万缕的联系——不过，相比于“再生态神话”来说，它确实与“原生态神话”的距离更远，后世内容更多，且基本已感知不到原始思维特征。

厕神戚姑（戚夫人）、何媚、刘安、郭登、雪隐、乌刍沙摩明王等，显然

---

① 陈建宪：《试论神话的定义与形态》，《黄淮学刊》（哲学社会科学版）1995 年第 4 期。

具有“新生态神话”特征，反映了鲜明的时代特点。戚夫人是汉高祖刘邦的宠妃，因欲夺嫡废太子而与吕后交恶。刘邦死后，作为皇太后的吕后先是囚禁戚夫人于永巷日夜舂米，后残忍地将其做成“人彘”。将戚夫人作为神灵祭祀，首见于《魏书》所载的徐州彭城的戚夫人庙[①]，据明代典籍《月令广义》所说，至迟在唐代，世俗元宵便开始请戚姑之神。厕神戚姑（戚夫人）显然是在汉代之后的造神运动中新产生的，是“历史的神话化”。又看紫姑，其原生态、再生态特点，我们前面已经说过。到唐代的《显异录》，她增加了一个名字“何媚”，“字丽卿”。苏轼《子姑神记》《仙姑问答》也从其说。何媚显然是在唐代，或杜撰或基于真人故事附会上去的。鲁迅在《中国小说史略》中将神话演变过程中的神灵分为两类情况：一是“随时可生新神”，二是“旧神有转换而无演进”。在说明前者时他便列举了紫姑神[②]。至于道教厕神淮南王刘安，以及源于宋代云门宗高僧雪窦重显的厕神“雪隐”，都属于“历史的神话化”，并经宗教教义教理的改造。佛教厕神乌刍沙摩明王，源于佛经故事，应有原生态来源（如食粪、咒语要素）。至少从唐代的译经开始，乌刍沙摩就主要以具有深净大悲、不避秽触，以智力消除分别妄见、摧毁一切魔障之大威德而著名，后成为禅宗厕神。总之，新生态厕神，具有典型的“历史的神话化”特征。一般我们可以确切地找到其现实来源，其内容和思想也多半基于当时的社会生活。

四、衍生态厕神

陈建宪认为，“衍生态神话”[③] 是指“神话在其他领域中运用和改变的衍生物……例如中国古代的神魔小说和西方当代魔幻主义小说，当代的科学幻

---

① ［北齐］魏收：《魏书》，中华书局，1974 年，第 2538 页。

② 鲁迅：《鲁迅全集》，人民文学出版社，2005 年，第 24 页。

③ 这与向柏松提出的“衍生形态”神话的概念不同。向柏松认为：“随着人类思维的综合能力与概括能力的不断提高，人们认识事物的方式逐渐由单一性视角向整体性视角方向发展，由此，单一的释源神话逐渐发展成为整体性释源神话即系统形态的创世神话。在发展过程中产生出的过渡性的创世神话，我们称之为衍生形态的创世神话。”之后，他分了几种类型：串联型（如《苗族古歌》）、化合型（如盘古化生）、箭垛型（如牙巫神话）、派生型（如简狄感生神话）。见向柏松：《中国创世神话形态演变论析》，《文艺研究》2014 年第 6 期。

想、童话、乡土小说、各种造型艺术、商标广告乃至政治生活等，都常常借用神话的形象、观念、术语或艺术手段，以造成特殊的效果，这些都是衍生态神话。像美国的宇宙飞船，就以希腊神话中太阳神阿波罗的名字来命名”①。

一言以蔽之，即“衍生态神话”并非神话本身，而是对神话各种要素的借用，有时甚至完全改变、扭曲了神话的意象、结构、本质、含义，消解了神性。这是神话在历史进程中，尤其是在无神论和现代化进程中，逐渐转变功能，成为人类生活的辅助手段的产物。“衍生态神话”与前面三种类型的分野正在于它已不具有“神圣性”。具体情况当然要从神话的使用环境、功能效应、叙述心理等方面进行考察。比如“女神”一词，本指女性神灵，如今多指心中爱慕、艳羡的美女。这里的“女神”，已经完全失去神性，只是徒具人性罢了。

就厕神而言，文人的诗歌、小说、散文、戏曲、绘画等作品中对厕神的书写，以及今日的厕神趣谈多是如此。如苏轼有六篇紫姑书写，无论是对紫姑的同情、赞叹，还是讽刺、批判，都不可避免地带有彼时男权社会挥之不去的性别偏见。他将紫姑视为“托寓工具”，而非神灵。“苏轼—紫姑”结构并非“人—神”结构，而是“伟丈夫—小女子”结构。此外，陈栋的《紫姑神》杂剧，唐之凤的《迎紫姑神文》，与苏轼笔下的紫姑一样，都是托物言志，属于“衍生态神话”。又如厕所文化发达的日本，其当代文学和艺术对厕神的表现亦多。比如妹尾河童的《窥视厕所》、日本漫画《便便物语》、流行歌曲《厕所女神》、电影《厕所》等，都涉及日本厕神，多是趣谈，属于“衍生态神话”。

需要补充的是，从“衍生态神话”中，我们或许同样可以看到或钩沉出前面三种神话形态。向柏松就将盘古化生神话同时纳入原生态神话和衍生态神话，并认为如今我们所见的大部分神话，实际上往往都是贯通了这几种形态，而不只是归为一种形态②。他虽然只是针对中国创世神话发论，但这一结论同样是适用于其他神话的，厕神亦然。如上面提到的苏轼的紫姑书写，虽然是将“紫姑神”塑造成了一个托物言志的“红颜知己”人物形象，取消了

① 陈建宪：《试论神话的定义与形态》，《黄淮学刊》（社会科学版）1995 年第 4 期；陈建宪：《神话解读、母题分析方法探索》，湖北教育出版社，1997 年，第 16 页。

② 向柏松：《中国创世神话形态演变论析》，《文艺研究》2014 年第 6 期。

女神的“神圣性”，但是此一文学形象并非完全杜撰，而是借鉴于《异苑》《录异志》等文献记载和黄州的“迎紫姑”习俗。又如神魔小说《封神演义》中有云霄、琼霄、碧霄三位仙姑，她们的法宝是“九曲黄河阵”“混元金斗”和“金龙双蛟剪”。实际上，“九曲黄河阵”就是厕坑，“混元金斗”就是产妇生育时所用之净桶，而“金龙双蛟剪”就是用于剪断初生儿脐带的剪刀。故文中注云：“以上三姑，正是坑三姑娘之神，混元金斗即人间之净桶。凡人之生育，俱从此化生也。”① 三姑，就是紫姑，原应为“子姑”。“子”为商姓，“子姑”就是商代始祖母简狄。“玄鸟生商”既蕴含着原始“卵生”创世思维，又与“子”（言植物为种子，言人为初生儿）崇拜、地母（粪土）崇拜密切相关。所以，三姑（云霄、琼霄、碧霄）本为具有地母性质的厕神，曾受到过广泛的崇信，但在文人许仲琳的笔下，则成为三个反面人物。不过其法宝“九曲黄河阵”“混元金斗”“金蛟剪”，及兄长为赵公明（本为冥界勾魂使者、猪瘟神）则暴露了其来源与原始厕神信仰有关。

五、余论

上面结合当前学界观点，对厕神的形态做了讨论。但是，中国神话的形态问题本身就是个问题。到底应不应该划分形态？怎样划分形态？划分的标准是什么？这些都还是悬而未决的问题。目前的划分，很大程度上是凭借学者们的主观感觉和预设框架来完成的。这些概念到底在多大程度上对我们的研究和认识起指导作用，还需要进一步实践。我们讨论厕神的形态，主要是为了学术研究的方便，是为了更好地从宏观上把握厕神的发展演变。厕神神话贯穿了四个形态，且这四者之间并不是相互割裂、单线式发展的，而是相互渗透，甚至水乳交融的。在方法上，不妨以“原生态神话”为基准，理出三条思路：

（一）与原生态厕神还有紧密联系者。此类厕神与厕神的本来神格紧密相连，即在神话起源和神格基点上，仍是与厕所、屎尿、粪肥、排泄、污秽、垃圾、牲畜（猪）等“污秽”（物质层面和精神层面）的事项相关，以及与

---

① ［明］许仲琳：《封神演义》，人民文学出版社，1973年，第970页。

这些神格的扩大化意义相关——如与这些要素相关的粪肥崇拜、猪神崇拜、生殖崇拜、丰产崇拜、地母崇拜、冥神崇拜、月神崇拜等。除了一些传世文献和考古资料外，从今日一些少数民族地区、西南边远山区水乡的口传文化中，还可窥见一些风貌。

（二）与原生态厕神已有相当距离者。此类厕神与厕神的本来神格已有相当距离，是“大母神”退位之后，女儿神逐渐兴起并被卑化的产物。这类厕神大多有具体的时代、名姓、籍贯、经历。作者多欲坐实其事，或崇增其事。神格也随之具有多样化的特点：既有继承原生态厕神的部分，也有新滋生的部分，且更侧重后者，具有相当的时代特点，或称之“神格偏移”。如魏晋以来，厕神职司蚕桑丰歉、预占众事吉凶等；唐宋以来，厕神职司科举仕途、闺中琐事等；民间已失去故事性的禁忌和风俗等，也可纳入其中。

（三）失去神圣性的衍生态厕神。此类厕神或已无民间信仰根基，或被文人书写改造为文学形象，失去了神圣性，甚至徒留“称谓”而已。如文人士大夫笔下充当“言志工具”的紫姑；《封神演义》中的反面角色“三霄”和赵公明；抒发亲情的日本歌曲《厕神》等，莫不如此。信仰内核尽失，徒具文艺审美性而已。

如前所说，神话的四个形态之间并不是相互割裂、单线式发展和自足完善的，而是相互渗透、水乳交融、或隐或显的。这四种形态的划分，不完全是按照时间排序，而主要是依据神话的特点。每个形态都有可能时间跨度极长，或与别的形态重合、交叉。原本看起来很晚近的形态（如“新生态神话”“衍生态神话”），完全可能饱含着非常丰富的“原生态神话”内容。甚至有的神话贯穿、交织着这四个形态。如厕神紫姑，在宋代文人笔下属于“衍生态神话”；而从文本产生、神名时代、思想观念来说，属于“新生态神话”；但从其神格缘起、职司功能、神圣时空来看，显然又是“再生态神话”，甚至有“原生态神话”要素。这种一个神话贯穿多个形态的情况，并不少见。

中国神话与希腊、北欧神话相比，因为种种原因——比如未经系统整理和未过早现代化，又未经历系统宗教改革，长期在民间处于“自生自灭”的状态——所以保持了相当的原始性。因此不少神话，都能按图索骥地寻找到相应的原生态要素。故不能用这四个阶段去简单套用，也不能根据历史进程来武断划分。

早有学者指出，与西方人的分析思维不同，中国人的思维本身就是“神话思维”“直觉思维”。另外，从深度分析心理学来说，神话原始意象会以集体无意识和个人无意识的方式而永存，并不会因为时间的长久而消逝。因此，“原生态神话”不会因为原始社会（氏族、部落时期）的逝去而消失。这是我们在研究中国厕神时必须注意的。叶舒宪指出：“中国文化传统的最大特征，就在于其完全的和弥漫性的神话特质。不仅遍布城乡各地的无数孔庙和财神庙，无言地见证了这个多民族国家的巨大造神能量，就连被西学东渐以来的现代学者视为‘中国哲学’、‘中国历史’和‘中国科学’的许多根本内容，也离不开神话的观照。”① 这种“巨大造神能量”，其永动力无疑是人类对神话本身的需求；其产物无疑是“原生态神话”在新时期的躁动和显现。

最后还需要补充说明的是，如上形态划分，绝无扬彼抑此，并非是说“原生态神话”“再生态神话”“新生态神话”“衍生态神话”意义递减。实际上，就神话学的眼光视之，古今中外各种神话，各种形态的神话，在内核上并无二致，因为神话最深刻地揭示了人的共同性而非差异性，而神话表面的语言却是相对虚假的，诚如学者所指出的那样：

> 任何一种文化的变异，都往往存在着多重文化时空层叠整合的现象。当一个地区的文化由于长时期的发展变异的积累，出现新文化现象的时候，旧文化现象的许多主要部分并不是以消亡和破产为基本特征，而是经过选择、转换与重新解释以后，依然被一层一层地重叠和整合在新文化结构之中。这种新旧并存，并不在于力量的消长方面，新的暂时还不能消灭旧的，需要在时间的发展中来逐渐完成新旧替代的过程，而是从一开始就实现了新旧文化形态之间的相互理解、协调、包容、让步。也就说，原先的文化并没有死亡，而依然是一种有生命的东西。②

---

① 叶舒宪：《神话：中国文化的原型编码》，收入叶舒宪、陈器文主编：《宝岛诸神——台湾的神话历史古层》，南方日报出版社，2011 年，序言第 2 页；又见叶舒宪：《神话作为中国文化的原型编码——走出文学本位的神话观》，《中国社会科学报》2010 年 8 月 12 日第 1 版。

② 张琪亚：《民间祭祀娱神意义的变迁》，《贵州民族学院学报》（哲学社会科学版）2009 年第 6 期。

大禹神话与蚕桑文化探析[①]

成都锦城学院文学与传媒学院　谢天开

摘　要　以大禹神话与古蜀蚕桑文化为中心，从禹的母系族裔与古蜀桑蚕文化、禹的治水与蚕桑经济文化、禹的会盟与蚕桑政治文化等三个路径切入，运用多重证据法进行探析，从而对于中国农耕社会的“核心文化”——宗法制度与农桑经济的初始文化基因的形成，在宗亲政治与蚕桑经济上做出新的诠释。

关键词　大禹神话；母系族裔；蚕桑文化

中国农耕社会文化，在传统宗法制度方面，以血缘为纽带；在传统经济方面，以农桑为根本。因此，本文要探讨的是：其一，禹的族裔与蚕桑之关系，尤其在母族方面；其二，禹的治水与传播蚕桑；其三，禹的会盟与蚕桑文化关系。

列维—斯特劳斯说：“如果我们在研究历史时，不把它从神话中分割开，而是把它看做是神话的接续。”[②]《楚辞・天问》：“鲧何所营？禹何所成？”在细读与解析关于蜀地的禹迹、禹事、禹功方面神话传说时，可以发现其中的

---

① ［基金项目］本文为四川省社会科学院神话研究院 2020 年度立项资助的一般科研项目成果（项目编号：2020SHYB04）。

② ［法］列维—斯特劳斯：《神话与意义》，见叶舒宪主编：《结构主义神话学》（增订本），陕西师范大学出版社，2011 年，第 73 页。

关于古蜀蚕桑文化的事项；而且正是在远古时代发生的最初的这些事项，创造并奠定了中国农桑经济与宗法制度的根本和生活文化的基因。

一、大禹族裔与蚕桑养植文化

禹生何地？山东、安徽、浙江、河南、山西等地虽说各有说法，然而却无明确文献支撑。但有更多的证据表明“禹兴于西羌”。

1. 族系方面

（1）从父系而考

《史记·夏本纪》记述了禹的谱系：

> 夏禹，名曰文命。禹之父曰鲧，鲧之父曰帝颛顼，颛顼之父曰昌意，昌意之父曰黄帝。禹者，黄帝之玄孙而帝颛顼之孙也。①

当代学者段渝亦认为：“中原和古蜀均为黄帝后代，两地文献均从古相传黄帝与古蜀的亲缘关系，都把各自最古文化的起源追溯到黄帝与嫘祖、昌意与蜀山氏和帝颛顼，这正是表现了两地共同的文化底层。”②

（2）从母系而考

禹的母亲为有莘氏女（女嬉、女狄），祖母为蜀山氏女昌仆，曾祖母为嫘祖。《史记·五帝本纪》：

> 黄帝居轩辕之丘，而娶于西陵之女，是为嫘祖。嫘祖为黄帝正妃，生二子，其后皆有天下。其一曰玄嚣，是为青阳，青阳降居江水。其二曰昌意，降居若水。昌意娶蜀山氏女曰昌仆，生高阳，高阳有圣德焉。黄帝崩，葬桥山。其孙昌意之子高阳立，是为帝颛顼也。③

《山海经·海内经》有两处文字亦记述了禹的母系谱系。其一：“黄帝妻

① ［汉］司马迁：《史记》，中华书局，2012年，第45页。
② 段渝：《古蜀文明的演进特点及其在先秦史上的地位》，《社会科学战线》2011年第1期。
③ ［汉］司马迁：《史记》，中华书局，2012年，第9页。

雷祖，生昌意，昌意降处若水，生韩流。”若水在蜀，即今雅砻江。郭璞注：“《竹书》云：‘昌意降居若水，产帝乾荒。’乾荒即韩流也，生帝颛顼。”① 其二：“黄帝生骆明，骆明生白马，白马是为鲧。”② 骆明，包括昌意与颛顼两代。鲧为禹父。

在《山海经 · 海内经》里，实际记载了古蜀羌集团与中原的黄帝集团发生过两次联姻。第一次为西陵女嫘祖成为黄帝的元妃，第二次是蜀山氏之女昌仆嫁于黄帝之子昌意，而生子颛顼，即高阳。颛顼生鲧，鲧生禹。

综合《史记》与《山海经》的记载，第一，将嫘祖作为黄帝“正妃”地位讲述得明确；第二，将黄帝与嫘祖的后续谱系讲述得明确，即：

黄帝与嫘祖（黄帝元妃）——昌意与昌（景）仆（蜀山氏之女）——颛项—鲧与莘氏女（女嬉）——禹与涂山氏。

（3）禹的母族与蚕桑

需要着重指出的是，禹的曾祖母、祖母，或为蚕神，或为养蚕先祖。《路史》：“黄帝元妃西陵氏曰嫘祖，以其始蚕，故又祀生蚕。”③《通鉴前编 · 外纪》：“（嫘祖）始教民育蚕，治丝茧以供衣服……后世祀为先蚕。”④

有研究者根据清代金石学家孙诒让《古籀余论》的研究论述道：嫘祖的“嫘”字在西周青铜器所刻金文中写作“㠟”。按照古汉字造字取会意字的习惯，“㠟”字为“女”字旁加“疊”，表明嫘祖原本为出于“疊”部落的女子，“疊”为嫘祖所出的古部落名。而“疊”字作为古地名正是历史上唯一的独特古地名，也就是今日疊溪所在地。北魏奉西陵氏嫘祖为“先蚕神”并将“蚕陵县”写作“西陵县”，此后嫘祖的嫘被写成“㠟”，现代简写成“嫘”。嫘祖出于“疊”，称“西陵氏”，为古蜀王先祖。最早的古蜀王蚕丛葬地在“疊”，其陵“蚕陵”即“西陵”，嫘祖被北魏统治者尊为蚕桑神，而蚕丛同样被蜀地奉为农业暨蚕桑神，表明嫘祖即古蜀王蚕丛的先祖⑤。蜀山氏之女昌仆为禹的祖母，这表明禹的家族是生活在古蜀羌地的。蜀山氏为蚕丛氏

① 袁珂：《山海经校注》，巴蜀书社，1993 年，第 503 页。
② 同上，第 528 页。
③ 袁珂、周明：《中国神话资料萃编》，四川省社会科学院出版社，1985 年，第 109 页。
④ 杨利慧、张成福编著：《中国神话母题索引》，陕西师范大学出版总社，2013 年，第 554 页。
⑤ 徐学书：《略论羌族文化与古蜀文化的渊源关系——兼论羌族与黄帝的渊源关系》，《西南民族大学学报》（人文社会科学版）2012 年第 12 期。

之先世，其居地在今四川茂县岷江河谷。

2. 地理环境方面

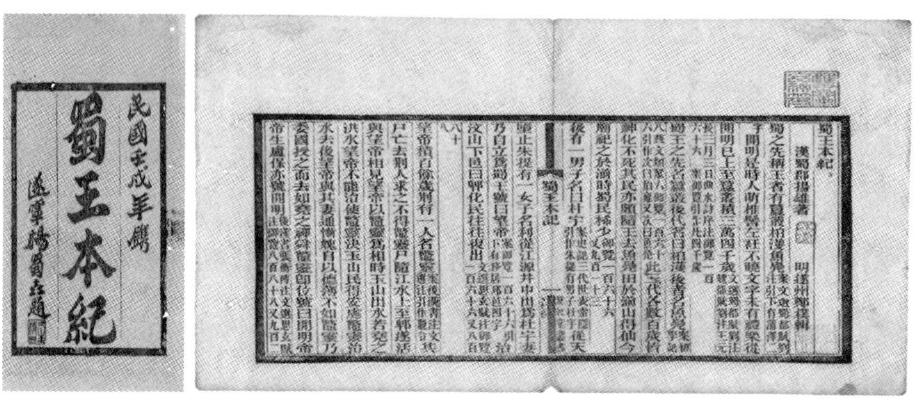

民國壬戌年鐫

蜀王本紀

蜀王本紀

漢蜀郡揚雄著　明遂州鄭樸輯

蜀之先稱王者有蠶叢柏濩魚鳧

子開明是時人萌椎髻左衽不曉文字未有禮樂從

開明已上至蠶叢積三萬四千歲

蜀王之先名蠶叢後代名曰柏濩後者名魚鳧

此三代各數百歲皆

神化不死其民亦頗隨王去魚鳧田於湔山得仙今

廟祀之於湔時蜀民稀少

後有一男子名曰杜宇　從天

墮止朱提有一女子名利從江源井中出爲杜宇妻

乃自立爲蜀王號曰望帝　治

汶山下邑曰郫化民往往復出

望帝積百餘歲荊有一人名鼈靈　其

尸亡去荊人求之不得鼈靈尸隨江水上至郫遂活

與望帝相見望帝以鼈靈爲相時玉山出水若堯之

洪水望帝不能治使鼈靈決玉山民得安處鼈靈治

水去後望帝與其妻通慚愧自以德薄不如鼈靈乃

委國授之而去如堯之禪舜鼈靈即位號曰開明帝

帝生盧保亦號開明

民国壬戌年镌壁经堂丛书《蜀王本纪》（彭雄先生“汉籍文献库”藏书）

“故禹兴于西羌”，这是《史记·六国年表》的记述①。扬雄《蜀王本纪》有明确的记述：“禹本汶山郡广柔县人也，生于石纽，其地名痢儿畔。”② 常璩《华阳国志》进一步记述：“广柔县，郡西百里，有石纽乡，禹所生也。”③ 古蜀王族发祥地在岷山，蚕丛的葬地在茂县叠溪，汉代因此于其地置蚕陵县。这里需要特别指出的是：禹的出生地，紧邻蚕丛的邑地。《华阳国志》紧接“广柔县”后记述：“蚕丛县，郡北二百二十里。本蚕丛邑也。……有蚕陵山。”④

这说明，禹的出生地域属于古蜀蚕桑文化区域。

3. 民间旧俗方面

《华阳国志》：（广柔县）“夷人共营其地，方百里，不敢居牧。有过，逃其中，不敢追，云畏禹神；能藏三年，为人所得，则共原之，云禹神灵佑之。”⑤ 这说明在晋汉以前，禹的出生地汶川便是法外之地，时为避难之所。在民国之时，四川也有方言说：“整烂就整烂，整烂走灌县。”这里的“走”，便是“跑”的意思。灌县与汶川县紧邻。这亦为禹生于汶川的间接证明。

① ［汉］司马迁：《史记》，中华书局，2011年，第606页。

② 彭雄“汉籍文献库”藏书“民国壬戌年镌壁经堂丛书”《蜀王本纪》（一卷本）。

③ ［晋］常璩著，任乃强校注：《华阳国志校补图注》，上海古籍出版社，1987年，第190页。

④ 同上。

⑤ 同上。

4. 历史时段方面

《蜀王本纪》："蜀之先称王者有蚕丛。"① 蚕丛氏与宝墩考古文化关联，属于青铜文化初期②。早于蚕丛氏的蜀山氏，关联于四川茂县营盘山考古文化，属于新石器时代③。茂县营盘山出土的石棺石椁④，亦关联印证了《华阳国志》所述："有蜀侯蚕丛，其目纵，始称王。死，作石棺、石椁。国人从之。故称以石棺石椁为纵目人冢也。"⑤

蜀山氏为蚕丛氏之先世，禹为蜀山氏女之孙。亦可表明，禹的出生时期与蚕丛氏移进于成都平原时期大致相当。

5. 历史新探方面

顾颉刚指出："'禹兴于西羌'之说真是一点不错。蜀山氏居茂县，禹又生于茂县。他和蜀山氏原来是亲同乡！"⑥ 顾颉刚认为禹与蜀山氏是存在血缘宗族关系的。

任乃强指出："从夏禹的生地与其生平事迹，可以推断他就是蚕丛氏阶段出生在蚕丛氏地域的人。"⑦

因此，禹兴于西羌，为黄帝—嫘祖后裔，与古蜀蚕桑文化渊源密切。

二、大禹治水与蚕桑经济文化

1. 蚕桑源地

蚕桑文化诞生于蜀地，是为学界共识。

"蜀"，即"独"。野蚕与野桑的关系为，一叶一蚕。然而，到了蚕丛时期，野蚕已经驯化为家蚕了。任乃强认为"丛者，聚也。(《说文》) 自聚为集，被聚为丛。故丛聚之字并从取。蚕丛氏始聚野蚕于一器而采桑饲养之，

① 彭雄"汉籍文献库"藏书"民国壬戌年镌壁经堂丛书"《蜀王本纪》(一卷本)。

② 林向：《"禹兴于西羌"补证——从考古新发现看夏蜀关系》，《阿坝师范高等专科学校学报》2004 年第 9 期。

③ 蒋成、陈剑：《岷江上游考古新发现述评》，《中华文化论坛》2001 年第 3 期。

④ 同上。

⑤ [晋] 常璩著，任乃强校注：《华阳国志校补图注》，上海古籍出版社，1987 年，第 118 页。

⑥ 顾颉刚：《古代巴蜀与中原关系说及其批判》，见《论巴蜀与中原的关系》，四川人民出版社，2019 年，第 21 页。

⑦ 任乃强：《四川上古史新探》，四川人民出版社，1986 年，第 57 页。

使便于管理。”① 因此，在蚕丛时期蜀人实现了从野蚕的“独食于桑”到家蚕的“聚饲于桑”的集约化饲养，即实现了将野蚕变为家蚕的驯化。

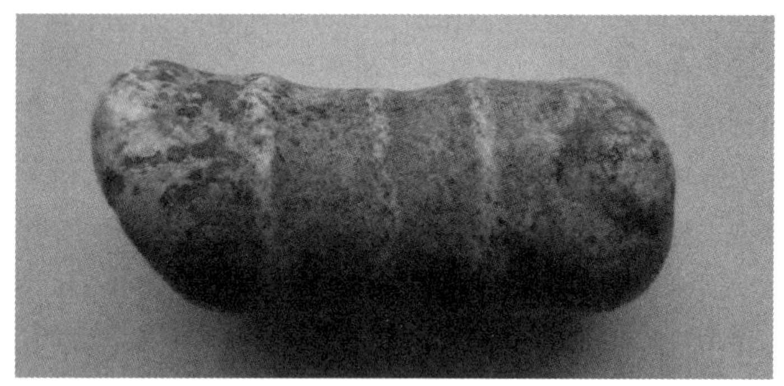

石雕蚕（成都民间收藏家郑开银先生收藏）

2. 蚕桑神话

（1）关于蚕、桑的神话

《山海经·海外北经》：

> 欧丝之野，在大（反）踵东。一女子跪据树欧丝。三桑无枝，在欧丝东，其木长百仞，无枝。②

又《山海经·中次十一经》：

> 又东五十五里曰宣山，沦水出焉，东南流注于视水。其中多蛟。其上有桑焉，大五十尺，其枝四衢，其叶大尺余，赤理黄华青柎，名曰帝女之桑。③

关于蚕女、蚕马的神话。《太平广记》卷四七九引《原化传拾遗》：

---

① 任乃强：《四川上古史新探》，四川人民出版社，1986年，第50页。

② 袁珂、周明：《中国神话资料萃编》，四川省社会科学院出版社，1985年，第112页。

③ 同上。

蚕女者，当高辛帝时，蜀地未立君长，无所统摄。其人聚族而居，递相侵噬。蚕女旧迹，今在广汉，不知其姓氏。……今冢在什邡、绵竹、德阳三县界。每岁祈蚕者，四方云集，皆获灵应。宫观诸化，塑女子之像，披马皮，谓之马头娘，以祈蚕桑焉。①

又《墉城集仙录》卷六：

蚕女者，乃是房星之精也。当高辛之时，蜀地未立君长，唯蜀山氏独王一方，其人聚族而居，不相统摄，往往侵噬，恃强暴寡。蚕女所居，在今广汉之部，亡其姓氏。……今冢在什邡、绵竹、德阳三县界。每岁祈蚕者四方云集，皆获灵应。蜀之风俗，诸观画塑玉女之像，披以马皮，谓之马头娘，以祈蚕桑焉。②

此两则神话的比较结构成分皆有蚕女、高辛、蜀地、广汉等事项；并有塑女子像、马头娘、祈蚕桑等仪式，此可以证明蜀地为蚕丝的原产地与远古高辛之时，即颛顼时代—蜀山氏时期为发生的时间，并保留了祭祀的仪式风俗。

以上四则相关蚕桑的神话，有如下相同的形式结构与增加项：

文　献	关键项	同类结构项(一)	同类结构项(二)	增加项
1.《山海经·海外北经》	女子、欧丝、桑	女、桑		欧丝
2.《山海经·中次十一经》	女、桑	女、桑		
3.《太平广记》卷四七九引《原化传拾遗》	蚕女、高辛、蜀、马头娘、塑女子像、祈蚕桑	女、桑、	蚕女、高辛、蜀、马头娘、塑女子像、祈蚕桑	
4.《墉城集仙录》卷六	蚕女、高辛、蜀、蜀山氏、马头娘、塑女子像、祈蚕桑	女、桑	蚕女、高辛、蜀、马头娘、塑女子像、祈蚕桑	蜀山氏

① 袁珂、周明：《中国神话资料萃编》，四川省社会科学院出版社，1985 年，第 111 页。

② 同上。

从上表可以得出，“女”“桑”是1、2、3、4则神话的关键词，表明蚕桑文化是以女性为中心。3、4则神话不仅明确指示了蚕桑发生的历史时间与地理空间，而且叙述了蚕桑在蜀地已成为民俗祭祀仪式。

（2）关于织机支机石的神话

关联牛郎织女神话的神迹遗物支机石，《太平御览》卷五一引《荆州岁时记》（今本无）：

> 张骞寻河源，得一石示东方朔。朔曰：“此石是天上织女支机石，何至于此？”①

又《太平御览》卷八引《集林》：

> 昔有一人寻河源，见妇人浣纱，以问之。曰：“此天河也。”乃与一石。而归问严君平，云：“此织女支机石也。”②

又《蜀都杂抄》：

> 支机石在蜀都西南隅石牛寺之侧，出土而立，高可五尺余，石色微紫色，近土有一窝，傍刻支机石三篆文，似是唐人书迹，想曾横置，故刻字如之，事本荒唐，此石盖出傅会，然亦旧物也。③

虽然支机石本为古蜀国墓上之物，在《成都城坊古迹考》中“支机石”被记述为：“总之，此一古蜀墓石，始则被用为发石机上之附属品，继又利用为佐证神话故事之实物。”④ 然而，相关蜀都成都支机石的神话叙述，类似的文献还有《益部谈资》卷中、《蜀中名胜》卷一引《道教灵验记》、《蜀中广记》卷六十八、《池北偶谈》卷二十五等文献。

---

① 袁珂、周明：《中国神话资料萃编》，四川省社会科学院出版社，1985年，第115页。

② 同上。

③ 同上，第116页。

④ 四川省文史研究馆：《成都城坊古迹考》（修订版），成都时代出版社，2006年，第277页。

因此，无论是蚕桑的神话传说，还是织机支机石的神话传说，虽说遮蔽重重，但共同的指向地皆为成都，这说明蜀地为蚕桑文化策源地。

3. 蚕丛与蚕桑文化

从野蚕到家蚕，有一个驯化过程，并且在这个过程中，对于蚕桑丝绸文化而言，蜀山氏处于野蚕至家蚕的过渡时期。是因嫘祖采集野蚕茧缫丝，到了蚕丛时期，不仅驯化了野蚕为家蚕，而且将家蚕进入集约化饲养。

蚕丛成为家蚕饲养的倡导者，《说郛》卷十辑《续事始》引《传仙拾遗》云：

> 蚕丛氏自立王蜀，教人蚕桑，作金蚕数千头，每岁之首出金头蚕，以给民一蚕，民所养之蚕必繁孳。罢即归蚕于王。(王) 巡境内，所止之处，民则成市。蜀人因其遗事，年年春置蚕市也。①

又《蜀中名胜记》卷二引《方舆胜览》：

> 蜀王蚕丛氏祠，今呼为青衣神，在圣寿寺。昔蚕丛氏教人养蚕，作金蚕数十，家给一蚕。后聚而弗给，瘗之江上，为蚕墓。②

以后，蚕丛的金蚕成为了蜀地民间祭祀的象征物。

鎏金铜蚕与玛瑙蚕（成都民间收藏家郑开银先生收藏）

---

① 袁珂、周明：《中国神话资料萃编》，四川省社会科学院出版社，1985 年，第 384 页。
② 同上。

4. 三星堆考古新证

“2020 年 10 月，三星堆遗址祭祀区开始了新一轮考古发掘，为世界考古学界所瞩目。为了更科学、更精细、更全面地提取坑内的历史信息，分材质、分类别做了考古发掘和文物保护预案，其中一项就是针对纺织品的预案设定。在接下来的考古发掘中，经过对土样和青铜器表面的显微观察，发现了丝绸痕迹。其中包括 3、4、6、8 号坑，都有丝绸残留物或能够佐证丝绸残留物存在的丝蛋白信号存在。”“丝绸残留物的发现，实证了三星堆文化时期就已经有了丝绸的使用，这为四川丝绸史的研究提供了可靠的考古学实物资料。以三星堆为起点，往前可追溯至宝墩文化、嫘祖时期，往后可延伸到金沙、城坝、罗家坝等遗址，如果能有丝绸的发现，四川丝绸史的研究将成为一个序列性、系统性的体系。”①

2020 年 10 月三星堆遗址祭祀区出土的丝织品残留

（《中国文物报》2021—08—04）

学者叶舒宪先生据此判断：“已知三星堆祭祀坑的年代在距今 3000 年前后，蜀绣出现的时间至少也就可以落实在这个时段。在理论上还可以早于这个时间。”②

这就表明，三星堆考古关于丝绸的发现，在时间上与嫘祖时期重叠，在

① 郭建波、蔡秋彤：《三星堆遗址丝绸残留物的发现及其考古学价值思考》，《中国文物报》2021 年 7 月 30 日第 3 版。

② 叶舒宪：《三星堆祭祀坑新发现丝绸及象牙的文化意义——“玉帛为二精”三续考》，《民族艺术》2021 年第 4 期。

空间上与大禹治水路线重叠。

5. 作为“虫”的禹的新解

“禹是南方民族的神话中的人物。”此为史学家顾颉刚在《禹是南方民族的神话人物》文中的一个著名假定。这个假定是建立在文献、地方传说的基础上的。可是顾氏在推理禹为虫时，在地理上提到了“西南岷江间号为蜀”，还说道：“越人自称禹后，恐亦与蜀人以蚕丛为祖先是相同的。”①

在顾颉刚的论述里，实际上存在两个“虫”的系统，一为他重点论述的南方系统，还有一个他提到的但没有展开论述的西南系统。

对于在西南系统中的“虫”的解释，段玉裁的《说文解字注》有一个说法：“虫，虫之总名也。虫下曰，有足谓之虫，无足谓之豸。”②

关于“蚕”，段玉裁说：“蚕，任丝虫也。任，俗为作吐。”③

关于“蜀”，段玉裁说：“蜀，葵中蚕也。葵，《尔雅》释文引作桑。”④

关于“禹”，段玉裁说：“禹，虫也。夏王以为名，学者昧其本义。”⑤

既然“禹兴于西羌”，那么，从禹的出生地、禹与蚕桑文化的密切关系看，可以说禹作为“虫”的本义，是应与“蚕”相关联的，此“虫”应为“天虫”，即为“蚕”。

作为与蜀王蚕丛大致相同时期的禹，既生于蜀，而对于蚕桑业应是相当熟悉的。

6. 禹迹与农桑经济

禹治水在四川、河南、山东、安徽、江苏、浙江均留下“史迹”。禹平土治水之目的，就是要让人民进行农桑，振兴桑农经济。

（1）从历史文献看

《史记·夏本纪》记述了禹治水“自冀州始”，其所至之处，多有关于蚕桑的记述，如：

关于安徽的蚕桑，“济、河维沇州：九河既道，雷夏既泽，雍、沮会同，

① 顾颉刚：《禹是南方民族的神话人物》，马昌仪选编：《中国神话学百年文选》，陕西师范大学出版社，2018年，第40页。

② ［清］段玉裁：《说文解字注》，见《汉小学四种》，巴蜀书社，2001年，第674页。

③ 同上，第686页。

④ 同上，第677页。

⑤ 同上，第751页。

桑土既蚕，于是民得下丘居土。”《集解》引孔安国曰：“大水去，民下丘居平土，就桑蚕。”①

关于山东的蚕桑，“岱畎丝、枲、铅、松、怪石，莱牧为牧，其篚酓丝。”《集解》引孔安国曰：“酓桑蚕丝中琴瑟弦。”《索引》：“《尔雅》云：‘檿，山桑’，是蚕食檿之丝也。”②

关于江苏的蚕桑，“淮海维扬州……其篚织贝。”《集解》引孔安国曰：“织，细缯。贝，水物也。”又引郑玄曰：“贝，锦名也。《诗》云：‘成是贝锦。’凡织者，先染其丝，织之即成［文］矣。”③

关于湖北的蚕桑，“荆及衡阳维荆州：……其篚玄纁玑组……”④

关于河南的蚕桑，“荆河惟豫州……贡漆、丝、絺、纻、其篚纤絮。”《集解》引孔安国曰：“细锦也。”⑤

由此可见，禹在治水外，所做的事业便是劝进农桑。因此，禹治水，换一个角度来看，实为蚕桑文化的传播。

（2）从口传神话比对

如果将《史记》相关禹行迹的记叙与口传神话中关于蚕桑的记叙进行比对，可以看见其中的部分重合，亦可说明禹与蚕桑的关系与渊源。

《夏本纪》禹行九州	《夏本纪》相关蚕桑记叙	口传神话
冀州（今之山西与陕西之间的黄河以东，河南与山西之间的黄河以北，山东的北部及河北的东南部）		蚕神变成蚕来到人间。（《中国民间文学集成·承德市故事卷》）⑥
兖州（今河北沧县以南，山东济南以北）	桑土既蚕，于是民得下丘居土。	

① ［汉］司马迁：《史记》，中华书局，2012年，第49页。

② 同上，第50页。

③ 同上，第53页。

④ 同上，第55页。

⑤ 同上，第56页。

⑥ 杨利慧、张成福编著：《中国神话母题索引》，陕西师范大学出版总社，2013年，第639页。

《夏本纪》禹行九州	《夏本纪》相关蚕桑记叙	口传神话
青州（今山东德州、济南一线以北及河北的一部分）	岱畎丝……其畲篚丝。（《集解》："孔安国曰：'畲桑蚕丝中琴瑟弦。'"《索隐》："《尔雅》云：'檿，山桑'，是蚕食檿之丝也。"）	
徐州（今山东东南，长江以北的江苏大部）	其篚玄纤缟。	
扬州（今淮河以南，至长江南岸东临东海）	厥篚织贝。（《集解》："孔安国曰：'织，细缯也。贝，水物也。'郑玄曰：'贝，锦名也。'"）	天蚕。（《中国民间文学集成·浙江省·湖州市·安吉县故事卷》）① 蚕神变成蚕来到人间。（《中国民间文学集成·浙江省·湖州市·安吉县故事卷》）② 人与马结合变成蚕。（《中国民间文学集成·浙江省·嘉兴市·海宁市故事歌谣谚语卷》）③
荆州（今江汉以南，南漳以西，衡山北）	其篚玄纁玑组。	
豫州（今河南全部及湖北的荆山以北）	贡漆、丝、絺、纻，其篚纤絮。	人与马结合变成蚕。（《中国民间文学集成·河南南召县故事卷》）④
梁州（今陕西南部子午河和任河以西，至贵州的桐梓一带）		蚕神变成蚕来到人间。（《四川神话选》）⑤ 人与马结合变成蚕。（《四川神话选》）⑥
雍州（陕西中部，甘肃东部，宁夏南部，及青海的黄河以南）		人与马结合变成蚕。（《中国民间文学集成·陕西卷·宝鸡民间故事》）⑦

① 杨利慧、张成福编著：《中国神话母题索引》，陕西师范大学出版总社，2013年，第169页。

② 同上，第639页。

③ 同上。

④ 同上。

⑤ 同上。

⑥ 同上。

⑦ 同上，第640页。

另外，在《成都民间文学集成》里，亦有“文化起源神话”的“马蚕娘娘”与“西陵圣母与养蚕”故事二则；还有“神和神性英雄神话”的“大禹治青城山”与“夏禹王开夔门”故事二则。作为成都的口传神话也表明了嫘祖与蚕桑的关系，以及禹行与古蜀的关系①。

从相关蚕桑内容的口传神话的地理分布来看，浙江地区最密集，亦与禹迹相关。禹治水事迹，为史料记载的一大重要内容。然而，若将大禹治水的过程转换一个角度看，也是古蜀蚕桑丝绸文化向中原、向南方传播与普及的过程。

三、大禹会盟与蚕桑政治文化

1. 联姻政治

无论是《史记》《华阳国志》，还是《山海经》《淮南子》，在这两类典籍之中，对于禹的身世及与黄帝关系的记叙却有相当大的一致性。从这些史籍对黄帝与嫘祖、昌意与蜀山氏女等的记叙可以看出，西北的黄帝氏部落与西南的古蜀羌部落曾因多次联姻而关系密切，又与禹从汶川进入中原治水、劝进农桑经济有着极大关系。

2. 会盟政治

依据神话与传说，禹在治水过程中曾有数次会盟，其中第一次“汶川之会”是关于血缘宗亲的。

2004 年，吉林省文物考古研究所三峡考古队在重庆云阳县出土了东汉时期的《汉巴郡朐忍令景云碑》。此碑是东汉朐忍令雍陟于熹平二年（173）为纪念距其时 70 年前的朐忍令景云而立，是目前三峡地区唯一出土的汉碑，具有极大的历史与文化价值。碑文上记述的“君帝高阳之苗裔”表明景云为高阳颛顼的后代，传颂了作为禹的亲族的景云的先祖，曾响应参加过禹的治水的盟会，并说：

---

① 参见张思勇主编：《成都民间文学集成》，四川人民出版社，1991 年。

> 先人伯况，匪志慷慨。术禹石纽，汶川之会。帷幄甲帐，龟车留滞。①

“术禹石纽”既表明了禹的出生之地，亦表明禹的血缘正宗性。“汶川之会”中，景云一族作为颛顼高阳一脉，其“先人伯况”响应参会。表明了禹的会盟是以血缘为纽带的宗亲之盟。此为禹的第一次会盟，其意旨在于依托血缘宗亲的力量作为治水的基本队伍。

3. 蚕桑政治

《左传·哀公七年》：“禹合诸侯于涂山，执玉帛者万国。”② 这次会盟重点在于因禹治水成功而会盟天下，旨在建立夏禹王朝。禹作为“执玉帛者”，由于掌握了当时代表最先进文明水平的蚕桑丝绸玉帛，从而取得实至名归的领导者的资格与地位。这说明，“执玉帛者”不仅在经济上代表先进生产力，亦在政治上代表先进上层建筑，进而取得统治权力与地位。

尤其值得注意的是，在禹执玉帛会盟各方侯国时，巴蜀是作为禹的母地与至亲的方侯来参加这次会盟的。《华阳国志》记载：

> 会诸侯于会稽，执玉帛者万国，巴蜀往焉。③

从宗法制度文化来看，“执玉帛者万国”，亦为禹对于其先祖黄帝的“垂裳而治”文明在新时期的传承与光扬。

因此，禹由于有治水与劝进蚕桑的显性经济成果及血缘宗族的隐性联姻政治的基础，最终建立了夏禹王朝。

四、结论

通过探讨禹的母系族裔与蚕桑文化、禹的治水与蚕桑文化、禹的会盟与

① 程地宇：《〈汉巴郡朐忍令景云碑〉考释》，见李禹阶主编：《三峡考古与多学科研究》，重庆出版社，2007年，第419页。

② ［春秋］左丘明著，蒋冀骋点校：《左传》，岳麓书社，1998年，第398页。

③ ［晋］常璩撰，刘琳校注：《华阳国志校注》，巴蜀书社，1984年，第21页。

蚕桑文化相关神话所包含的事项，运用多重证据法，解析禹的血缘宗亲的母系族裔及与古蜀蚕桑渊源、禹治水与蚕桑养殖种植的推广、禹的政治会盟与蚕桑玉帛的关系，从而透视出大禹神话传说所包含的中国传统农耕社会的“核心文化”：农桑经济与宗法政治是大禹治水神话的两大根本文化基因。

中国神话普及的经典范式

——评刘勤等《中华远古神话衍说：三皇五帝》系列丛书

四川大学道教与宗教文化研究所　吴　华

神话，是人类文化的渊薮，是文明的开端。正基于此，神话以她特殊的方式承载着民族的历史记忆，贮藏着我们共同的集体无意识，启迪人们大胆探索宇宙的缥缈浩瀚，也以开天辟地的震撼启蒙儿童的世界认知。不同的国家、民族，都流传着不同的神话传说，绵延不绝地吸引着人们的关注与创造。

刘勤教授自 2004 年开始就进入中国古代神话领域展开研究，在这个领域深耕细作、默默奉献。她先后主持完成了多个国家、省部级项目，还出版了《性别文化视域下的神话叙事研究：女神论》《神圣与世俗之间：中国厕神信仰考论》诸书。在她的著作中，不仅有对中国文学、神话、思想、民俗等的学术性探讨，还蕴含着对中国神话存在状态的生活性认知与意义性启迪。更为难能可贵的是，她近年来特别关注科研的转化和普及工作，希望高悬象牙塔的神话科研成果能够惠及大众，包括儿童。2020 年 8 月，由刘勤教授主撰的八卷本《中华远古神话衍说：三皇五帝》系列丛书（生活 · 读书 · 新知三联书店出版），正是她这方面主张的经典性落实。

八卷本《中华远古神话衍说：三皇五帝》系列丛书书名依次如下：《创世之母：女娲神话》《道启鸿蒙：伏羲神话》《农皇药神：神农神话》《人文初祖：黄帝神话》《礼乐治国：颛顼神话》《神明圣德：帝喾神话》《禅让之始：尧帝神话》《德圣孝祖：舜帝神话》。

一、学术专业性

从专业性来说，该丛书的撰写，依据上百种古籍遴选原典，同时参考了其他诸多研究文献和前沿成果，确保了文献来源的严肃性和科学性，正如刘跃进教授在《总序》中介绍所说："作者以大家所熟悉的'三皇五帝'为纲，从创世之母，女娲神话说起，依此叙述了伏羲、神农、黄帝、颛顼、帝喾、尧帝、舜帝等与其臣僚、配偶、子嗣、敌友的错综关系以及相关神灵故事和神话传说，将纷繁复杂的远古神话故事，条分缕析，构成八个系列，广泛涉及文学、神话学、民俗学、宗教学、美术、音乐、教育学、心理学等多个学科，充分吸收近年来学术界的研究成果，多有创获。"①

在撰写过程中，丛书以原典的精神、内涵为宗旨，展开充分而合理的想象，演绎出波澜起伏、耐人寻味的故事。八卷本《中华远古神话衍说：三皇五帝》，每卷各有十个故事，每个故事包含五个部分：其一，"原典"：从杂乱无章的文献中，爬梳、甄别、排列出"原典"，交代故事根据、出处或缘由；其二，"今绎"：根据前面的"原典"，发挥充分而合理的想象，以散文诗的形式将"原典"中的零星记载转化为完整、有趣的故事；其三，"注释"：对文本中疑难字词、重要神话名词或神话现象进行注音、释义，便于读者疏通文义或补充知识；其四，"插图"：每个神话故事辅以 5 幅左右的原创性插图，阅读起来更加生动、形象；其五，"衍说"：对神话故事所涉及的知识、文化现象、争论、学术前沿、现代启示，或其他相关问题进行讨论。"衍说"多是学术讨论，此外，也往往回应现实，启迪心智，仿佛一则则"启示录""箴言集"。

总之，这套丛书结构新颖、巧妙、严密，堪称"大家小书"。若非神话学专家，不能周全如此。作者既能大量吸收神话学专业的学术前沿成果，又能结合当下大众需求切实落地，从而为中国神话在现代社会的接受和传播开创了新的范式和更为广阔的空间。诚如四川省人民政府研究馆特约馆员、四川

① 刘勤等著：《人文初祖：黄帝神话》，生活·读书·新知三联书店，2020 年，刘跃进《总序》第 5 页。

师范大学教授李诚评价此书："中国神话体系建构之深思，可为学者启迪；专业研讨与普及推衍之芳馨，足使国学生辉。"

二、传播普及性

毫无疑问，神话理论的研究，神话精神的传承，均依托于神话故事的讲述。

作为一名神话学者，刘勤教授本来可以继续在象牙塔中深化神话理论的研究，为什么要开展神话的普及性工作呢？作者在《后记》中已经给了我们一些答案。

在中国神话研究领域深耕多年的刘勤教授，发现中国的神话研究多被束之高阁，高质量的神话普及性读物难以觅寻，神话学术研究与神话普及严重脱节，神话研究终究未能提高中国人民的神话认知水平，未能跟上时代潮流的发展。如何让过往的神话走入今时的生活？这是刘勤教授多年思考的问题。

作者如是说："在中国的大地上，竟然西方神话故事多于中国神话故事，难道中国神话故事就那么寥寥无几吗？"答案当然是否定的。那么，是什么原因导致了这样的现象呢？作者认为百年来中国神话研究已经取得了丰硕的成果，但这些科研成果却未能有效转换为社会大众触手可及的知识读物。她认为市面上的神话读物，不是过于陈旧单调就是随意改编，或是专业性太强而可读性不足，乃至于未能跟上时代的需求而有所启迪，甚至还被列入污名化的迷信行列。因此，刘勤教授意识到："对中华神话的深入挖掘、整理，重新架构中华神话的完整体系，展示中华民族生生不息的文化基因和精神特质，是一项亟待进行的重要的文化工作。"①

基于这样的认知，我们对前述丛书结构的设计就更加能理解了。"原典"，弥补了目前市场上一些普及读物无根据甚至胡编乱造的弊端；"今绎"，是传播普及性的核心文本体现，可读性极强，作者特别注意故事性和语言美；"注释"，不仅能帮助读者疏通文意，同时还能普及神话小知识；"插画"，从视觉层面增强丛书的可读性与趣味性；"衍说"，在大量学术性讨论之外，仍有结

① 刘勤等著：《人文初祖：黄帝神话》，生活 · 读书 · 新知三联书店，2020 年，第 3 页。

合现实生活的讨论，启人深思，如《青要山武罗》的“衍说”在讨论武罗和山鬼、“神神恋”“人神恋”母题等学术问题之外，还讨论了爱情、责任、诚信等现实问题。又如《黄帝斩恶夔》的“衍说”在讨论了儒家对夔的合理化之外，还讨论了善恶、和平、民本等根本性问题。不胜枚举。

三、经典启迪性

经典，值得千百遍阅读。可惜的是，国人对“经典”的认知，至今似乎还局限于儒家经典，至少，神话是常常被排除在外的。阅读八卷本《中华远古神话衍说：三皇五帝》，让我们再次身临神话现场，感受神话的魅力，激发出生命本真的原始冲动，以及对真善美的向往。

尤其值得注意的是，作为一名女性学者，字里行间细腻、温婉、宽厚，充溢着满满的母爱，抑或人间大爱。经典的神话原型，经过作者改编塑造以后，随处可见类似于母亲对刚出生孩子的期待、对调皮孩子的训诫、对为人处世的指引。试举例如下：

其一，对刚出生孩子的期待。在《后稷的诞生》中，帝喾之子出生时，虽然天有异象，但是孩子的母亲姜嫄还是依族人规矩而对其进行“生命考验”。在“三弃三收”之中，帝喾之子弃经受住种种磨难展现出了顽强的生命力，后被族人敬为谷神。作者在“衍说”中说：“如同后稷的母亲姜嫄期待孩子的诞生和不凡那样，天下又有哪位母亲不是这样期待着自己的孩子？我们诞生在这个世界上，是被期待了多少次呀！出生，不仅仅是一个流程，它是一个饱含着爱与期待、关联着阵痛与蜕变的永久性仪式。每一个孩子都是携带着爱诞生于这个世界，恐怕也正是因为如此，每个孩子都有可能把这种爱转化成为力量，创造出属于自己的一番天地，这大概也是后稷成功的原因之一吧！”①

其二，对调皮孩子的训诫。在《祝融立火德》中，作者改变了祝融以往威严的形象，而注入了更多人性化特点。他是个被宠坏的天才少年，也是个喜欢恶作剧的“坏孩子”。经过帝喾的训诫后，他成长为一个深受人们敬爱的

① 刘勤等著：《神明圣德：帝喾神话》，生活·读书·新知三联书店，2020 年，第 18—19 页。

吉神。作者在“衍说”中说道：“人性本善，只要方法得当，每个人都可以成为社会的栋梁之才。”①

其三，对为人处世的指引。在《象罔寻玄珠》中，象罔表面上看起来“糊里糊涂，笨手笨脚”，以致黄帝对他的能力表示怀疑，但他却找到了聪明的智和有天赋异禀的离朱都没找到的玄珠，而让黄帝和众人刮目相看。作者在“衍说”中指出：“我们每个人，可能更多不是像智和离朱那样拥有‘特异功能’，而是平平凡凡，但只要有一颗不断追求的心，再加上踏踏实实、持之以恒的步伐，就会实现自己的梦想。”②

类似的故事，还有很多很多。不止于此的是，书中还通过不同神话人物的故事，引领读者（尤其是青少年儿童）认识时间、观察自然、完善人格、学习创造、追求美好。小故事，大道理，以经典启迪人生；文载道，乐中育，是这套丛书的重要特色。

以上，学术专业性、传播普及性、经典启迪性三个特点当然不能完整地归纳出如此浩瀚的一部系列丛书的特点。笔者借此抛转引玉，希望更多的学者关注这套经典著作。

中华民族有着博大精深的神话资源，无论是固有的远古神话、中古仙佛，抑或是百家思想，他们犹如种子般存在于民族的历史记忆之中，等待着当代学者的深入研究，也呼唤着文艺工作者的现代演绎。期盼有更多像刘勤教授这样的学者对中国神话、中国传统文化进行开发，在弘扬传统文化的旅程中带给我们更多的惊喜！

---

① 刘勤等著：《农皇药神：神农神话》，生活 · 读书 · 新知三联书店，2020 年，第 209 页。

② 刘勤等著：《人文初祖：黄帝神话》，生活 · 读书 · 新知三联书店，2020 年，第 68 页。

神话与历史——略论杜宇[1]

四川师范大学文学院 李 诚

摘 要 杜宇是古蜀神话中的农神，又是古蜀历史中的蜀王。他的故事，时间与地域神秘，神话与历史纠缠。无论是对中国神话的研究还是对中国历史的研究，抑或神话与历史间关系的追诘，都提供了足资研究者驰骋的空间。本文从其故事发生的时代与地域，其神格，其与后稷、与鱼凫的关系等四个方面展开讨论，认为杜宇的时代应该在人类进入农耕社会之时，且与历史中的周人祖先后稷重合，其中或蕴藏着华夏文化、历史建构尚有待发掘研究的进程。

关键词 杜宇；后稷；神话；历史

一、杜宇地域与时代

《山海经·海内经》曾记载过一个神秘的国度：

西南黑水之间，有都广之野，后稷葬焉。其城方三百里，盖天下之

① 本文为作者所撰《古蜀神话传说试论》一书节选，该书即将由四川人民出版社出版。

中，素女所出也[①]。爰有膏菽、膏稻、膏黍、膏稷。百谷自生，冬夏播琴。鸾鸟自歌，凤鸟自舞，灵寿实华，草木所聚，爰有百兽，相群爰处。此草也，冬夏不死。[②]

“都广”何在？郭璞、《隋书·地理志》至杨慎诸家皆称“广都”，指这样一个冬夏皆可播种，草木四季常青，万物万类欣欣向荣的国度就在以成都为中心的成都平原上。《山海经》神话般的描绘，表现出成都平原早在远古时代已经进入农业经济的时代。而带来这一切的，在古蜀神话传说中，就是望帝杜宇。

杜宇的故事，较为完整系统的记载，当属《华阳国志》。兹录如下：

周失纪纲，蜀先称王。有蜀侯蚕丛，其目纵，始称王。死，作石棺、石椁。国人从之。故俗以石棺椁为纵目人冢也。次王曰柏灌。次王曰鱼凫。鱼凫王田于湔山，忽得仙道。蜀人思之，为立祠于湔。后有王曰杜宇，教民务农。一号杜主。时朱提有梁氏女利，游江源。宇悦之，纳以为妃。移治郫邑。或治瞿上。巴国称王，杜宇称帝。号曰望帝，更名蒲卑。自以功德高诸王。乃以褒斜为前门，熊耳、灵关为后户，玉垒、峨眉为城郭，江、潜、绵、洛为池泽；以汶山为畜牧，南中为园苑。会有水灾，其相开明，决玉垒山以除水害。帝遂委以政事，法尧舜禅授之义，禅位于开明。帝升西山隐焉。时适二月，子鹃鸟鸣。故蜀人悲子鹃鸟鸣也。巴亦化其教而力农务。迄今巴蜀民农时先祀杜主君。[③]

这是一段典型的历史记载。作者“乃考诸旧《纪》、先宿所传，并《南裔志》，验以《汉书》，取其近是，及自所闻，以著斯篇”[④]。但常璩亦在《华

① 按：“其城”及以下凡十六字今本《山海经》皆以为郭璞注语，惟王逸《楚辞章句·九叹》注云：“都广，野名也。《山海经》曰：‘都广在西南，其城方二百里，盖天地之中。’”可以据补。

② ［战国］佚名撰：《山海经》，上海古籍出版社缩印浙江书局汇刻《二十二子》本，1986年，第1386页。本文以下凡引《山海经》，皆出此本，仅注明书名、丛书名及页码。

③ 任乃强：《华阳国志校补图注》，上海古籍出版社，1987年，第118页。本文以下凡引是书，皆出此本，仅具书名及页码。

④ 《华阳国志校补图注》，第723页。引者按：此为《华阳国志·序志》语。

阳国志·序志》中曾提到相如、君平、扬雄诸人皆著蜀史，今惟扬雄《蜀王本纪》因后人多加摘引尚略存仿佛，亦照录如下以资比较：

蜀王之先名蚕丛，后代名曰柏濩，后者名鱼凫。此三代各数百岁，皆神化不死，其民亦颇随王化去。王猎至湔山便仙去，今庙祀之于湔。时蜀民稀少。后有一男子名曰杜宇，从天堕，止朱提。有一女子名利，从江源井中出，为杜宇妻。宇自立为蜀王，号曰望帝，治汶山下邑郫。化民往往复出。望帝积百余岁，荆有一人名鳖灵。其尸亡去，荆人求之不得。鳖灵尸至蜀国复生，蜀国以为相。时玉山出水，若尧之洪水，望帝不能治水，使鳖灵决玉山，民得陆处。鳖灵治水去后，望帝与其妻通，帝自以薄德，不如鳖灵，委国授鳖灵而去，如尧之禅舜。鳖灵即位，号曰开明。①

又：

望帝去时有子鹈鸣，故蜀人悲子鹈鸣而思望帝。望帝，杜宇也。②

粗加比勘，不难看出常璩书多有出子云书处，不过颇加删削、修改、雅化而已。两相比照，神话传说与历史中杜宇乃有若干重大差异，尤其杜宇时代不能不辩。

依常书所说，“周失纲纪”后，方有蚕丛、柏灌、鱼凫、杜宇等蜀王。以历史度之，“周失纪纲”最早或即周幽王失国（前771年）之时，而秦之灭蜀乃在“周慎王五年”（前316年），两相抵折，是自蚕丛至开明十二世，方四百五十余年，这与扬雄《蜀王本纪》所谓“蜀王之先名蚕丛、柏濩、鱼凫、蒲泽、开明。是时人萌，椎髻左言，不晓文字，未有礼乐。从开明上到蚕丛，积三万四千岁”③ 相差何其悬远。但若说蚕丛时代，人民尚“椎髻左言，不

① ［宋］李昉等：《太平御览》卷八百八十八，文渊阁《四库全书》本。引者按：本文以下凡引是书，皆出此本，仅具书名及卷次。

② ［宋］李昉：《太平御览》卷九百二十三。

③ ［梁］萧统：《文选·蜀都赋》刘渊林注引，文渊阁《四库全书》本。

晓文字，未有礼乐”，则杜宇时，方始学习农耕，似更为合理。

据考古学界对三星堆遗址20世纪80年代发掘的报告和研究，遗址中不少出土的器物距今年代约在4500年至3600年，大约是新石器时代晚期至传说中的殷商时代①。因此不难得出结论：杜宇的时代，应当早在广汉三星堆遗址所昭示的夏、商及其以前的时代。也只有在这样的时代，才会产生像杜宇这样的神话传说。如果承认了杜宇的主要功绩确如常璩所说，是“教民务农”，当然也就只能将杜宇的时代安排在已出现了农业经济的三星堆文化时代或以前加以认识和考察。

当然，这是历史，但是神话传说亦不能不受限于历史框架，只有比照着这样的框架，我们才能进一步讨论杜宇的神话。

二、杜宇神格

杜宇神格，当然应从其来历说起。扬雄为蜀人，其所记，当多采自其时典籍与故老传闻。从其撰写《方言》与《方言》价值看，其采访与写作皆严肃可靠，故所保留古蜀神话传说，实足珍贵。但遗憾者，其《蜀王本纪》仅遗宋人诸书所引，其间遗漏定然不少。不过参以许慎《说文解字》、阚骃《十三州志》、来敏《本蜀论》等不难看出，前引常璩书的材料尽管袭自扬雄，但却与扬雄之说有相当差距，概而言之，约有五点：

一、扬书杜宇自天降；常书回避此点。

二、扬书记有杜宇前诸王，为杜宇神话传说确立了神话背景；常书则仅以鱼凫“得仙道”而搪塞之。

三、扬书杜宇初在朱提；常书改杜妻来自朱提。

四、扬书杜宇去位，盖由与鳖灵妻私通；常书认为鳖灵继位，乃其治水功高。

五、扬书杜鹃乃杜宇所化；常书不及此点。

① 敖天照、刘雨涛：《广汉三星堆考古记略》，见《巴蜀历史·民族·考古·文化》，巴蜀书社，1991年，第334页。本文以下凡引此文，皆出此本，仅具此文章名及页码。

上述除第四点外，皆有神话与历史之差异。

杜宇自天降，直接违背正统史学观。尽管汉儒董仲舒、刘向、班固等以为天人之间乃有着深刻的默契和必然的应和，但他们能够达到的最大限度，也仅止于指出某帝王诞生与某自然界现象存着神秘联系，从而出身不凡，《史记》《汉书》对刘邦出生的描写即近乎极端[①]。而扬雄却毫无掩饰说杜宇“从天堕”，从而充分肯定了杜宇的神性。且仿佛为了说明杜宇并非偶然，《蜀王本纪》尚谓蚕丛等蜀王“各数百岁，皆神化不死”，甚至其民亦“颇随王化去”。

古蜀王们的神性并不奇怪，不过反映了神话时代人们的生命意识和时间观念——超时空。而这正是神话最基本的要素。这或许就是常璩回避杜宇自天而降这一细节的原因吧。

“朱提”，在今云南昭通一带。杜宇来自朱提的民族学意义，尚待进一步研究。但可以肯定，《蜀王本纪》确有此记载，宋以前诸书所引皆无异词。值得注意的是，至今昭通尚流传着“很多关于杜宇的民间传说”[②]，足证杜宇从天降至朱提的说法乃有久远的渊源。“江源”，或即江源镇，在今成都所属崇州市。显而易见，在古蜀时代已为文化、经济中心。杜宇之妻利即从江源的地井中所出，正应着杜宇的从天下，都表示着一种超时空的神性。

倘若承认《蜀王本纪》所记，那就不能不承认，杜宇乃类今入赘之婿。“入赘”虽后世之说，但却反映了人类早期的婚姻制度——从妻居——母权制社会的标志之一。书阙有间，利的家族或氏族生活已无从考察，但是文化人类学的研究表明，母系氏族制大约终于新石器时代，其时亦正人类迈入农业经济时代。既已知杜宇为古蜀人农业开辟者，则神话传说中他从利氏族而居，岂非契合自然吗？这当然不可能发生在所谓“七国称王，杜宇称帝”[③]的时代。常璩自然也不知有“从妻居”的时代。他之所以要把《蜀王本纪》的“杜宇从天堕，止朱提”改成“朱提有梁氏女利游江源”，恐怕正出于他既要将杜宇塞入战国时代的历史框架，又不知“从妻居”婚制所造成的罢。

最后我想指出杜宇化鸟的意义。明曹学佺《蜀中广记》卷五十九引扬雄

---

① 可参《史记·高祖本纪》《汉书·高帝纪》。

② 邓廷良：《西南丝绸之路考察札记》，成都出版社，1990年，第212页。

③ 《华阳国志校补图注》，第118页。

《蜀记》云：

望帝修道，处西山而隐，化为杜鹃鸟，或云化为杜宇鸟，亦曰子规鸟。至春则啼，闻者凄恻焉。①

曹学佺时代较晚，然东汉许慎与扬雄年代相衔接，其《说文解字·佳部》亦云：

蜀王望帝淫其相妻，惭亡去，化为子嶲鸟。故蜀人闻子嶲鸣，皆起云望帝。②

说或即来自扬雄《蜀王本纪》。因此杜宇之化杜鹃，确有其传说。

杜宇的化为杜鹃，至少有三重意义：首先表明了这个神话中所蕴含着的强烈的情感色彩。这种情感色彩产生的原因当来自两个方面：氏族的图腾因素；社会的功利因素（有功于人民或氏族）。其次，杜宇化杜鹃事实上表明了杜宇在古蜀神话传说中农业神的神格。他是“教民务农”的帝王，是催人加紧春耕春播的布谷鸟。无论什么形象，他总是关心着人们的农作。因此千百年来，蜀地人民开春之际，总要“先祀杜主君”，从而以祭祀的方式凝固了杜宇农神的神格。其三，杜宇化杜鹃再次顽强地表明了神话传说时代人们的生命观念和生命意识。人们不能理解为什么自然界中有的生物会“永存”，而有的却会“死亡”；为什么人有时会短暂“睡”去，而有时却会“长眠”不起；为什么有时浑然熟睡，有时却“梦幻”联翩……他们只用“神化”“化”“变”等来理解表达“死亡”“长眠”；而用灵魂出窍，丧魂失魄等来理解“梦幻”。杜宇变为杜鹃在神话传说产生时代的人们看来，不过只是杜宇这位农神生命的另一种表现形式而已。毋宁说，这种生命形式超越时空变异，正表现了杜宇的神性。

---

① ［明］曹学佺：《蜀中广记》卷五十九，文渊阁《四库全书》本。本文以下凡引是书，皆出此本，仅注明书名、卷次。

② ［汉］许慎：《说文解字》卷四上，文渊阁《四库全书》本。本文以下凡引是书，皆出此本，仅注明书名、卷次。

以上通过常璩《华阳国志》与《蜀王本纪》记录杜宇故事的几点不同讨论了杜宇所富有的神话传说色彩。从上述讨论过程中，可以清楚地看到，扬雄、许慎都在常璩之前，显然不可能依据常璩的历史记载来敷衍出一篇神话传说。恰恰相反，正是常璩参照了在他之前的各种典籍，特别是扬雄的《蜀王本纪》，然后加以自己历史学家的思考，删去、改造了他认为与历史和常理不相调和的细节，从而撰著了《华阳国志》。常璩曾在《华阳国志・序志》中说：

> 世俗间横有为蜀传者，言蜀王蚕丛之间周回三千岁。又云荆人鳖灵死，尸化西上，后为蜀帝……杜宇之魄，化为子鹃……蚕丛自王，杜宇自帝，皆周之叔世，安得三千岁？……子鹃鸟，今云是嶲，或曰嶲周，四海有之，何必在蜀？①

是皆驳得可谓痛快淋漓。不过这只是从历史学家的角度看问题而已。我当然无意比较扬、常二书的优劣。即使从神话传说的角度看，《华阳国志》也有其无比的价值，正是它充分证明了扬雄所记载的，在蜀地的新石器时代晚期至殷商末期，确曾产生过杜宇的故事。当然我也想指出，无论是神话的被历史化，还是历史的被神化，都不应该排斥对杜宇故事从神话传说的角度加以探讨。

杜宇既为神，那么其具体神格究竟何如呢？从神话传说的角度看，杜宇当为古蜀地区传说中的农神。

请注意杜宇的名字。“杜”，《说文解字・木部》认为乃植物甘棠之名。分析字，则认为“从木，土声”②。考甲文，则字形作“[illegible]”，徐中舒先生说是“从土从木”③。从会意字的角度看，说此字从土从木，似乎更能说明杜宇开创农业的情形。又“宇”，《说文解字・宀部》说，“宀”，“交覆深屋也。

---

① 《华阳国志校补图注》，第727页。

② 《说文解字》卷六上。

③ 徐中舒：《甲骨文字典》，四川辞书出版社，2014年，第640页。本文以下凡引是书，皆出此本，仅具书名及页码。

象形”[①]。说“宇”云“屋边也”，分析字形则说是“从宀，于声”[②]。其实说“宀”，许君已得其义，小篆亦一望可知，就是房屋外形的形象。至于所谓“于声”，或有差，李孝定《甲骨文字集释》从胡小石先生之说当可取：“卜辞用‘于’与经传‘于’字同义，皆以示所在。胡先生说是也。”[③] 人类社会在其发展中，先后经历了渔猎、畜牧、农业等阶段，只有进入了以农业为其主体经济的社会形态，方得以定居下来，城市也随之逐步产生。前引《华阳国志》中说杜宇“治郫县”，“治瞿上”，“以褒斜为前门”云云，正勾勒出杜宇率众迈入农业经济社会以后有固定生产领域与房屋居舍的情形。是杜宇名字已十分清楚地表明其古蜀农神的身份了。

三、杜宇与后稷

请回到本文开篇所引《山海经》中提到的后稷。在历代文献中，后稷都被认为是发明了农业的人。《诗·大雅·生民》即对其业绩与神性最全面的说明。但这也使我不得不把他与杜宇相联系，他们有太多的一致之处，兹具列如次：

1. 他们活动于同一区域

前已指出，“都广之野”即成都平原。《山海经》记后稷葬此。又稷死“黑水之山”，杜宇“升西山隐焉”，皆指岷山之地。

2. 他们出生皆神奇

后稷母姜嫄履巨人迹而生。《诗·大雅·生民》“履帝武敏歆，攸介攸止”，郑玄笺云：

> 祀郊禖之时，时则有大神之迹。姜嫄履之，足不能满。履其拇指之处，心体歆歆然。其左右所止住，如有人道感己者也……后则生子。[④]

---

① 《说文解字》卷七下。

② 同上。

③ 李孝定：《甲骨文字集释》，见台湾《“中央研究院”历史语言研究所专刊之五十》，第1638页。

④ ［唐］孔颖达：《毛诗正义》卷二十四，《十三经注疏》本，中华书局，1980年。本文以下凡引是书，皆出此本，仅具此书名、卷次。

可见后稷实天神之子。杜宇则“从天堕”“从天下”，无疑为天神之子。

3. 他们业绩相同

《孟子·滕文公上》说：

> 后稷教民稼穑。[①]

且如《国语·鲁语》“稷勤百谷而山死”韦昭注：

> 稷，周弃也。勤播百谷，死于黑水之山。[②]

杜宇则“教民务农”，“升西山隐焉”。“黑水之山”正所谓“西山”，皆指岷山。

4. 他们都有一位善于治水的同事

后稷与伯夷、禹等人在历史典籍中皆为同事，因而《尚书·吕刑》有载：

> 乃命三后，恤功于民：伯夷降典，折民惟刑；禹平水土，主民山川；稷降播种，农殖嘉谷。[③]

杜宇与鳖灵虽乃君臣，而以施政言，亦可得称同事。

5. 他们都与一位游于江（姜）原的女性有关

后稷母名姜嫄，是处正有姜水。“嫄”即“原”，当指姜水之原。《大戴礼·帝系》与《史记·周本纪》俱作“原”。

杜宇妻名利。《蜀王本纪》说她乃“从江源地井中出”。“江源”显而易见指“都广之野”中某地，这就是汉时所设古江源县，今崇州市江源镇。“江原”其所以得名，恐与其地处岷江之域有关。

6. 他们族属同出一源

后稷母族为姜姓，一般认为，乃古代羌族。《后汉书·西羌传》说：

---

① ［清］焦循：《孟子正义》卷五下，《十三经注疏》本。

② ［春秋］左丘明：《国语》卷四，《四库全书》本。

③ ［唐］孔颖达：《尚书正义》卷十八。

西羌之本，出自三苗，姜姓之别也。[①]

以其字形与读音，姜本出羌。后稷之生无父，自是随母而居，自然族属为羌。

杜宇从天而下，其族属，自当从蜀女利而考察。蜀女利本无考，但其所自，乃蚕丛一氏。旧传蚕丛氏所出地区，至今仍羌氏族所居。

7. 他们与同一图腾有关系

后稷父为天神。在古代典籍中又人格化为帝喾高辛。高辛所娶，姜原为元配，次妃即简狄，为殷人的祖先。《诗经·玄鸟》起首就说："天命玄鸟，降而生商，宅殷土茫茫。"[②]《诗经·长发》又说："有娀方将，帝立子生商。"[③]《玄鸟》中的"天"在《长发》中成了"帝"。郑玄笺说是"黑帝"，即指帝喾，那么"天""帝"在此乃一，"玄鸟"不过就是"天""帝"化身而已。姜原踩着其脚印怀了孕，简狄则吞食其卵而怀了孕，这不也是一而二，二而一的事吗？或许有人会质疑姜原未能如简狄一样吞食鸟卵，从而看不出后稷与鸟的直接联系。但是《诗·大雅·生民》所言众所周知。孔颖达则疏云：

鸟非人类而覆籍人，是可美大矣。既知有神，人往收取，鸟乃飞去矣，后稷遂呱呱然而泣矣。此其有神灵之验也。[④]

或许正是大鸟神异的庇护，使姜原看到了后稷与鸟图腾之间的必然联系，因而令"人往收取"，后稷遂得以成长。

还不仅止此！后稷名"弃"，但"弃"之外，尚有他名。《左传·文公十八年》云：

高辛氏有才子八人：伯奋、仲堪、叔献、季仲、伯虎、仲熊、叔豹、季貍。

① ［南朝宋］范晔：《后汉书·西羌传》，中华书局，1965年，第2869页。
② ［唐］孔颖达：《毛诗正义》卷三十。
③ 同上。
④ 同上，卷二十四。

杜预说："此即稷、契、朱、虎、熊、罴之伦。"[①] 是"稷"即"伯奋"。《说文·隹部》云："奮，翚也。从奞在田上"[②]；又《羽部》云："翚，大飞也。"[③] 又《隹部》云："奞，鸟张毛羽自奮奞也。"[④] 后稷正以鸟之行为命名者。

故后稷葬地亦与鸟有关。前引《山海经》已云后稷所葬"都广之野"有鸾鸟自歌，凤鸟自舞"。《山海经》又说"西望大泽，后稷所潜也"。"大泽"何在？《山海经》说是"大泽方百里，群鸟所生及所解"。"解"，即死去。那么后稷死及葬地，竟是群"鸟"修生养、安居乐业之地。综上，谓后稷为上古社会中崇拜鸟图腾的氏族所崇拜的农神，恐不为过。

再看杜宇。

杜宇乃承继鱼凫王统治（或二者即一，详下），而鱼凫即一种鸟。三星堆遗址所出土"鸟首形器柄"就是被艺术化的鸬鹚，也就是鱼凫，可能是一种图腾象征。[⑤]

《华阳国志》曾留下一句弥足珍贵的话，说杜宇"或治瞿上"。我认为，"上"当为一方位词。这个词在今天蜀地方言中已演化为一个后缀词，使用极普遍，大约与普通话"里"相当，如"队里""市里""省里"之类，蜀地方言均习称"队上""市上""省上"等。故关键在"瞿"字所指。"瞿"之得名或与统治者有关。考《说文解字·瞿部》：

> 瞿，鹰隼之视也。从隹从䀠。䀠亦声。[⑥]

小篆"瞿"正作"瞿"[⑦]，确实就是一只鹰隼的形象。又考《说文解字·䀠部》："䀠，左右视也。从二目。"[⑧] 此字金文"父丁敦""䀠鼎"等均作

---

① 《春秋左传正义》卷二十，《十三经注疏》本。

② 《说文解字》卷四上。

③ 同上。

④ 同上。

⑤ 蒙默等：《四川古代史稿》，四川人民出版社，1988 年，第 17 页。

⑥ 《说文解字》卷四上。

⑦ 同上。

⑧ 同上。

“[illegible]”①，则更为形象。可以看出，小篆正强调了鹰隼之类锐利、威严的双目。是“瞿上”之得名，当取自其字本义，盖世代居住于此者，就是一个崇拜鸟图腾的氏族啊！

既如此，可以理解杜宇为自己取号“望帝”之由了。“望”，甲文作“[illegible]”，徐中舒先生说是“象人立土上远望”②。“立土上”正强调其农神本色，“远望”则强调了那只巨大的眼睛，类之于鸟。原来“望帝”之号，竟也来自对鸟雀动作的模仿。“望”为什么不是模仿的其他什么动作而偏偏就是鸟雀的动作呢？毫不奇怪，图腾神既是本氏族的保护神，又是神秘的祖先，除了他，还有什么能作为最高的仰慕模仿的对象呢？

其实，还不仅仅是模仿，杜宇本身就是一只杜鹃鸟啊！现在可以知道杜宇为什么不变成如牛这一类其实更足以代表农神职能、身份的动物，而一定要变为鸟。因为其实他并没有“变”鸟，对于崇拜鸟图腾的氏族的人民，他与鸟其实就是一而二，二而一的。因此不难理解，为何春天来临，杜鹃凄恻的鸣叫回荡山谷田野之际，蜀地人民会起而四顾，满怀情感地说：“这是我们的望帝啊！”

以上我通过七个方面比较了杜宇与后稷的异同。当然，我并不能肯定古蜀神话传说中的杜宇就是先秦典籍中所记载的那位后稷。要得出这样的结论，仅仅依靠文献典籍与口头传承材料做一般的类比分析是不行的，还必须要依靠地下文物的证实，依靠民族学和体质人类学关于民族迁徙令人信服的可靠证明，依靠上述这几个方面的综合研究方能成功。但是从文献典籍所记录的神话传说来看，上述七点相同绝不仅仅是两者都与鸟有关而已，而是两者本身就存在着不少交集点。研究者不能对这些持视而不见的态度，至少也应该努力对其有一点哪怕是勉强的解释。这一解释，我将在后文中勉力而为之。这七条相同至少说明，作为农业神，杜宇应毫不羞愧地在中国神话传说体系中占据不亚于后稷的地位。其影响之所以远逊于后稷，最直接简单的解释就是他无缘进入儒家经典系统，而从更深远的角度去探究，那就是后来华夏文化构成（至少从现存文献的层面观察）于以黄河流域为主的区域，尽管这一

---

① 容庚：《金文编》卷四，见《国家图书馆藏金文资料丛编》，北京图书馆出版社，2004年。

② 《甲骨文字典》，第928页。

区域的文化构成更早亦来自于各地域。这一“构成”的内容（如《蜀王本纪》），在今天，也许更多会被视为神话，但它的过程和结果，却一定是一部活生生的历史。

四、杜宇与鱼凫

上一节，我已将杜宇与后稷各自氏族所崇拜的图腾做了一个有趣的比较。但其间有一小小遗憾，后稷名叫“伯奋”，杜宇却没有这样一个鸟属行为的美名。不过可以庆幸的是发现了他的陪都“瞿”却是以鸟属行为而命名的。“瞿”是“鹰隼之视”，这首先就让人想到鱼凫，这种鸟的另一个极为普遍的名字就是鱼鹰。作为一种肉食的鸟，被列为“鹰隼”之类，确实当之无愧！那么，“瞿上”若作为鱼凫王的首都，岂不更加恰当？

面对这个问题，或应将眼光投向广汉三星堆遗址，或许那长达千余年的优秀文化遗存，尤其是属于三星堆文化第三、四期的一、二号祭祀坑的出土文化能给我们某种解答。有的研究者认为，1986 年 3—5 月三星堆广泛的发掘证明这里是一个重要的古蜀国都邑，且属突然放弃的，因而三星堆古都邑的突然放弃以及鸟头陶器的发现，就证明三星堆至月亮湾一带很可能是蜀王杜宇氏的“瞿上”都城了。至于 1986 年 7、8 月在同一地点所发掘的两座祭祀坑则说明：

> 在三千年以前，能用大象、“金杖”、大批铜人头和高质玉制礼器进行祭祀的，必定是当时的蜀王。所以，祭礼坑所在的三星堆肯定是鱼凫氏的故都无疑了。①

考古学界与历史学界一般认为三星堆遗址文化共分四期，三星堆祭祀坑属于较晚的第三、四期。如果像上面所引述的那样，将三星堆祭祀坑认为是鱼凫王的遗迹，而将其他较早的遗存认为是杜宇的故都，那岂不是应该将历史典籍中鱼凫和杜宇的接续秩序颠倒过来？这种论述虽然是少数意见，但却

---

① 敖天照、刘雨涛：《广汉三星堆考古记略》，第 335—337 页。

说明了一个问题，人们可以试探着去讨论三星堆遗存文化的族属即它的主人到底是濮人、巴人，还是氐人、羌人，也可以探讨这个文化遗址的主人是崇拜的何种图腾，但是若要指明它到底是鱼凫王的都城，还是杜宇的都城，这就需要更多的旁证了。

如果已经可以确信这是古蜀国的都邑；如果可以确信在这个文化遗址中当年的主人信奉崇拜着鸟图腾；如果已经知道活动在这一区域中的两位古蜀王都被认为是鸟图腾氏族的神；如果已经知道这个崇拜鸟图腾的氏族在其神庇祐带领下已经开辟出了灿烂的农业文明，并将这文明传播向了整个巴蜀大地，我们还要苦苦将鱼凫王和杜宇分而论之，是必要的吗？或许他们本来就是一个王（或一个神）的分化？

在古史传说中，这种情况是广泛存在的，在神话传说中，这就更差不多是一条规律了。只要注意到这样一个事实就够了：从中国现存的典籍观察，历经春秋、战国、秦汉，越到后来的典籍，却反而越是记录了更多的更为古老的帝王，仿佛是随着时间的推移，古老的帝王们慢慢儿从地下生长了出来，到汉代，终于形成了一个层次分明的三皇五帝世系和围绕着这个世系形成的一个庞大的文化体系，即所谓“层累地造成的中国古史”①。

当然，不能完全抱一种虚无主义的态度来否定这些，但是可以确信，其中确实存在着不少分合之迹。神话传说往往如此，一个神或人的事迹在流传的过程中会因为种种原因和契机，逐渐分化为数个神或人的事迹；当然也有相反的情形，数个神或人的事迹在流播的过程中因为种种原因和契机，逐步归于一个神或人。这两种情形的前一种过去学术界已议论甚多，兹不赘。后一种情形则仅举民国修《双流县志》所载《蚕丛王祝文》一通以明之：

> 维王蜀山肇绩，瞿上设都。原陌桑柔，井络起丝衣之颂；川厓黍茂，华阳开粒食之风。农桑始盛于边陲，贡赋遂通于上国。际隆圣代，春祈分茧之辰；庙飨故都，岁祀采繁之月。职叨守土，报肃明禋。神德邃延，俎豆尊于祀典；邦人寿谷，拜舞合乎欢心。尚飨！②

① 顾颉刚：《与钱玄同先生论古史书》，见《古史辨》，上海古籍出版社，1982年，第59—66页。

②《双流县志》卷二，《中国地方志集成》本。本文以下凡引今四川、重庆区域府、县志者，皆出此丛书，仅具各府、县志名、卷次。

十分清楚，这通《祝文》已将历史记载中从蚕丛至杜宇的所有劳作和功绩都统统归到了蚕丛王名下。当然，问题还并不仅仅在于这通《祝文》是否可以与口头传承或文字记录的神话传说有同等的文献价值，问题在于它说明了一种现象，说明了类似这种《祝文》的材料和述说是如何将其影响施加于神话传说的。

那么鱼凫王和杜宇之间到底是什么关系呢？我认为，很可能鱼凫王与杜宇就是一个神或人，在后来的神话传说中发生了分化，成为世代相继的两个神或人。

他们都活动于同一个区域。今温江与郫县（今称郫都区）两城直线距离不过十五公里，传说中两人城邑、陵墓均在此。今都江堰市（旧称灌县，北宋前杜宇祠庙在此）与彭州市九陇镇（旧九陇县，鱼凫祠庙旧在此）之间直线距离不过二十五公里。如若将彭州市九陇镇、郫都区（旧称郫县）、广汉三星堆三点连接起来，正好是一个三角形，这个三角形从九陇至郫都区的直线距离是三十公里，郫都区至三星堆的直线距离是三十五公里，三星堆至九陇的直线距离是三十公里。如果扩大一些，将都江堰市与温江区（旧称温江县）也包括进来，则都江堰市距三星堆的直线距离是五十三公里；而温江区距三星堆是四十六公里。而就在广汉三星堆，出土了可以被认为是鱼凫、杜宇中任何一位的文化遗存。有时候，他们的事迹竟混淆一起。民国修《温江县志》记有：

炳灵太子读书处，在治东斐竹亭。

又记有：

野狐池，在治东斐竹亭后，广约半亩。“野狐”地名之故未详。或曰本作“野凫”。土人呼为洗墨池，谓炳灵太子洗墨处。

县志修纂者说：

炳灵即鳖灵。炳，鳖之转音。鳖灵治水有功，杜宇以位禅之。故老相传，谓炳灵为江渎神。以此，“炳灵太子”即鳖灵世子也。[1]

其说或是，但却避而未言“野狐池”之名缘何而来。诚如《志》引“或曰”，“野狐”乃“野凫”之讹，而“野凫”亦未明其本。考“野”字，《说文解字·里部》云“从里，予声”[2]。“野”“鱼”古音皆在鱼部。以今音衡之，则蜀人今亦有读“鱼”近“野”音者。是“野凫”实即“鱼凫”之讹音。倘若鱼凫非杜宇，又焉得与鳖灵之迹同处呢。

他们都以鸟作为自己的崇拜图腾，甚至以鸟命名自己或自己的首都。鱼凫为鹰自不待言，即使杜宇似亦鸟名。诚如明曹学佺《蜀中广记》卷五十九引扬雄《蜀记》：

望帝修道，处西山而隐，化为杜鹃鸟。或云杜宇鸟，亦曰子规鸟。[3]

他们作为肉体凡胎最后消失的地点亦颇一致。鱼凫王是“猎至湔山便仙去”，杜宇则是“处西山而隐”。以地望衡之，则成都平原及四周并无专以“西山”称者，“西山”当为西面之山。若此“西山”乃对郫都区而言，则鱼凫仙去之九陇镇乃处郫都区之北西面，似亦可称西山；若对被认为是“瞿上”的三星堆而言，则九陇镇正在三星堆之西。因此二人一“仙”一“隐”，似皆在一起。

既有如此多的共同之处，则很有理由可以怀疑鱼凫、杜宇实即一王了。回顾前述讨论，若将历史典籍与民俗、民间传说参合而观之，则似可这样来看，杜宇之名声仅在成都平原，而鱼凫之声望却沿江远播，似有隆衰之分，其实鱼凫、杜宇的材料简直可以说是互文的，因为鱼凫王有功于农业的情形，已经用杜宇的名字载在史册了；而杜宇之被巴蜀人民纪念，农业文化之四播，也已通过鱼凫的名字存留在地志、民俗之中了，因此二者乃是一体的。

最后我想从神话思维的角度来谈谈鱼凫和杜宇的关系。

在神话思维时代的人们来看，生命是永恒的。躯壳是可以蜕变的，而灵

---

① 《温江县志》卷二。
② 《说文解字》卷十三下。
③ 《蜀中广记》卷五十九。

魂则应该是永存的。即如鱼凫，他的肉身泯灭了，在部族人的心目中，他却并未死亡，无非是“神化”而去。所谓“仙去”，这个词汇当然是相当晚，有了神仙概念以后才会产生的了。但是这个词汇的使用，却无意之中潜藏携带了这样一个信息，即鱼凫变鸟而去的传说，因而后世的人们才把羽化成仙这一类概念与之相连，如后蜀李昊《创筑羊马城记》所说：

蚕从启国，鱼凫羽化于湔山。①

于是才产生了“仙去”这样的说法。但是他的“忽得仙道”转换而来的，却是杜宇的“从天堕”。还有比这更符合神话时代人们思维理想的吗？羽化归天则是鸟，从天而降则又是人，人神之间就是通过这种微妙的躯壳转换而获得永恒的，而其神性亦正通过这样的方式得到了充分的证明。由此看来，杜宇后来化为杜鹃，在神话时代的人们看来，是丝毫也不奇怪的了。但听杜鹃啼叫，蜀人都会起而彷徨说“是我望帝也”②。杜宇不过是用这种方式，再次重演了传说中鱼凫当年的“忽得仙道”③ 而已。

不过这一次，却再也没有一个他的什么变形从天而降了，三星堆的祭祀坑被匆匆堆满宫中的珍宝和日用品甚至包金的权杖；坑中被点起了熊熊大火；火尚未尽，人们即赶快运来泥土掩埋了祭祀坑，而且将他们夯实、抹平④。杜宇，或者鱼凫深情地凝眸回顾自己的家园，然后带着族人向西面的山岭转移而去……杜鹃啼叫了，它的叫声是如此凄恻，令人不忍卒闻。它一直啼叫得口中滴出血来，洒落山间，浇出了一丛丛鲜红的杜鹃花……⑤

因为异族篡权了。

民间留下了这样的传说：鱼凫王是乘着虎升天而去的。这个传说给我们留下了深深的思考：虎是古代巴人崇拜的图腾，鳖灵溯江而上，挟着巴人文化而来。鸟踏在虎背之上，不正是鱼鹰踩在开明兽（见《山海经》）身上吗？

① 《成都府志》卷三十八。
② ［宋］乐史：《太平寰宇记》卷七十二，文渊阁四库全书本。
③ 《华阳国志校补图注》，第118页。
④ 林向：《巴蜀文化新论》，成都出版社，1995年，第46—48页。
⑤ 袁珂：《中国神话传说》，中国民间文艺出版社，1984年，第394页。

这不正是杜宇（或者鱼凫）与开明（鳖灵）之间更替转换之际那场景的真实写照吗？为此，鱼凫和杜宇还应该分而论之吗？

五、小结

本文结束之际，我想从本文反复探讨的几个共同点说起。

首先是杜宇、鱼凫神话传说产生的时代。考古的结果告诉我们，新津（今成都市属新津区）宝墩古城、温江（今成都市属温江区）鱼凫古城的兴建乃在距今4000多至5000年前，亦即在公元前20至30世纪以前。而文明进化史的一般规律告诉我们，农业的发明和农业文明的形成更当在城市的出现之前，且其本身即一漫长的历史过程。因此，古蜀文明中发明了农业，被古蜀人民尊崇为农神的杜宇（鱼凫）有关神话传说的时代距今至少也在4000年前，三星堆遗址一号、二号祭祀坑的考察已极有力地说明了这一点[①]。

其次是杜宇、鱼凫神话传说可能发生的地域，乃在以成都平原为中心区域的古蜀地以及部分巴地，且沿岷江、长江流域播迁。如果考虑到2000年以来岷江上游地区陆续发现的距今5000多年的营盘山文化和距今4000多年以史前古城遗址群为代表的宝墩文化，加上三星堆和金沙遗址为代表的高度发达的青铜器文化，可以说，一个比较完整的文化体系曾在广袤的古蜀地连续不断地演绎。

我们所讨论的杜宇、鱼凫神话就产生、流播在上述这样的历史时间与空间。

再其次应该注意到的是以发明农业为核心内容，以崇拜鸟图腾为族群背景，杜宇、后稷、鱼凫三者被奇特地粘连在了一起，从而为古蜀文化神秘来源和内涵留下了无穷的问题。

最后我想特别指出，本文未及专门讨论鳖灵。但是如若将鳖灵略加研究（详见即将出版的本人所撰《古蜀神话传说试论》第七章），会发现一个似乎前人尚未注意到的问题：从他的业绩（如宗庙、礼乐等）看，颇有夏、商色彩。如若是，则在他之前的杜宇可与周人之祖后稷比拟，他却超迈杜宇，张

---

① 敖天照、刘雨涛：《广汉三星堆考古记略》，第331—338页。

扬夏、商，这岂非又是一种颠覆？

对这些问题，或许我们一时难以寻觅答案，神话与历史就这样以奇特的方式纠缠一起呈现出来。我不怀疑杜宇、鱼凫、鳖灵的故事在其流传过程中或都难免被他们的后代“添油加醋”；而我更深信，我们所面临的所有这些，都既是神话，也是历史，让我们拥有它们，永远保有它们，而绝不是扬弃它们！

从古史传说看蚕丛氏蜀人与古蜀国和冉駹古国的关系

四川省社会科学院民族与宗教研究所　徐学书

摘　要　古史传说中发祥于岷山山区的“蚕丛氏”蜀人，为传说中的中华人文始祖黄帝与嫘祖的后世并以嫘祖为先祖，是成都平原古蜀国和岷山冉駹古国的建立者。传说中古蜀国王族蚕丛、柏灌、鱼凫、杜宇等部落，皆出自岷山蚕丛氏。岷山冉駹古国的王侯在商代为冉侯、周代为蜀侯，夏代末年著名的“岷山庄王”应为岷山冉駹古国或以岷山为大本营的古蜀国历史上某代著名先王。古史传说为我们深入了解古蜀国和冉駹古国历史，认识成都平原古蜀文化与岷山地区新石器时代文化及冉駹石棺葬文化之间的文化关系，解释相关考古发现中存在的诸多难以解释的“谜团”文化现象，提供了重要史料参考。

关键词　蚕丛氏；古蜀国；冉駹；古史传说

古蜀人作为古蜀文明的创造者，在中华民族起源和中华文明发展史上占有重要地位。在古史传说记载中，发祥于岷江上游岷山山区的“蚕丛氏”，作为古蜀人中历史悠久、活动地域广阔的著名部族，与传说中的黄帝元妃嫘祖、先秦时期成都平原古蜀国和岷山冉駹古国、先秦至汉代中国西南地区的“西南夷”及越南历史上瓯骆古国皆有密切关联，研究“蚕丛氏”蜀人历史对于研究古蜀国和藏羌彝走廊古代族群历史与文化具有重要意义。虽然考古发现业已证明以“三星堆——金沙文化”为代表的古蜀文化发祥于岷江上游岷山山区、古蜀文化与冉駹古国的文化遗存岷江上游石棺葬文化之间关系密切、中国西南至东南亚地区先秦至汉代的青铜文化与古蜀国青铜文化和冉駹石棺葬文化存在密切联系，但仅凭考古资料难以清晰地描绘古蜀国和冉駹古国的历史脉络及其与“西南夷”和瓯骆古国之间的族群与文化关系，相关考古发现也存在诸多难以解释的“谜团”现象。因此，古史传说记载对于更好地认识古蜀国和冉駹古国及与之存在渊源关系的“西南夷”及瓯骆古国的历史，更好地理解和诠释考古发现中的若干文化现象，无疑具有重要史料参考价值。多年来，有关“蚕丛氏”蜀人历史的记载较为零散稀少，相关研究成果多语焉不详，学界对古蜀国和冉駹古国的历史脉络尚缺乏清晰认识、各说不一。为此，本文特就古史传说结合考古资料反映的蚕丛氏蜀人与古蜀国和冉駹古国的关系进行探讨，以期为相关研究提供参考。

一、蚕丛氏的渊源

西汉扬雄《蜀王本纪》记载：“蜀王之先名蚕丛。”① 南宋章樵注扬雄《蜀都赋》引《先蜀记》称：“蚕丛始居岷山石室。”② 传说“蚕丛氏”始祖为黄帝和嫘祖。《史记·三代世表》唐代张守节《正义》引《谱记》称：“黄帝与子昌意娶蜀山氏女，生帝喾，立，封其支庶于蜀，历虞、夏、商、周，衰。先称王者蚕丛。”③《史记·五帝本纪》记载：“黄帝居轩辕之丘而娶于西陵氏之女，是为嫘祖。嫘祖为黄帝正妃，生二子，其后皆有天下：……其二曰昌意，……昌意娶蜀山氏女，曰昌仆。”④ 西汉戴德《大戴礼记·帝系》亦称：“黄帝居轩辕之邱，娶于西陵氏之子，谓之嫘祖，氏产青阳及昌意。……

① ［汉］扬雄著，［明］郑朴辑：《蜀王本纪》，《壁经堂丛书》，新津胡氏刊本，民国12年，第211页。

② ［宋］章樵：《古文苑》卷四，文渊阁四库全书本。

③ ［汉］司马迁：《史记》卷十三，文渊阁四库全书本。

④ ［汉］司马迁：《史记》卷一，文渊阁四库全书本。

昌意娶于蜀山氏，蜀山氏之子谓之昌濮，氏产颛顼。”① “蜀山”即“岷山”，“蜀山氏”即岷山之“蚕丛氏”，南宋罗泌《路史·前纪·蜀山氏》称：“蜀山氏，其始蚕丛。”②

古史传说蚕丛王衣青衣教民蚕桑，被蜀地奉为蚕桑始祖“青衣神”。北宋高承《事物纪原·蚕市》条引杜光庭《仙传拾遗》记载蜀中传说：“蚕丛氏王蜀，教人蚕桑。”③ 明曹学佺《蜀中广记》引《寰宇记》记载：“成都圣寿寺有青衣神祠，神即蚕丛氏也，相传蚕丛氏教人养蚕。”④ 明徐光启《农政全书·蚕桑·总论》称：“蚕丛都蜀，衣青衣，教民蚕桑，则蜀可蚕。”⑤ 明曹学佺《蜀中广记》“青神县”条引梁朝李膺《益州记》记载：“青衣神号为雷塠庙。”⑥ “雷塠”与“嫘祖”为同音异写。“嫘祖”在先秦史籍《山海经·海内经》中写为“雷祖”：“黄帝妻雷祖，生昌意。”⑦ 故唐代司马贞为《史记》所作索引称西陵氏嫘祖“一名雷祖”⑧。罗泌《路史·后纪》又作“傫祖”：“（黄帝）元妃西陵氏曰傫祖。”⑨《国语·晋语四》称：“青阳，方雷氏之甥也。”⑩ 唐代司马贞为《史记》所作索隐引晋皇甫谧语：“（黄帝）元妃西陵氏女，曰纍祖，生昌意。次妃方雷氏女，曰女节，生青阳。”⑪ 按《史记》《大戴礼记》皆言嫘祖生青阳和昌意，《山海经》言雷祖生昌意，《国语》及皇甫谧称青阳为方雷氏之后，可知嫘祖即方雷氏女雷祖。是以知“嫘祖”“傫祖”“雷祖”“雷塠”皆同音异写。由“青衣神祠，神即蚕丛氏”“青衣神号雷塠”，知西陵氏“嫘祖”即蚕丛氏（蚕陵氏）青衣神“雷塠”（雷祖）。汉代以蚕丛陵葬之地置蚕陵县，《汉书·地理志》记载“蜀郡”有“蚕陵县”，北魏郦道元《水经注·江水一》官本将“蚕陵”刻作“西陵”，“蚕陵县”下

---

① ［汉］戴德：《大戴礼记》卷七，文渊阁四库全书本。
② ［宋］罗泌：《路史》卷四，文渊阁四库全书本。
③ ［宋］高承：《事物纪原》卷八，文渊阁四库全书本。
④ ［明］曹学佺：《蜀中广记》卷六十，文渊阁四库全书本。
⑤ ［明］徐光启：《农政全书》卷三十一，文渊阁四库全书本。
⑥ ［明］曹学佺：《蜀中广记》卷十二，文渊阁四库全书本。
⑦ ［晋］郭璞注：《山海经》卷十八，文渊阁四库全书本。
⑧ ［汉］司马迁：《史记》卷一，文渊阁四库全书本。
⑨ ［宋］罗泌：《路史》卷十四，文渊阁四库全书本。
⑩ ［三国吴］韦昭注：《国语》卷十，文渊阁四库全书本。
⑪ ［汉］司马迁：《史记》卷一，文渊阁四库全书本。

“案蚕近刻讹作西”[①]，亦证“西陵氏”当为“蚕陵氏”之误，西陵氏“嫘祖”即蚕丛氏（蚕陵氏）“雷䨓”（雷祖）。

中原祀“先蚕”神，自周代至汉代无统一祭祀对象，北周时始以嫘祖为“先蚕神”。罗泌《路史·后纪》引《皇图要览》称：“西陵氏始养蚕，故淮南王《蚕经》云：‘西陵氏劝蚕稼，亲蚕始此。’”[②]按《晋书·礼志上》记载西晋由皇后主持祭祀蚕神的礼仪：“依汉魏故事，衣青衣。”[③]反映其祭祀蚕神礼仪受到了汉魏时蜀地蚕神“衣青衣”的文化影响。北周始奉西陵氏嫘祖为“先蚕神”，当与西晋效汉魏故事祭祀的“蚕神”受蜀地蚕神“青衣神”信仰影响有关。蜀地“青衣神”蚕丛为“蚕陵氏”，因将“蚕陵氏”误为“西陵氏”，遂以“西陵氏”嫘祖为“先蚕神”。综观古史传说，嫘祖为蚕丛氏母系先祖，故后世称嫘祖为“西陵氏（蚕陵氏）”、青衣神蚕丛号“雷䨓（嫘祖、雷祖）”。“蚕丛氏”“西陵氏（蚕陵氏）”“蜀山氏”皆同指岷山古部落，由此可知古史传说中“黄帝居轩辕之丘而娶于西陵氏之女”“黄帝与子昌意娶蜀山氏女”，实指黄帝妃嫘祖和昌意妃昌仆（濮）皆出自岷山“蚕丛氏”（西陵氏、蜀山氏），黄帝娶嫘祖生昌意，昌意再娶母族女昌仆（濮），乃是轩辕氏与蚕丛氏（蜀山氏）两大部族之间实行“对偶婚”的写照。

嫘祖出自岷山（蜀山）蚕丛氏，从历史地名上亦可得到佐证。《汉书·地理志》记载“蜀郡”有“蚕陵县”，“蚕陵”传为蚕丛陵葬之地，西汉因此置蚕陵县，属汶山郡，治地在今岷江上游茂县北部的叠溪。明清置叠溪卫所，1933年著名“叠溪大地震”至叠溪古城废弃，其地一巨石上清代“蚕陵重镇”题刻至今犹存，现为成都至九寨沟旅游热线上途经景点。周代青铜器有“嫚妃匜”“嫚妊壶”，按“叠”为茂县独有的古老地名，其地原有叠溪水，其地为古“叠”部落，“嫚”指出于“叠”部落的女子。从字源上看，“叠（疊）”字上部的“畾”为三个垒叠的石头，下部的“冝”为高台建筑造型，“疊”字应象征石头垒砌的高台建筑，也就是扬雄《蜀都赋》所称“蜀侯尚丛（蚕丛），并石石屛（同栖），岍岑倚从”[④]之并（垒）石栖居的傍山石室，

① ［北魏］郦道元：《水经注》卷三十三，文渊阁四库全书本。
② ［宋］罗泌：《路史》卷十四，文渊阁四库全书本。
③ ［唐］房玄龄等：《晋书》卷十九，文渊阁四库全书本。
④ ［汉］扬雄：《杨子云集》卷五，文渊阁四库全书本。

章樵注扬雄《蜀都赋》引《先蜀记》所称“蚕丛始居岷山石室”[①] 之“石室”，《后汉书·南蛮西南夷列传》所记汶山郡冉駹夷“众皆依山居止，高者十余丈，为筇笼”[②] 的“筇笼”，今岷江上游传统上依山而建之石砌碉房。“嫘”当指出自居住石砌碉房部落的女子，嫘祖与蚕丛同出于“叠”。北周时奉嫘祖为“先蚕神”，改“嫘”字“叠”下部的“冝”从“丝”作“嫘”，后世文献或去女旁作“纍”（纍祖），或从人旁作“傫”（傫祖）。

从古史传说“蜀王”为黄帝与嫘祖后世，亦可反证嫘祖为蚕丛氏先祖。《史记》张守节正义引《谱记》称：“蜀之先肇于人皇之际。黄帝与子昌意娶蜀山氏女，生帝喾，立，封其支庶于蜀，历虞、夏、商、周，衰。先称王者蚕丛。”[③]《史记·三代世表》载西汉博士褚少孙言：“蜀王，黄帝后世也。”[④]《史记》司马贞索引引先秦史籍《世本（系本）》亦称：“蜀无姓，相承云：黄帝后世子孙也。”[⑤] 蜀王为黄帝与嫘祖后世，而“蜀王”以“蚕丛”为先王，故知嫘祖为蚕丛先祖。因此，传说青衣神“蚕丛氏”（西陵氏、蜀山氏）号“雷䧳（嫘祖）”及嫘祖被奉为“先蚕神”也就不难理解：盖因以嫘祖为蚕丛氏先祖，蚕丛氏“衣青衣，教民蚕桑”而被奉为蚕桑始祖“青衣神”，故以嫘祖为“先蚕神”、青衣神蚕丛氏号“雷䧳（嫘祖）”。

二、蚕丛氏与古蜀国先王

根据西汉扬雄《蜀王本纪》和东晋常璩《华阳国志·蜀志》等记载的古蜀国王族世系，古蜀国先后历经了蚕丛、柏灌、鱼凫、杜宇、开明共五代王族统治。其中，蜀王蚕丛出自氐羌系统的岷山蚕丛氏，蜀王柏灌和鱼凫来源不详，蜀王杜宇为“从天堕”，蜀王开明氏为来自长江中游濮人系统的荆人。从古史传说记载看，不仅蜀王蚕丛出自岷山蚕丛氏，蜀王杜宇及柏灌、鱼凫亦出自岷山蚕丛氏。

---

① ［宋］章樵：《古文苑》卷四，文渊阁四库全书本。
② ［南朝宋］范晔：《后汉书》卷一一六，文渊阁四库全书本。
③ ［汉］司马迁：《史记》卷十三，文渊阁四库全书本。
④ 同上。
⑤ 同上。

扬雄《蜀王本纪》为最早记载蜀王世系的史籍，称：“蜀王之先名蚕丛，后代名曰柏灌，后者名鱼凫。此三代各数百岁，……时蜀民稀少。”[①] 后世史籍皆沿袭此说，以“蚕丛”为蜀人最早的先王。在古史传说中，蜀王蚕丛为黄帝与嫘祖后世，《史记·三代世表》记载西汉博士褚少孙言：“蜀王，黄帝后世也。”[②] 先秦史籍《世本》称：“蜀无姓，相承云：黄帝后世子孙也。”[③]《史记》张守节正义引《谱记》称：“蜀之先肇于人皇之际。黄帝与子昌意娶蜀山氏女，生帝喾，立，封其支庶于蜀，历虞、夏、商、周，衰。先称王者蚕丛。”[④]《华阳国志·蜀志》称：“蜀之为国，肇于人皇，与巴同囿。至黄帝，为其子昌意娶蜀山氏之女，生子高阳，是为帝颛顼；封其支庶于蜀，世为侯伯。历夏、商、周。”[⑤] 因此，古蜀国先王蚕丛，为黄帝与嫘祖之子昌意娶母族蜀山氏（蚕丛氏）之后。

关于蜀王杜宇的来源，北宋《太平御览》卷八八八引扬雄《蜀王本纪》记载：“后有一男子，名曰杜宇，从天堕，止朱提。有一女子，名利，从江源地井中出，为杜宇妻。宇自立为蜀王，号曰望帝。治汶山下，邑曰郫。”[⑥]《太平御览》卷一六六引《蜀王本纪》则作：“后有王曰杜宇，出天堕山。又有朱提氏女，曰利，自江源而出，为宇妻。乃自立为蜀王，号曰望帝。移居郫邑。”[⑦]《水经注·江水一》引东汉末来敏《本蜀论》记载：“望帝者，杜宇也，从天下。女子朱利，自江源出，为宇妻。遂王于蜀，号曰望帝。”[⑧]《华阳国志·蜀志》在叙述蚕丛、柏灌、鱼凫事迹之后称：“后有王曰杜宇，教民务农，一号杜主。时朱提有梁氏女利，游江源。宇悦之，纳以为妃。移治郫邑，或治瞿上。……巴亦化其教而力农务，迄今巴、蜀民农时先祀杜主君。”[⑨] 东晋葛洪《抱朴子·内篇·释滞》亦称：“杜宇天堕。”[⑩] 南宋罗泌《路史·

---

① ［汉］扬雄著，［明］郑朴辑：《蜀王本纪》，《壁经堂丛书》，新津胡氏刊本，民国12年，第211页。

② ［汉］司马迁：《史记》卷十三，文渊阁四库全书本。

③ 同上。

④ 同上。

⑤ ［晋］常璩：《华阳国志》卷三，文渊阁四库全书本。

⑥ ［宋］李昉等：《太平御览》卷八八八，文渊阁四库全书本。

⑦ ［宋］李昉等：《太平御览》卷一六六，文渊阁四库全书本。

⑧ ［北魏］郦道元：《水经注》卷三十三，文渊阁四库全书本。

⑨ ［晋］常璩：《华阳国志》卷三，文渊阁四库全书本。

⑩ ［晋］葛洪：《抱朴子》卷二，文渊阁四库全书本。

余论·杜宇鳖令》称："旧说鱼凫畋于湔山仙去。后有男子从天堕，曰杜宇，为西海君。自立为蜀王，号望帝。徙都于郫，或瞿上。"[①] 诸书皆言杜宇从"天"而下，娶朱提女利（朱利）为妃。考古史传说，杜宇"从天堕"的"天"当指"载天"之山"成都山"，即上承"天庭"的"昆仑山"，也就是现实中成都平原西侧的蚕丛氏蜀人发祥地"岷山"。唐代司马贞为《史记》所作索隐引《蜀王本纪》言："朱提有男子杜宇，从天而下，自称望帝，亦蜀王也。"[②] 将杜宇说成"朱提"人，当为传抄之误。

据先秦史籍《山海经·大荒北经》记载："有山名曰成都，载天。"[③] 即"天"在"成都山"之上。"成都山"即岷山，亦即"昆仑"。古史传说"昆仑"分三成（层），《水经注·河水一》称："三成为昆仑丘。《昆仑说》曰：'昆仑之山三级，……上曰层城，一名天庭，是为太帝之居。'"[④] 即"昆仑"为"三成"之山，第三成为天帝下都"天庭"所在。《山海经·海内西经》记载："海内昆仑之虚，在西北，帝之下都。"[⑤] 东晋葛璞注《山海经·西山经》"昆仑之丘是实为帝之下都"句称："天帝都邑之在下者。"[⑥] "昆仑山"上为"帝之下都""天庭"，故"昆仑山"被视为"天柱"。唐代徐坚《初学记·地理上》引西汉《河图括地象》称："昆仑山为天柱，气上通天。"[⑦] 东汉赵煜《吴越春秋·勾践归国外传》谓："昆仑之山，乃地之柱，上承皇天，气吐宇内，下处后土。"[⑧] 东晋郭璞《山海经图赞》"昆仑丘"条称："昆仑月精，水之灵府。惟帝下都，西老之宇。嵥然中峙，号曰天柱。"[⑨] 作为"天柱"的"昆仑""嵥然中峙"，也就是说"昆仑"位居大地中央。唐代徐坚《初学记·地理上》引西汉《河图括地象》称："昆仑者，地之中也。"[⑩]《山海经·海内经》东晋郭璞注"都广之野"称"盖天地之中"[⑪]，西汉刘安《淮

① ［宋］罗泌：《路史》卷三八，文渊阁四库全书本。
② ［汉］司马迁：《史记》卷十三，文渊阁四库全书本。
③ ［晋］郭璞注：《山海经》卷十七，文渊阁四库全书本。
④ ［北魏］郦道元：《水经注》卷一，文渊阁四库全书本。
⑤ ［晋］郭璞注：《山海经》卷十一，文渊阁四库全书本。
⑥ ［晋］郭璞注：《山海经》卷二，文渊阁四库全书本。
⑦ ［唐］徐坚：《初学记》卷五，文渊阁四库全书本。
⑧ ［汉］赵煜：《吴越春秋》卷五，文渊阁四库全书本。
⑨ ［晋］郭璞：《山海经图赞》，见《山海经笺疏》卷十九，扬州阮元琅環仙馆清嘉庆年间刻本。
⑩ ［唐］徐坚：《初学记》卷五，文渊阁四库全书本。
⑪ ［晋］郭璞注：《山海经》卷十八，文渊阁四库全书本。

南子·地形训》称："建木在都广，众帝所自上下，……盖天地之中也。"[①]此"天地之中"的"都广之野"，史籍又作"广都之野"，汉代置"广都县"，与成都、新都并称"三都"，地当今成都市域南部，治地在今成都市双流区境内。故今史学界以古史传说之"都广之野"即成都平原，广汉三星堆遗址祭祀坑出土青铜神树即传说中"众帝所自上下"的天梯神树"建木"。"天地之中"的"都广之野"为成都平原，位于地中央作为"天柱"上承"天庭（帝之下都）"的"昆仑"——"载天"的"成都山"，自然非现实中的岷山莫属。前辈史家蒙文通先生《略论〈山海经〉的写作时代及其产生地域》考证"昆仑"方位，认为："考《海内西经》说：'河水出（昆仑）东北隅以行其北'。这说明昆仑当在黄河之南。又考《大荒北经》说：'若木生昆仑西'（据《水经·若水注》引），《海内经》说：'黑水、青水之间有木名曰若木，若水出焉'。这说明了昆仑不仅是在黄河之南，而且是在若水上源。若水即今雅砻江，雅砻江上源之东、黄河之南的大山——昆仑，当然就舍岷山莫属了。"[②]

北魏郦道元《水经注》引西汉谶纬书《河图括地象》称："岷山之经上为井络，帝以会昌，神以建福，上为天井。"[③]以岷山之上为二十八宿南方朱雀七宿首宿之"井宿"（东井）所在，也就是传说中进入天庭的"南天门"所在，《晋书·天文志》称："南方东井八星，天之南门。"[④]西汉焦延寿《易林·比》称："登昆仑，入天门。"[⑤]扬雄《蜀王本纪》载战国末年秦国蜀守李冰："谓汶山为天彭阙，号曰天彭门，云亡者悉过其中……"[⑥]《华阳国志·蜀志》记载："李冰为蜀守。冰能知天文地理，谓汶山为天彭门。"[⑦]"天彭门"即"天门"，表明岷山（汶山）在李冰眼中为"天门"所在的"昆仑"，与《河图括地象》记载的岷山之上为"天之南门"所在的"井络"一

① ［汉］刘安：《淮南子》卷四，文渊阁四库全书本。

② 蒙文通：《略论〈山海经〉的写作时代及其产生地域》，载《巴蜀古史论述》，四川人民出版社，1981年，第161—162页。

③ ［北魏］郦道元：《水经注》卷三十三，文渊阁四库全书本。

④ ［唐］房玄龄等：《晋书》卷十一，文渊阁四库全书本。

⑤ ［汉］焦延寿：《易林》卷下，文渊阁四库全书本。

⑥ ［汉］扬雄著，［明］郑朴辑：《蜀王本纪》，《壁经堂丛书》，新津胡氏刊本，民国12年，第213页。

⑦ ［晋］常璩：《华阳国志》卷三，文渊阁四库全书本。

致。《山海经·海内西经》称："海内昆仑之虚，在西北，帝之下都。……面有九门，门有开明兽守之；……开明兽身大类虎而九首，皆人面，东向立昆仑上。"① "开明兽"为古蜀国开明氏祖先神，以"开明兽"为镇守"昆仑"九门的神兽，也可旁证神话传说中上承"天庭"的"昆仑""成都山"为现实中古蜀人发祥圣地岷山。

岷山为"载天"之"昆仑""成都山"，从唐宋文献记载中亦可找到佐证。北宋薛居正《旧五代史·僭伪列传三》记载前蜀王衍咸康元年（925年）："衍奉其母、徐妃同游于青城山，住于上清宫。时宫人皆衣道服，顶金花莲冠，衣画云霞，望之若神仙。"② 北宋初御史蜀人张唐英《蜀梼杌·前蜀后主》记："（咸康元年）九月，衍与母同祷青城山，宫人毕从，皆衣云霞之衣。"③ 王衍与太后太妃游青城山一事，北宋人（佚名）所著《五国故事》中则记为："衍之末年，率其母、后等同幸青城，至成都山上清宫。"④ 知作为岷山南首之青城山至北宋仍有"成都山"之名。笃信道教、道号"玉霄子"的王衍游青城山（成都山）时，命宫人戴金莲冠、穿云霞彩衣扮神仙貌，显然是营造仿佛置身天庭的氛围，由此可见其以岷山南首之青城山为传说中"载天"之"成都山"所在。正因岷山即"成都山"，自岷山流出经青城山下进入平原的岷江段得以称"成都江"。《后汉书·岑彭传》唐李贤注称："都江，成都江也。"⑤ 唐代《元和郡县志·剑南道》成都府新繁县条称："郫江，一名成都江。"⑥ 北宋《太平寰宇记》称："郫江，一名都江，一名成都江。"⑦ 按西汉扬雄《蜀都赋》有"都江漂其泾"⑧，知"成都江"至迟在西汉已省称"都江"。《三国志·法正传》记刘璋"坐守都、雒"⑨，"都"即成都省称。

"天"在"昆仑""成都山"上——现实中的古蜀人发祥圣地岷山之上，结合《华阳国志·蜀志》等记载杜宇失国后与蚕丛、柏灌、鱼凫三代一样隐

① ［晋］郭璞注：《山海经》卷十八，文渊阁四库全书本。
② ［宋］薛居正：《旧五代史》卷一三六，文渊阁四库全书本。
③ ［宋］张唐英：《蜀梼杌》卷上，文渊阁四库全书本。
④ ［宋］佚名：《五国故事》卷上，文渊阁四库全书本。
⑤ ［南朝宋］范晔：《后汉书》卷四十七，文渊阁四库全书本。
⑥ ［唐］李吉甫：《元和郡县志》卷三十二，文渊阁四库全书本。
⑦ ［宋］乐史：《太平寰宇记》卷七十二，文渊阁四库全书本。
⑧ ［汉］扬雄：《杨子云集》卷五，文渊阁四库全书本。
⑨ ［晋］陈寿：《三国志·蜀志》卷七，文渊阁四库全书本。

入“西山”岷山，表明所谓杜宇“从天堕”实际上反映杜宇为自“天庭”所在的“昆仑”“成都山”——岷山下到成都平原。

扬雄《蜀王本纪》记载杜宇“治汶山下，邑曰郫”[①]。《华阳国志·蜀志》记载杜宇“移治郫邑”[②]，宋代罗泌《路史·余论》记载杜宇“徙都于郫”[③]。然而，北宋李昉《太平广记》卷八六引五代前蜀杜光庭《录异记》记载前蜀王建将在黔南深山修道数百岁的神人黄万祐迎入宫中，黄万祐称：“吾只记……蚕丛氏都郫之年。”[④] 诸家皆以杜宇都郫，黄万祐称蚕丛氏都郫，表明杜宇属蚕丛氏。杜宇从岷山下到成都平原、属蚕丛氏，表明杜宇源出岷山蚕丛氏蜀人。《蜀王本纪》《华阳国志·蜀志》皆记载蚕丛、柏灌、鱼凫三代蜀王在失国后率其王族部众隐入岷山：“此三代各数百岁，皆神化不死，其民亦颇随王化去。”[⑤] 至杜宇从岷山（天）下到成都平原成为蜀王后，“神化不死”的蚕丛、柏灌、鱼凫等部“化民”又从岷山复出投奔杜宇，《华阳国志·蜀志》称杜宇：“自立为蜀王，号曰望帝。治汶山下，邑曰郫，化民往往复出。”失国后“升西山隐焉”[⑥]，复归岷山。蚕丛等“化民”从岷山复出投奔杜宇、杜宇失国归隐岷山，当与杜宇源出岷山蚕丛氏有关。

至于蜀王柏灌、鱼凫的来源，古史传说无明确记载，以至今研究者对文献解读不一。按照罗泌《路史·前纪·蜀山氏》的记载：“蜀之为国，肇自人皇，其始蚕丛、拍（柏）濩、鱼凫，各数百岁，号蜀山氏，盖作于蜀。”[⑦] 蚕丛、柏濩（柏灌）、鱼凫皆为蜀山氏，则蚕丛、柏濩、鱼凫皆源出蜀山（岷山），柏濩、鱼凫亦为岷山蚕丛氏后世。扬雄《蜀王本纪》记载蜀王蚕丛、柏灌、鱼凫：“此三代各数百岁，皆神化不死，其民亦颇随王去。鱼凫田于湔山，得仙，今庙祀之于湔。”[⑧]《华阳国志·蜀志》沿用其说，称蚕丛、柏灌、

---

① ［宋］李昉：《太平御览》卷八八八，文渊阁四库全书本。

② ［晋］常璩：《华阳国志》卷三，文渊阁四库全书本。

③ ［宋］罗泌：《路史》卷三十八，文渊阁四库全书本。

④ ［宋］李昉：《太平广记》卷八十六，文渊阁四库全书本。

⑤ ［汉］扬雄著，［明］郑朴辑：《蜀王本纪》，《壁经堂丛书》，新津胡氏刊本，民国12年，第211页。［晋］常璩：《华阳国志》卷三，文渊阁四库全书本。

⑥ ［晋］常璩：《华阳国志》卷三，文渊阁四库全书本。

⑦ ［宋］罗泌：《路史》卷四，文渊阁四库全书本。

⑧ ［汉］扬雄著，［明］郑朴辑：《蜀王本纪》，《壁经堂丛书》，新津胡氏刊本，民国12年，第211页。

鱼凫："此三代各数百岁，皆神化不死，其民亦颇随王化去。……（鱼凫）王猎至湔山，便仙去，今庙祀之于湔。""（杜宇）自立为蜀王，号曰望帝。治汶山下，邑曰郫，化民往往复出。"① 蜀王柏灌、鱼凫及其部众在失国后，与蚕丛及其部众一样"神（仙）化"入岷山（湔山），当蚕丛氏后世的杜宇从岷山（天）下到岷山下的成都平原为蜀王后，又复出岷山投奔杜宇，也反映柏灌、鱼凫及其部众应与蚕丛、杜宇同出岷山（蜀山）蚕丛氏，与罗泌所言"蚕丛、柏濩、鱼凫，各数百岁，号蜀山氏，盖作于蜀"一致。

古史传说记载的古蜀国王族，自蚕丛至杜宇历代皆源出氐羌系统的岷山蚕丛氏部族，直至濮人系统的荆人开明氏西进成为杜宇氏蜀国统治集团成员（蜀相）并最终取代杜宇氏成为蜀国统治者，古蜀国经历了由氐羌系统的岷山蚕丛氏蜀人统治——以蚕丛氏蜀人为主、濮人系统的开明氏荆人为辅共治——开明氏统治蜀国、蚕丛氏成为被统治者的重大转变。这一重大转变，按照古史传说记载，始于大约相当于春秋早期的杜宇氏蜀国晚期以开明氏鳖令为相时期，完成于大约相当于春秋早中期之交的开明氏蜀国建立。

古史传说记载的古蜀国都城，在大约相当于夏、商至西周早期的蚕丛、柏灌、鱼凫三代蜀王统治期间，长期以瞿上城作为都城；至大约相当于西周中晚期至春秋早期的杜宇王统治时期，蜀国都城由瞿上城迁至郫邑，同时旧都瞿上城也具有都邑性质（杜宇"或治瞿上"）。开明氏代蜀后，古蜀国都城再度迁移。扬雄《蜀王本纪》记载："开明帝下至五代，有开明尚，始去帝号，复称王也。……蜀王据有巴蜀之地，本治广都繁乡，徙居成都。……成都在赤里街，（秦国蜀守）张若徙置少城内。"②《华阳国志·蜀志》亦记载："开明王自梦郭移，乃徙治成都。"③ 乐史《太平寰宇记·剑南西道一》"益州成都县"条称："赤里街，《蜀都记》云：'成都之南街名赤里街。'"④ 表明在大约相当于春秋早中期之际开明氏蜀国建立后，开明氏以广都繁乡为都城所在地，至大约相当于春秋末战国初的开明五世开明尚时再将都城迁至成都

① ［晋］常璩：《华阳国志》卷三，文渊阁四库全书本。

② ［汉］扬雄著，［明］郑朴辑：《蜀王本纪》，《壁经堂丛书》，新津胡氏刊本，民国 12 年，第 212 页。

③ ［晋］常璩：《华阳国志》卷三，文渊阁四库全书本。

④ ［宋］乐史：《太平寰宇记》卷七十二，文渊阁四库全书本。

南部的赤里街，直至公元前316年秦灭蜀国。

从目前成都平原考古发现的与传说中古蜀国纪年范畴大体一致的文化遗存面貌看，宝墩文化（三星堆遗址一期）、三星堆文化（三星堆遗址二、三期）、金沙文化（三星堆遗址四期、十二桥文化）一脉相承、连续发展，故笔者将三星堆文化和金沙文化命名为“三星堆—金沙文化”[①]。从年代范畴看，如果将考古发现与古史传说进行对照，宝墩文化大体属传说中蜀王蚕丛时期（唐虞至夏代早中期）的遗存，三星堆文化大体属传说中蜀王柏灌（夏代晚期至商代早期）、鱼凫时期（商代中期至西周早期）的遗存，金沙文化早期大体属传说中蜀王杜宇时期（西周中晚期至春秋早期）的遗存。金沙文化晚期已进入春秋中晚期至战国晚期纪年范畴，属开明氏蜀国时期遗存。宝墩文化和三星堆文化的陶器，流行源自岷江上游岷山山区新石器时代晚期文化的小平底陶器，以具有传统文化特征的小平底罐、具有时代特征的高柄豆和鸟头把勺、受中原文化影响的盉为代表。其中，三星堆遗址二期、三期各具特色的低冠尖嘴鸟头把勺和高冠钩嘴鸟头把勺，应分别代表柏灌、鱼凫两种鸟崇拜。金沙文化早期（三星堆遗址四期、十二桥文化早期）继续流行小平底陶器，新出现少量源自湖北西部至重庆长江沿线峡江地区商周文化的尖底陶器。至金沙文化晚期（十二桥文化晚期），尖底陶器成为主要流行陶器，并延续到战国时期开明氏蜀国的陶器文化中。从陶器文化面貌变迁看，宝墩文化陶器源自岷江上游岷山山区，三星堆文化与宝墩文化一脉相承、出现新的特色器形但未改变原有陶器文化传统；金沙文化早期在流行传统小平底陶器的同时出现源自峡江地区商周文化的尖底陶器，此种尖底陶器至金沙文化晚期成为主要流行陶器，改变了原来以小平底陶器为主的陶器文化传统，之后战国时期开明氏蜀国延续了流行尖底陶器的传统。通过这种陶器文化面貌变迁情况，可以确认金沙文化晚期属于春秋中晚期开明氏蜀国时期；金沙文化早期出现少量源自峡江地区商周文化的尖底陶器，与文献记载杜宇氏蜀国后期接纳了来自峡江地区的荆人开明氏加入蜀国统治集团一致；源自岷江上游岷山山区新石器时代文化的宝墩文化及其继承者三星堆文化、金沙文化早期，在小平

---

① 徐学书：《论“三星堆——金沙文化”及其与先秦蜀国的关系》，《考古学、民族学的探索与实践》，四川大学出版社，2005年。

底陶器文化传统上的一脉相承，则与古史传说反映的古蜀王蚕丛、柏灌、鱼凫、杜宇皆源出岷山蚕丛氏一致。

从小平底陶器到尖底陶器的文化传统转换，与金沙文化出土青铜人像和石人像呈现的统治人群地位转换一致。三星堆遗址祭祀坑出土人头像绝大多数为辫发者[①]，金沙遗址出土的戴太阳冠小立人巫师像作辫发3根[②]，此种发式与岷江上游蚕丛氏蜀人冉駹贵族的发式相同（参见下文）。金沙遗址出土辫发2根双手反缚身后的跪坐石人像[③]，表明辫发的蚕丛氏蜀人在金沙遗址崇尚虎、蛇的时期从统治者转变为被奴役的被统治者。文献记载和考古发现反映崇尚虎、蛇为开明氏蜀人信仰传统，从而表明金沙文化时期发生了辫发的蚕丛氏蜀人从统治者转变为被崇尚虎、蛇的开明氏蜀人统治的重大统治权更替变化。三星堆遗址祭祀坑中年代较晚的二号坑出土“蜀王”大立人像后脑无发辫，发掘者根据所戴头冠后方的长方孔，“推测原来铸有发簪之类的饰物”；与之同出的1件戴回字形花纹平顶冠的Bb型青铜人头像也无发辫，反映其头发应为盘结在所戴头冠内，表明其应与同出的1件Cb型蒜头鼻椎髻青铜人头像一样[④]，同属“椎髻”之人。考古发现早已证明战国时期的开明氏蜀人发式为椎髻、笄发用发簪，根据文献记载荆人开明氏属“椎髻之民”的濮人系统族群，从而说明三星堆遗址二号坑出土的椎髻之“蜀王”大立人像应为濮人系统的荆人开明氏蜀王像，同出的Bb型、Cb型两种椎髻人头像可能分别代表开明氏贵族和民众。金沙文化时期古蜀国尖底陶器和统治人群的转换现象，与古史传说中杜宇氏与开明氏在蜀国的政治地位转换呈现高度一致。

考古发现金沙文化早期（三星堆遗址四期、十二桥文化早期），三星堆遗址的巨大古城被废弃，但仍为举行王国重大祭祀活动的祭祀地并留下了举世瞩目的8个祭祀坑，此时期成都金沙遗址成为古蜀国王城所在地及王室日常祭祀地。这一考古现象，正好与古史传说记载的杜宇治蜀时期古蜀国都城变迁情况一致：蜀王杜宇将蜀国都城从蚕丛、柏灌、鱼凫旧都“瞿上”迁都至

---

① 四川省文物考古研究所：《三星堆祭祀坑》，文物出版社，1999年，第174—177页。

② 成都文物考古研究所：《金沙——21世纪中国考古新发现》，五湖传播出版社，2005年，第35、37页。

③ 同上，第104、106页。

④ 四川省文物考古研究所：《三星堆祭祀坑》，文物出版社，1999年，第162、174、178页，图八二。

“郫邑”，同时又“或治瞿上”——以旧都“瞿上”作为都邑之一。《华阳国志·蜀志》称蜀国受“文王之化”，“故有夏声也”。按周文王立国后将西周都城迁至丰京，周武王再将都城从丰京迁至镐京，但迁都后仍一直以旧都城周原为举行国家重大祭祀活动的宗庙地，直至周平王东迁洛阳。三星堆遗址作为古蜀国旧都城，在旧都三星堆古城被废弃、作为统治中心的王宫等转移至金沙遗址后，仍作为举行国家重大祭祀活动的宗庙祭祀地，合理的解释就应是古蜀国受“文王之化”而效法西周迁都之后以旧都为宗庙地。考古发现表明金沙文化晚期时金沙遗址明显衰落，这一现象当反映古蜀国统治中心再次转移到了别处。按金沙文化晚期年代为春秋中晚期至战国初年，约当古史传说文献记载的开明氏蜀王丛帝至开明五世开明尚时期。《蜀王本纪》记载：“开明帝下至五代，有开明尚，始去帝号，复称王也。……蜀王据有巴蜀之地，本治广都繁乡，徙居成都。……成都在赤里街，（秦国蜀守）张若徙置少城内。”[①]《华阳国志·蜀志》亦记载：“开明王自梦郭移，乃徙治成都”[②]。表明开明氏立国后将蜀国都城迁到了广都樊乡，开明尚时蜀国都城又从繁乡迁至成都南部的赤里街，直至战国晚期秦国灭蜀国后将成都城迁至今成都少城一带。考古发现金沙遗址在春秋中晚期明显衰落反映的当时古蜀国统治中心再次转移他处现象，正好与文献记载开明氏立国后将蜀国都城迁至广都樊乡、再迁成都赤里街相应。金沙遗址不再作为蜀国都城之后，仍延续使用至战国晚期，也与开明氏蜀国至战国晚期为秦国所灭的年代范畴一致。从金沙遗址在约当传说中的杜宇治蜀时期——西周中晚期至春秋早期为古蜀国王庭所在的都邑性质遗存，之后衰落但至战国时期仍在使用，对照文献记载，或许该遗址即传说中的杜宇氏蜀国之郫邑所在地。

三、蚕丛氏与冉駹古国

南宋章樵注扬雄《蜀都赋》引《先蜀记》称：“蚕丛始居岷山石室。”[③]

---

① ［汉］扬雄著，［明］郑朴辑：《蜀王本纪》，《壁经堂丛书》，新津胡氏刊本，民国12年，第212页。

② ［晋］常璩：《华阳国志》卷三，文渊阁四库全书本。

③ ［宋］章樵：《古文苑》卷四，文渊阁四库全书本。

《史记·三代世表》张守节正义引《谱记》言黄帝与嫘祖之子昌意“娶蜀山氏女，生帝喾，立，封其支庶于蜀，历虞、夏、商、周”[①]。《华阳国志·蜀志》谓黄帝与嫘祖之子昌意“娶蜀山氏之女，生子高阳，是为帝颛顼；封其支庶于蜀，世为侯伯。历夏、商、周”[②]。按此，古蜀国先王蚕丛及其部众为岷山蚕丛氏蜀人的“支庶”，而非岷山蚕丛氏蜀人在岷山本土的正支。

商代甲骨文记载有“冉羌”“龙羌”“冉龙羌”，有“冉侯”，其巫师“冉贞”为商王主要占卜巫师[③]。《史记·司马相如列传》记载：“邛、筰、冉、駹者近蜀”“因朝冉、从駹。”[④]《史记·大宛列传》记载汉武帝命张骞寻找蜀地通往大夏、身毒的道路：“乃令骞因蜀犍为发间使，四道并出：出駹，出冉，出徙，出邛、僰，皆各行一二千里。”[⑤]《史记·西南夷列传》记载汉武帝开发“西南夷”“诛且兰、邛君，并杀筰侯，冉駹皆振恐，请置吏。乃以邛都为越巂郡，筰都为沈黎郡，冉駹为汶山郡，广汉西白马为武都郡”[⑥]。《后汉书·南蛮西南夷列传》称：“冉駹夷者，武帝所开，元鼎六年以为汶山郡。”[⑦]知商代甲骨文中的“冉”“龙”“冉龙”即汉代汶山郡的“冉”“駹”“冉駹”。汶山即岷山，汉代汶山郡辖境为今阿坝州汶川县、理县、茂县、松潘县、黑水县东部和成都市辖都江堰市西部的岷江上游岷山地区，汶山郡治地先后在今汶川县治地威州镇（姜维城）和茂县治地凤仪镇。《史记·西南夷列传》《汉书·西南夷两粤朝鲜列传》称冉駹为“氐类”，《山海经·海内经》记载“氐人国在建木西”，而“建木在都广”，故此位于“建木”西边的“氐人国”即“都广之野”成都平原西侧岷山山区的冉駹氐国。按此冉駹古国，商代甲骨文称“羌”，《山海经》《史记》《汉书》称“氐”，知“冉駹氐”由“冉駹羌”发展而来，冉駹属氐羌系统族群。至魏晋时期，文献中不再称“冉駹氐”而称“冉駹夷”，当与冉駹氐与大量自西北南迁进入岷江上游的羌人部落融合形成新族群有关。在此后的历史变迁中，岷江上游的冉駹人虽不断与

① ［汉］司马迁：《史记》卷十三，文渊阁四库全书本。
② ［晋］常璩：《华阳国志》卷三，文渊阁四库全书本。
③ 饶宗颐：《甲骨文中的冉与冉駹》，《文物》，1998年第1期。
④ ［汉］司马迁：《史记》卷一一七，文渊阁四库全书本。
⑤ 同上卷一二三。
⑥ 同上卷一一六。
⑦ ［南朝宋］范晔：《后汉书》卷一一六，文渊阁四库全书本。

各时期从其他地方迁入其地的众多羌人、汉人及吐蕃、蒙古等人群发生融合，但“冉駹”称谓一直传承下来，至今岷江上游的羌族仍自称“冉駹”（又译写为“尔玛”“日麦”等）。

岷山山区本为蚕丛氏蜀人发祥地，也是蚕丛、柏灌、鱼凫、杜宇等古蜀国王族的大本营，在商代至汉代又是冉駹古国之地，表明在岷山立国的冉駹古国应为岷山蚕丛氏蜀人在本土建立的古国。商代时冉駹的冉部落已受封“冉侯”，其巫师“冉贞”担任商王主要的占卜巫师，反映冉駹在商代为商朝地位重要的方国之一。《华阳国志·蜀志》记载：“有蜀侯蚕丛，其目纵，死作石棺石椁，国人从之，故俗以石棺椁为纵目人冢也。”① 蜀侯蚕丛及其国人“死作石棺石椁”的葬俗，与考古发现的岷江上游岷山山区冉駹故地在先秦至汉代一直实行石棺葬的葬俗一致，茂县牟托一号石棺葬王侯大墓出土的大量古蜀文化青铜器等文物表明其国与成都平原古蜀国文化关系极为密切②，表明蜀侯蚕丛之国即岷山冉駹古国，冉駹为岷山蚕丛氏蜀人在本土建立的古国。茂县牟托一号冉駹王侯石棺葬大墓出土的彩绘陶罐人头像，人物头部发式辫发 3 根③，反映蚕丛氏蜀人为辫发人群。理县佳山西汉冉駹石棺葬墓地考古发现表明，冉駹人着青色毛麻织毲衣④，与文献记载中“蚕丛氏衣青衣”、古蜀王蚕丛被奉为“青衣神”的记载一致。冉駹的葬俗、发式、衣着等习俗及其活动地域，无不反映氐羌系统的冉駹人即岷山本土的蚕丛氏蜀人，同时也表明蚕丛氏蜀人属于氐羌系统族群。

冉駹人发式辫发 3 根，成都金沙遗址出土戴太阳冠青铜小立人巫师像的发式亦为辫发 3 根，可佐证杜宇王族应为蚕丛氏蜀人。根据成都金沙遗址出土戴太阳冠青铜小立人巫师像、茂县牟托冉駹王侯石棺葬大墓彩绘陶罐所绘人头像为辫发 3 根，三星堆遗址祭祀坑出土大量青铜人头像和金沙遗址出土双手反缚跪坐石人像为辫发 1 ~2 根，表明辫发 3 根很可能为蚕丛氏蜀人贵族所用发式，辫发 1 ~2 根为蚕丛氏蜀人中下阶层人群的发式。金沙遗址出土双

---

① ［晋］常璩：《华阳国志》卷三，文渊阁四库全书本。

② 茂县羌族博物馆、阿坝州文物管理所：《四川茂县牟托一号石棺墓及陪葬坑清理简报》，《文物》1994 年第 3 期。

③ 同上。

④ 阿坝藏族羌族自治州文物管理所、理县文化馆：《四川理县佳山石棺葬发掘清理报告》，《南方民族考古》第一辑，四川大学出版社，1987 年，第 265 页。

手反缚跪坐石人像发式为辫发2根，表明蚕丛氏蜀人在开明氏蜀国时期变成了被统治者。这种辫发习俗，亦见于古史传说中与蚕丛氏蜀人后裔有关、考古发现也证明与古蜀文化具有一定渊源关系的汉代“西南夷”和蜀王子“安阳王”所建瓯骆国的遗存中（笔者将另文阐述），不仅可为杜宇氏为蚕丛氏蜀人提供佐证，同时也可为研究古史传说中与蚕丛氏蜀人后裔有关的汉代“西南夷”诸部和越南历史上瓯雒古国建立者蜀王子“安阳王”所率蜀人大军的来源问题提供重要佐证。

考古发现表明，战国晚期至西汉早期，岷江上游石棺葬文化大量出现在“西南夷”地区，汉武帝以后石棺葬文化在岷江上游迅速衰落，东汉晚期以后几近消失。文献记载汉武帝元狩中（前120年前后）“西逐诸羌”导致河湟羌人大量外迁，西汉宣帝尤其是东汉时期持续一百多年的汉羌战争又导致大量西北羌人部落游牧南迁，《后汉书·南蛮西南夷列传》《华阳国志·蜀志》记载东汉至魏晋时期的汶山郡除有众多氐人部落外，还有大量羌人部落。考古发现结合文献记载表明，岷江上游石棺葬文化在西汉中期以后迅速衰落直至东汉晚期几近消失，当与蚕丛氏冉駹族群受到西北羌人大规模持续南迁冲击有关。

四、蚕丛氏与岷山庄王

《竹书纪年》记载，夏桀十四年“命扁伐岷山，岷山女于桀二人，曰琬、曰琰。桀受二女，无子，刻其名于苕华之玉，苕是琬，华是琰。而弃其元妃于洛，曰妹喜”①。《太平御览》卷三八一引《竹书纪年》作：“岷山献女于桀二女，曰琬、曰琰。桀受女，刻其名于苕华之玉，苕是琬，华是琰。”② 唐代欧阳询《艺文类聚》卷八三引《竹书纪年》作：“桀伐珉山，珉山庄王女于桀二女，曰琬，曰琰。桀受二女，无子，斫其名于苕华之玉，苕是琬，华是琰。”③ “珉山”即“岷山”，知桀所伐岷山国之王为“岷山庄王”。《左传·昭公十一年》《国语·晋语一》《楚辞·天问》《韩非子·难四》《管子·轻重

① ［清］洪颐煊：《校正竹书纪年》卷上，孙氏平津馆清嘉庆十一年刻本。

② ［宋］李昉：《太平御览》卷三八一，文渊阁四库全书本。

③ ［唐］欧阳询：《艺文类聚》卷八十三，文渊阁四库全书本。

甲》《吕氏春秋·慎大》等先秦史籍对此皆有零星记载，具言桀伐岷山纳宠琬、琰二女而至亡国。

夏桀所伐此岷山古国，当为夏代立国于岷山的古国。《蜀王本纪》记载岷山为蚕丛氏蜀人发祥地，夏朝始祖大禹“本汶山（岷山）广柔人也，生于石纽”。2004 年三峡考古发现的著名东汉《景云碑》记载，夏王帝杼“匪志慷慨，术禹石纽，汶川之会”[①]。即胸怀大志的帝杼曾追寻大禹治水兴夏的“汶川之会”足迹回到祖地石纽山。商代甲骨文记载岷山冉駹古国有“冉侯”，其巫师“冉贞”为商王主要占卜巫师，《华阳国志》称岷山古国为“蜀侯蚕丛”之国，《山海经》称其国为“氐人国”，《史记》《汉书》等称之为“冉駹”氏国，考古发现岷山冉駹石棺葬文化自夏商持续到汉代[②]，茂县牟托战国晚期冉駹王侯大墓出土有大量商周至春秋中原风格的青铜鼎、罍、镦、编钟、纽钟、镈等礼乐器和西周至战国时期古蜀国各类青铜兵器等[③]，表明岷山蚕丛氏蜀人在岷山本土所建冉駹古国，与其“支庶”在岷山东麓建立的古蜀国一样历经了夏、商、周三代。因此，夏桀所伐“岷山庄王”，当为夏代立国于岷山的蚕丛氏冉駹古国先王。

夏桀所伐“岷山庄王”，亦有可能为古蜀国历史上蚕丛氏蜀王中的某世先王。按《谱记》《华阳国志》等记载颛顼（或帝喾）时封岷山蚕丛氏支庶于蜀地建立蜀国并“历虞、夏、商、周”，《蜀王本纪》称蜀王蚕丛及其之后的柏灌、鱼凫统治蜀地“各数百岁”，考古发现岷山东麓古蜀国都城三星堆遗址古城墙兴建于约当夏代晚期的三星堆遗址二期，三星堆遗址商代遗存和商代甲骨文记载反映商代古蜀国国力强盛。古史传说记载表明岷山为古蜀国发祥圣地和蚕丛氏蜀人的大本营，三星堆遗址三星堆祭坛和祭祀坑朝向及祭祀坑出土文物反映古蜀国面向岷山祭祀祖先和天地众神。古史传说结合考古资料，岷山既是蚕丛氏冉駹古国所在地，也是蚕丛氏古蜀国的重地。夏、商、周时期的岷山蚕丛氏冉駹古国为蚕丛氏古蜀国的“蜀侯蚕丛”，商朝称之为“冉

① 该碑现陈列于重庆市三峡博物馆展厅。

② 徐学书：《岷江上游石棺葬文化综述》，《四川大学考古专业成立三十周年论文集》，四川大学出版社，1998 年。

③ 茂县羌族博物馆、阿坝州文物管理所：《四川茂县牟托一号石棺墓及陪葬坑清理简报》，《文物》1994 年第 3 期。

侯”，古蜀国的蚕丛、柏灌、鱼凫、杜宇等历代蚕丛氏蜀王皆出自岷山并以岷山为归隐地，岷山属于蚕丛氏古蜀国的祖先圣地暨大本营。因此，“岷山庄王”亦可能为夏代立国于岷山东麓并以岷山为圣地和大本营的古蜀国蚕丛氏先王中的某代君王。

虽然现有资料尚难以确定“岷山庄王”究竟是冉駹古国还是古蜀国历史上的先王，亦或当时的冉駹古国与古蜀国本就是一国（冉駹为蜀侯），但“岷山庄王”当为蚕丛氏蜀人历史上的先王应无疑。

五、结语

按照古史传说，“蚕丛氏”蜀人发祥于岷山山区，为传说中的中华人文始祖黄帝与嫘祖的后世并以嫘祖为先祖，在成都平原和岷山地区分别建立了古蜀国和冉駹古国。传说中的古蜀国王族蚕丛、柏灌、鱼凫、杜宇等部落，皆出自岷山蚕丛氏。岷山冉駹古国的王侯在商代为冉侯、周代为蜀侯，夏代末年著名的“岷山庄王”应为岷山冉駹古国或以岷山为大本营的古蜀国历史上某代著名先王。古史传说为我们深入了解古蜀国和冉駹古国历史，认识成都平原古蜀文化与岷山地区新石器时代文化及冉駹石棺葬文化之间的文化关系，解释相关考古发现中存在的诸多难以解释的“谜团”文化现象，提供了重要史料参考。

虽然古史传说难以直接作为信史对待，但其作为一种独特的古老文化记忆，所反映的历史文化脉络在历史研究中无疑具有重要参考价值。目前成都平原有关古蜀国的考古发现，与古史传说反映的古蜀国王族来源及其统治地位转换、都城变迁情况呈现一致，提示我们应当高度重视这种一致性所反映的古蜀国历史发展脉络。尤其在考古发现难以独立建立起可信的古蜀国历史谱系的情况下，古史传说与考古发现呈现的历史脉络一致的现象，需要我们将之视为可相互印证的史料加以认真对待，反思我们现有的与此相悖的观点是否具有坚实的科学依据，是否存在研判上的偏差，特别是面对极具自身文化特点、广泛吸纳外部其他文明成果而又具有明显文化滞后现象的古蜀文化（岷江上游冉駹石棺葬文化亦如此），应尽可能避免从以往研究周边其他考古学文化的固有经验出发得出主要基于经验判断的研究结论，认真审视从类型学视角基于器型和图形风格等横向比较进行年代和文化关系判断的研究方式在古蜀文化研究中的适用程度。我们需要综合审视目前有关古蜀文化研究的各种依据的可靠性，无论是古史传说还是考古资料皆是如此，因为不同研究者对古史传说和考古资料的不同解读可能会产生不同的研究结论。即使目前看起来最为科学可靠的碳十四测年研究，实际上也存在自然因素影响导致的测年结果误差问题。如考古发掘中采集的木炭和骨质标本如果受到碳酸盐侵蚀影响，其测年结果往往会明显偏早数百年乃至上千年，这种现象在中国南方至东南亚地区的碳酸盐熔岩地貌区域（喀斯特地貌）普遍存在。考古发现位于湔江下游鸭子河畔的三星堆遗址、位于岷江古河道旁的金沙遗址，历史上受到流经其地的古河流洪水反复侵蚀，而湔江和岷江皆源出成都平原西部碳酸盐石灰岩地貌的岷山，因而三星堆遗址和金沙遗址的碳十四测年在理论上亦存在测年标本受碳酸盐自然污染而呈现偏早的可能。在这种情况下，古史传说与考古发现呈现的古蜀国历史发展脉络的一致性，更应当受到充分重视。

盘古神话与汉代高禖画像探讨[①]

四川省文物考古研究院　黄剑华

摘　要　中国古代有盘古神话传说，大约在魏晋南北朝时期开始流传。从文献记载和民间传说来看，汉代已有盘瓠为南方蛮夷先祖之说，而盘古的神话传说出现稍晚，却成了开天辟地之神。东晋之后，道家对盘古神话加以改编和利用，成了道教的盘古真人和元始天尊。信仰道教的南方少数民族也都崇奉盘古，形成了祭祀盘古的习俗。汉代画像中，常见有高禖神搂抱伏羲女娲的画面，后世有人认为是盘古画像，其实是误解。探讨盘古神话的由来，可知先秦时期的混沌说、阴阳说、高禖古俗，以及汉代特别流行的高禖神与阴阳二神伏羲女娲故事，都对滋生盘古神话发挥了非常重要的作用。

关键词　创世传说；盘古神话；汉代画像；神禖；盘瓠

一、传说中的盘古创世神话

传说汉代成都就有了盘古画像，是讹传？还是确有其事？对此需要深入

① 本文为作者所撰《古蜀神话研究》一书的节选，该书即将由四川人民出版社出版。

探讨。

我们知道，中国古代有盘古创世的神话传说，大约在魏晋南北朝时期才开始流传。其由来是否更早？已不可详考。梁朝任昉撰写的《述异记》开篇就记述了这一传说：“昔盘古氏之死，头为四岳，目为日月，脂膏为江海，毛发为草木。秦汉间俗说：盘古氏头为东岳，腹为中岳，左臂为南岳，右臂为北岳，足为西岳。先儒说：盘古氏泣为江河，气为风，声为雷，目瞳为电。古说盘古氏，喜为晴，怒为阴。吴楚间说：盘古氏夫妻，阴阳之始也。今南海有盘古氏墓，亘三百余里，俗云后人追葬盘古之魂也。桂林有盘古氏庙，今人祝祀。”又说：“南海中盘古国，今人皆以盘古为姓。昉按，盘古氏天地万物之祖也。然则生物始于盘古。”[①] 任昉是南北朝时期的梁朝人，在《述异记》中记述了很多先秦以来的神话传说，关于盘古神话，就汇集了多种传说，也可以说是从民俗学和人类学的角度对盘古神话做了立体型的记述。正因为有这些流传已久的传说，所以任昉认为，盘古是开天辟地的创世神，为天地万物之祖。任昉的看法，可能代表了南北朝时候的一种观念，具有一定的代表性，对盘古创世的神话传说表示了赞同与推崇。

其实在任昉之前，已出现了关于盘古的记载。例如《艺文类聚》卷一引徐整《三五历纪》曰：“天地浑沌如鸡子，盘古生其中。万八千岁，天地开辟，阳清为天，阴浊为地。盘古在其中，一日九变，神于天，圣于地。天日高一丈，地日厚一丈，盘古日长一丈，如此万八千岁。天数极高，地数极深，盘古极长。后乃有三皇。数起于一，立于三，成于五，盛于七，处于九，故天去地九万里。”[②]

《艺文类聚》是唐代欧阳询领衔编修撰写的一部类书，其中分门别类收录了很多古籍精要，为后来文史研究者搜寻和征引唐代之前的各种文献资料提供了便利。关于徐整，《全三国文》记载说：“整，字文操，豫章人，为太常卿，有《毛诗谱》三卷。”[③] 又据《隋书·经籍志》记载，有“《毛诗谱》三

---

① ［梁］任昉：《述异记》卷上，《百子全书》下册，浙江古籍出版社，1998 年，第 1320 页。

② ［唐］欧阳询撰，汪绍楹校：《艺文类聚》卷一“天部上”，上海古籍出版社，1982 年，第 2—3 页。

③ ［清］严可均校辑：《全上古三代秦汉三国六朝文》第 2 册，中华书局影印，1958 年，第 1445 页。

卷，吴太常卿徐整撰”，又有“《孝经默注》一卷，徐整注”①。《隋书·经籍志》中收录的书籍颇多，但未见有《三五历纪》。查《三国志·吴书》中也未见有徐整的传记，推测可能是由于徐整的官职小了，故无传，相关史料中透露他所撰写的著述也不多。但因为《艺文类聚》中引用了徐整《三五历纪》，后人又根据《隋书·经籍志》中说徐整是三国时期吴国的太常卿，便将两条资料整合在了一起，推断《三五历纪》就是三国时期吴国徐整所撰。这个推断虽有疑问，但也有一定的依据和道理。所以由此可知，早在两晋南北朝之前的三国时期，就已出现了关于盘古神话的记述。

在一些文章中，还见到有人引用所谓《六韬·大明》的记载说：“召公对文王曰：天道净清，地德生成，人事安宁。戒之勿忘，忘者不祥。盘古之宗不可动也，动者必凶。”这段文字，据称其出自宋代罗泌《路史》卷一中的罗苹注文。因为《六韬》据传是周朝吕望撰写的，显而易见引用者是希望以此来说明盘古的神话传说早在先秦就有了。关于《六韬》，在《隋书·经籍志》中已被列入兵家类图书，题“《太公六韬》五卷。梁六卷。周文王师姜望撰”②，大约自宋代以来学者多视之为伪书③。然而出土资料揭示，1972 年山东临沂县银雀山西汉墓出土的竹简中有《六韬》中《文韬》《武韬》《龙韬》等篇，1973 年河北定州西汉中山怀王刘修墓出土竹简中也有《六韬》的文字，可见其成书于秦汉之前。但核查出土竹简与今本《六韬》中并无“大明”与这段文字，罗苹注文显然是弄错了，并有附会捏造之嫌。实际上，关于盘古神话的记载，目前所见，仍是以梁朝任昉撰写的《述异记》和唐代欧阳询编修的《艺文类聚》引徐整《三五历纪》比较准确。此后一些关于盘古神话的记载，可能都是以此为蓝本而来的。

后世的道家《历代神仙通鉴》《真众仙记》等书籍中也都收入了盘古的神话传说，将盘古尊为开天辟地之神，并且按照道家的神仙谱系将盘古称为盘古真人、元始天尊或元始天王。有称东晋葛洪《枕中记》，以及南北朝所出的《元始上真众仙记》载：昔二仪未分、天地日月未具时，混沌玄黄，已有盘古真人，自号元始天王，游乎其中。后与太元圣母通气结精，生扶桑大帝、

① ［唐］魏徵等：《隋书·经籍志》，中华书局，1973 年，第 916、933 页。

② 同上，第 1013、933 页。

③ 张心澂编著：《伪书通考》，上海书店出版社，1998 年，第 791—797 页。

西王母、地皇。地皇复生人皇。庖羲、神农、祝融、五龙氏等皆其后裔[①]。这些记述，已经和最初的盘古神话有别，羼入了道家对盘古神话的加工利用和虚构演化。但也说明，盘古神话在东晋和六朝时期已经广泛流传，才引起了道家的重视，从而被吸纳利用，将盘古进一步神化，对盘古的创世故事也做了进一步改编，渲染了浓郁的本土宗教色彩，使盘古成了道教中位居三清之首的元始天王。道家的做法，一方面推进了盘古神话的传播与影响，另一方面也使盘古神话在故事内容方面发生了变化，开启了神仙故事新编之门，这对盘古的神话传说在后世出现多种故事版本显然有着较大的关系。

值得注意的是，据有的文献记载称，在东汉时已经出现了盘古的画像。譬如宋代黄休复《益州名画录》下“无画有名”条记述：“《益州学馆记》云：‘献帝兴平元年，陈留高朕为益州太守，更茸成都玉堂石室，东别创一石室，自为周公礼殿。其壁上图画上古盘古、李老等神，及历代帝王之像；梁上又画仲尼七十二弟子、三皇以来名臣。耆旧云：西晋太康中，益州刺史张收笔。古有《益州学堂图》。’今已别重妆，无旧迹矣。”[②] 这条记载亦见于南宋王应麟编撰的类书《玉海》，后来曾被不少美术著述所采用，例如陈师曾《中国绘画史》就说：汉“献帝时，成都学画盘古三皇五帝三代之名臣及孔子72弟子像”[③]。饶宗颐先生《盘古图考》一文中，也使用了这条史料，并提到了唐高宗永徽元年《益州学馆庙记》残碑上的类似记述[④]。后人记述的这条史料，如果是确有其事的话，那么东汉后期已经出现了盘古画像。但这条记载很明显是有疑问的，其真实情形究竟怎样？是否真的如此呢？这就需要我们从文献记载和考古资料两个方面进行探讨了。

首先从史籍中看，《后汉书》列传中有较多关于绘画图像的记载，说明了当时绘画之风的盛行。《后汉书·南蛮西南夷列传》说：“时郡尉府舍皆有雕饰，画山神海灵奇禽异兽，以炫耀之，夷人畏惮焉。”[⑤] 也透露了东汉时期蜀地和西南地区流行的绘画题材，内容是以神怪为主的。但这些题材中是否有

① 《中国各民族宗教与神话大词典》编委会：《中国各民族宗教与神话大词典》“盘古真人”条，学苑出版社，1990年，第232页。

② ［宋］黄休复：《益州名画录》，四川人民出版社，1982年，第115—116页。

③ 见陈师曾：《中国绘画史》，载《诸家中国美术史著选汇》，吉林美术出版社，1992年，第12页。

④ 饶宗颐：《盘古图考》，《中国社会科学院研究生院学报》1986年第1期。

⑤ ［南朝宋］范晔：《后汉书·南蛮西南夷列传》，中华书局，1965年，第2857页。

盘古画像呢？却没见有任何明确记载。宋代黄休复《益州名画录》中所引《益州学馆记》是唐人的碑刻，所谓耆旧云，是民间传闻，并非旧迹，而是重新画过的了。张收是张载的父亲，据《晋书·张载传》记叙，张收做过蜀郡太守，那是晋武帝时候的事[①]。据《太平御览》卷五三四引任豫《益州记》记载："文翁学堂在大城南，昔经灾火，蜀郡太守高眹修复缮立，其栾栌椽节，制犹古朴。即今堂基六尺，夏屋三间，通皆图书圣贤古人之象，及礼器瑞物。"[②]《蜀中名胜记》卷一引用的文献记载，也大致相同[③]。又据王羲之十七帖之一说"知画三皇五帝以来备有"，说的也是三皇五帝以来圣贤画像，并没有提到盘古，可见当时益州讲堂中画的只是圣贤画像。

其次从考古发现看，在河南、山东等地出土的汉代画像石上，有神人将伏羲、女娲搂抱在一起的画面。有的将搂抱者称之为"神人""神物"，或称为"抱持神"，更多的则称为"高禖神"。通过对此类汉代画像的梳理和探究，我认为，将搂抱伏羲女娲的神人称为高禖神，是比较准确的定名，而称为盘古画像显然依据不足。

二、汉代的高禖神与民间神禖习俗

关于高禖神，这是西周甚至更早就已出现的一种祭祀活动与祭祀仪式。古人认为，高禖神既是主婚之神，也是求子之神。高禖作为管理婚姻与生育之神，地位甚高，深受重视，成为每年春天必须祭祀之神，早在先秦对此就已有了记载。譬如《礼记·月令》记载：孟春之月，"其帝大皞，其神句芒"。根据郑玄与孔颖达的注疏，大皞即宓戏氏，句芒为少皞氏之子，其意是说圣人奉天时及万物节候也，就要开始举行祭祀活动了。因为伏羲居三皇之首，句芒是治春之神，所以古人开春首先要祭祀大皞与句芒。然后到了仲春之月，就要祭祀高禖神了，"是月也，玄鸟至。至之日，以太牢祠于高禖，天子亲往。后妃帅九嫔御，乃礼天子所御，带以弓韣，授以弓矢，于高禖之前"。郑玄注曰："高辛氏之出，玄鸟遗卵，娀简吞之而生契，后王以为媒官

① ［唐］房玄龄等：《晋书》，中华书局，1974 年，第 1516 页。

② ［宋］李昉等：《太平御览》，中华书局影印，1960 年，第 2424 页。

③ ［明］曹学佺：《蜀中名胜记》，重庆出版社，1984 年，第 5—6 页。

嘉祥而立其祠焉。”又说：“带以弓韣，授以弓矢，求男之祥也。”[①] 文中所说的玄鸟，也就是春燕。仲春之月，正是春燕归来的时节。在这个季节，周天子和后妃嫔御一起祭祀高禖神，主要是为皇帝求子，同时也包含有祈求丰产和希望子孙昌盛之目的。在祭礼中，嫔妃以弓箭插入弓套之中并授于高禖神之前，这是一种具有显著性巫术意味的祭式，认为以此为帝王求子必得。由此可知，周代已有了高禖神，祭祀高禖已成为一种很重要的国家祭礼。此后春秋战国秦汉时期，都要祭祀高禖神。《吕氏春秋·仲春纪》对此就有与《礼记·月令》相同的记载[②]。这种祭祀高禖神的活动，通常都是在城郊举行的，因而高禖也叫郊禖，或称之为皋禖。古音高与郊同，故借高为郊。《诗·大雅·生民》曰：“厥初生民，时维姜嫄。生民如何，克禋克祀，以弗无子。”毛苌传曰：“弗，去也；去无子求有子，古者必立郊禖焉；玄鸟至之日，以太牢祠于郊禖，天子亲往。”[③] 这里说的郊禖，也就是高禖。也有人（如《玉烛宝典》）解释：高犹尊也，禖犹媒也。因而古时高禖之祠，主要是皇族求子的祭祀礼仪。

《礼记·月令》是上古时代具有经典地位的时历书，同时也是政书，对天子岁时祭祀的种类、举行仪式的季节、祭祀的功能与作用，做出了具有规定性的记述，所以也为后世历代帝王们所恪守。汉代祭祀高禖的活动就比较盛行，《汉书·外戚传》说：“武帝即位，数年无子。平阳主求良家女十余人，饰置家。帝祓霸上，还过平阳主。”[④] 汉武帝“祓霸上”，就是在长安南郊祭祀高禖之后，上巳时节又去霸上祓除，并顺便游春，回宫途中顺道拜访了平阳公主。平阳公主就借这个机会将卫子夫献给了汉武帝，卫子夫后来为汉武帝生了三女和皇子，遂立为皇后。东汉时期也是要祭祀高禖的，《后汉书·礼仪志》就记载：“仲春之月，立高禖祠于城南，祀以特牲。”卢植注云：“玄鸟至时，阴阳中，万物生，故于是以三牲请子于高禖之神。居明显之处，故

---

① 见［汉］郑玄注：《礼记正义》，［清］阮元校刻《十三经注疏》上册，中华书局影印，1980年，第1353、1361页。

② 参见陈奇猷校释：《吕氏春秋校释》第1册，学林出版社，1984年，第63页。

③ 见［唐］孔颖达：《毛诗正义》，［清］阮元校刻《十三经注疏》上册，中华书局影印，1980年，第528页。

④ ［汉］班固：《汉书》第12册，中华书局，1962年，第3949页。

谓之高。因其求子，故谓之禖。以为古者有媒氏之官，因以为神。”[①]

自先秦以来，由于皇室高度重视高禖祭祀，地方官府与民间百姓也深受影响，因而每年春天各地祭祀高禖也就成了一种非常盛行的活动。民间的高禖祭祀活动，也为男女相会提供了机会。《周礼·媒氏》记载：“中春之月，令会男女，于是时也，奔者不禁。”[②] 古人认为，简狄生契与姜嫄生稷，都是春季于郊外升烟野祭、祷于高禖的灵验。所以每年这个时候，就成了一个全民求子的宗教节日，也可以称为是全国性的求偶节与求育节。祭祀高禖的地方，都在郊外，或在桑林，或在水畔，都是风景优美之处。盛会期间，还要配以祀神的美妙音乐、舞蹈，让男女们尽情地欢乐。如果情投意合，就可以自由婚配，如同“天作之合”。每逢这个时候，就是发生私奔与野合也是很正常的，不必过问，也不必追究。这因此而成了一种民俗，自上古以来在很多地方都流行不衰。在这个全民求子的节庆盛会中，最主要的活动仍是祭祀高禖，以宗教形式祈求多子丰育人丁兴旺；其次便是“会男女”，为男女性爱活动提供机会。四川汉墓出土的画像砖中有“高禖”与“野合”画面，四川博物院就收藏有两件此类画像砖[③]，两幅画面中都用写实的方式，描绘了男女在桑下野合的情景，便是两汉时期祭祀高禖盛会期间民俗风情的真实写照。山东平阴县孟庄发现的几件汉代画像石，画面人兽杂陈，作舞蹈状，还有男女搂抱作交媾状，以及男子手握生殖器的画面[④]，描绘的也是地方神禖之俗，通过交感巫术，以祈求丰育，企盼子孙繁昌，并含有古老生殖崇拜的寓意。从高禖神到野合图，说明了汉代崇巫之风犹存，应该是当时社会生活中的一种真实存在的情形。在一定意义上，也可以说祭祀高禖的盛会节庆，就是中国古代民间的情人节与狂欢节。

---

① ［南朝宋］范晔：《后汉书》第11册，中华书局，1965年，第3107—3108页。

② 见《周礼注疏》，［清］阮元校刻《十三经注疏》上册，中华书局影印，1980年，第733页。

③ 参见高文、王锦生编著：《中国巴蜀汉代画像砖大全》，国际港澳出版社，2002年，第67页图六五，第68页图六六。另见《中国画像砖全集》编委会编：《中国画像砖全集·四川汉画像砖》，四川美术出版社，2006年，第149页图二一一，第150—151页图二一二。

④ 见《中国画像石全集》编委会编：《中国画像石全集》第3册图一九一—图一九六，山东美术出版社、河南美术出版社，2000年，《序言》第5页。

图1　汉代画像砖上的野合图（四川省博物院藏）

这里需要顺便说一下，仲春之后，紧接着还有古代的上巳节，其时间为每年暮春的农历三月三日。《后汉书·礼仪志》中就说："是月上巳，官民皆絜于东流水上，曰洗濯祓除去宿垢疢为大絜。"① 可知上巳节主要是河畔江边的水上之类活动，或乘舟浮川，或沐浴香薰，以祓除宿垢，求得吉祥。两汉时期，祭祀高禖求子的传统，与上巳节祓禊之俗，原是分别进行的。这种情形一直延续到唐代都没有什么改变，唐代杜佑撰著的《通典》卷五十五对这两个活动举行的时间就记述得很清楚。因为仲春二月燕归之日，与暮春三月三在时间上非常相近，祭祀高禖与上巳节又都是在郊外进行的大众活动，现在学界有些人撰文将二者混为一谈，很显然是一种误解。如果认真阅读一下史料，深入了解一下古代的典章制度，就知道祭祀高禖与上巳节是不同时节的两种活动，在内容与形式上都有明显的不同。上巳节也有"会男女"的色彩，但主要是水畔赏春交游，而不是求偶求子，性质上是不一样的。东汉之后，到了魏晋时期，上巳节除了洗濯祓禊和郊外相会，又增加了曲水流觞与踏青游乐等内容，逐渐变成了贵族炫耀财富和游春娱乐的盛会。这个节日，在中世纪仍盛行不衰，直至近代才逐渐淡化了。在我国很多少数民族地区，也都流行这一节日。例如云南等省区一些少数民族的三月三，就是由此而来，迄今仍很盛行，每年仍是少数民族地区郊外游春、男女交游、娱乐聚会的节日。

我们在这里需要特别探讨的一个问题是，高禖神究竟是谁？根据文献史料中的记载来看，从古至今曾有很多不同的解释，有人认为高禖就是高辛氏，有人认为句芒是高禖神，有人认为高禖就是天神，有人认为伏羲就是高禖神，

① ［南朝宋］范晔：《后汉书》第11册，中华书局，1965年，第3110页。

又有人认为高禖是女性，传说中造人的女娲、殷商的祖先简狄、周人的祖先姜嫄、都是高禖神。学界对此也有不同的理解。譬如闻一多先生认为："古代各民族所记的高禖全是该民族的先妣"，"夏、殷、周三民族都以其先妣为高禖，想来楚民族不会是例外。"① 丁山先生认为："高禖，犹言'高祖母'，甲骨文所谓'高妣'是也。"② 袁珂先生认为："女娲因为替人类建立了婚姻制度，使男女们互相配合，做了人类最早的媒人，所以后世的人把女娲奉为高禖，高禖就是神禖，也就是婚姻之神的意思。"③ 王孝廉先生也认为："女娲造人主婚，见于后人所引东汉应劭的《风俗通义》，是源于以女娲为原始母神的'皋禖信仰'（高禖、郊禖），古时建立媒神的祠庙于郊野而祭祀之叫做高禖或郊禖，所祭祀的神通常是作为自己部族原始母神的女神，夏人祀女娲，殷人祀简狄，周人祀姜嫄，也就是说女娲、简狄、姜嫄都是主婚的高禖之神。"④ 或认为："女娲充当的是好合男女的媒妁之神，因而她又被后人祀奉为'皋禖之神'。""在中国古代史上，被祀奉为媒神的还有殷人的始母简狄、周人的始母姜嫄等等……从起源上来讲，女娲形象的产生可能是更古老的，她最初可能主要是某一氏族或某一部落崇奉的始祖神，主司繁衍、生殖，因为她别男女、立婚姻，使人类自行繁衍，因而稍后又被祀为媒神和送子娘娘。"⑤ 总之，"高禖神是个极复杂的历史现象"⑥。类似的论述颇多，此不赘述。这些看法，都颇有见地，并为学界所沿用，却都属于推测之见，与古代的真实情形其实是有出入的，并不完全相符。

闻一多先生、袁珂先生等著名学者，依据的主要是古代文献中关于高禖的记载，而未看到后来出土的汉代画像资料，所以才有以上的推论。若从出土汉代画像中描绘的高禖神来看，将伏羲女娲搂抱在一起的高禖神显然不是夏商周三代的先妣，而是另有其人的。汉代画像虽然到了近代随着考古事业

---

① 闻一多：《高唐神女传说之分析》，见《闻一多全集》第一卷，北京三联书店，1982年，第98页。

② 丁山：《中国古代宗教与神话考》，见马昌仪编：《中国神话学文论选萃》上册，中国广播电视出版社，1994年，第77页。

③ 袁珂：《中国古代神话》（修订本），中华书局，1960年，第55—56页。

④ 王孝廉：《西南民族创世神研究》，见马昌仪编：《中国神话学文论选萃》下册，中国广播电视出版社，1994年，第425页。

⑤ 杨利慧：《女娲的神话与信仰》，中国社会科学出版社，1997年，第63、65页。

⑥ 申华青：《神鬼世界与人类思维》，黄河文艺出版社，1990年，第201页。

的发展才大量出土，其实早在宋代甚至更早就已经陆续被人发现了。如北魏郦道元《水经注》卷八“济水”中就有关于汉代画像的记载，北宋赵明诚在《金石录》中就记录了山东嘉祥武氏祠画像及其榜题，南宋洪适所著的《隶释》《隶续》中对各地汉代画像石刻也有较多的记述，并对有些图像作了摹录。可见宋代人看到汉代画像的记录是比较多的，其中可能就有高禖神的画像。因为汉代画像中的高禖神并非伏羲，也不是女娲，故而宋代人很自然会联想到魏晋南北朝时期出现的盘古神话，将高禖神称为了盘古。将之后出现的神话用来解释先前的习俗，虽然情有可原，却很显然是一种误解。宋代黄休复所追述的汉代成都石室已有盘古画像，很可能就属于这种情况。

三、高禖神是虚构的神灵与祭祀概念

其实，高禖神应该是一位虚构的神灵，古人对高禖神的形象并没有形成固定的模式。而祭祀高禖神，表达的主要是一种信仰，或者说是一种传统习俗。叶舒宪先生也认为：“由于中国神话的过早散佚和历史化，高禖神在现有记载中早已失去了人格化形态，近乎一个抽象的祭祀概念，遗留在礼书的条文规定之中。关于高禖祭典，我们只知道有祈求生育和丰产的性质。伴随着该祭典的还有象征性的性爱活动。”[①] 汉代祭祀的高禖神，沿袭了上古以来的传承，显而易见绝非盘古，因为那时盘古神话尚未出现。西汉的刘安和宾客们，东汉的王充和应劭等人，都很博学，见多识广，在各自的著述中都旁征博引，如果那时已有盘古神话或出现了盘古画像，他们是绝不会忽略的，但在他们流传后世的著述中却未见这方面的记载。汉武帝祭祀的高禖神就没有具体的人格化形态，而是一块石头。晋朝皇帝祭祀高禖，沿袭的也是高禖石。据《后汉书·礼仪志》中刘昭注释说：“晋元康中，高禖坛上石破，诏问出何经典，朝士莫知。博士束晳答曰：‘汉武帝晚得太子，始为立高禖之祠。高禖者，人之先也。故立石为主，祀以太牢。”[②]《通典》卷五十五说：“汉武帝年二十九乃得太子，甚喜，始立为高禖之祠于城南，祭以特牲。”文后也引用了

① 叶舒宪：《高唐神女与维纳斯》，中国社会科学出版社，1997 年，第 387 页。

② ［南朝宋］范晔：《后汉书》第 11 册，中华书局，1965 年，第 3108 页。

晋朝博士束皙所述。文中还说："契母简狄，盖以玄鸟至日有事高禖而生契焉。"① 可见殷初已有祭祀高禖之俗，却不知高禖神是谁。到了汉武帝时，才用大石"立为高禖之祠"。所谓"立石为主"，就是以石头作为高禖神之象征的意思。干宝《搜神记》卷七也记述说："元康七年，霹雳破城南高禖石。高禖，宫中求子祠也。"② 在《晋书·五行志》等史籍中，对此也有记载。这里说的高禖石，或称郊禖石，均是高禖神的象征。有人认为，高禖石象征生殖器官，标志着母系社会向父系社会的转变，但这也只是后人的一种推测说法。其实高禖石就是因为当时人不知道高禖神究竟是谁，所以才"立石为主"，将一块大石作为了高禖神的象征。立石作为高禖象征，这是汉代皇室的做法，而在汉代民间流行的画像中，则出现了将高禖神形象化的描绘。

既然高禖神是一个祭祀概念，为什么汉代画像中描绘的高禖神又具有多种形态呢？概而言之，这与汉代民间画风的昌盛可能有着较大的关系，显然是汉代画像制作者虚构想象的产物。用画像来装饰墓室，以表达对逝者的孝敬，是东汉时期崇尚厚葬而大为流行的一种时尚。在那些埋入地下的画作中，既有对历史人物故事的描绘，也有对当时社会生活情景的记录，还有对各种神话故事的虚构。将上古以来传统风俗中的高禖神，与伏羲女娲绘画在一起，很可能是民间汉画制作者的一种即兴创作，因此带有一定的随意性，而无固定的模式，所以有的将高禖神画成了神人，有的将高禖神画成了力士，还有的甚至将高禖神画成了神怪。譬如前面所述南阳出土的一件"高禖"画像，高禖神是一位赤身裸体的神人，将伏羲女娲搂抱在了一起。在河南唐河针织厂出土的一件画像石上，也刻画了类似的画面，图版说明称："右下一巨人，疑为高禖神，头梳高髻，正面而立，将人首蛇躯、手持仙草的左之女娲、右之伏羲联袂在一起。"③ 山东出土的几件画像石上也刻画有类似画面，例如嘉祥县纸坊镇敬老院出土的一件画像石上，画面上层"中间刻高禖，头戴'山'字形冠，三角眼，阔嘴，露齿，一手抱伏羲，一手抱女娲"④。山东平邑县平邑镇皇圣卿东阙南面画像上，

① ［唐］杜佑：《通典》卷五十五，中华书局，1988 年，第 1551—1552 页。

② ［晋］干宝撰，汪绍楹校注：《搜神记》卷七，中华书局，1979 年，第 99 页。

③ 见《中国画像石全集》编委会编：《中国画像石全集》第 6 册，山东美术出版社、河南美术出版社，2000 年，图一六。

④ 见《中国画像石全集》编委会编：《中国画像石全集》第 2 册，山东美术出版社、河南美术出版社，2000 年，图一一五。

画面第一层刻画了“中一神人，双手拥抱人身蛇尾、手执规矩的伏羲、女娲，左有玄武，右有朱雀。”① 在山东沂南县北寨村出土的一件画像石上，“画面上部刻一力士，以强壮的双臂拥抱人身蛇躯的伏羲和女娲，力士肩后有一规一矩。左右上角各缀一飞鸟”②。有学者认为，画面中的力士，应是高禖神的写照。还有河南新野出土的一件画像砖上，刻画了伏羲、女娲，两尾缠绕玄武③。有学者认为图中的玄武，寓意与高禖有相近处。山东画像石上的高禖神是膀阔腰圆的男性神，用强壮有力的双臂把伏羲、女娲抱合在一起，表示阴阳的结合与生命的繁衍。南阳出土画像砖上的玄武，与伏羲、女娲两尾缠绕，也体现了同样的含义。因为古人的心目中，天上的星斗与人之生死有关，玄武是四灵之一象征北方神灵，而司命星属于玄武宫中虚宿之一星，画像中用玄武充当高禖使人类的始祖神伏羲、女娲匹合，也同样表达了让生命繁衍不息的愿望④。总之，这是别开生面很有创意的一种描绘。

图2　河南南阳出土“高禖”画像石

图3　河南唐河针织厂出土“高禖”画像石

① 见《中国画像石全集》编委会编：《中国画像石全集》第1册，山东美术出版社、河南美术出版社，2000年，图八。

② 同上，图一八二。

③ 见《中国画像砖全集》编委会编：《中国画像砖全集·河南画像砖》，四川美术出版社，2006年，图一〇〇。

④ 见南阳文物研究所编：《南阳汉代画像砖》，文物出版社，1990年，第33—34页文字介绍，图版58，拓本166、167。

图4　山东嘉祥县纸坊镇出土“高禖”画像石

图5　山东平邑县皇圣卿东阙“高禖”画像石

图6　山东沂南县北寨村出土“高禖”画像石

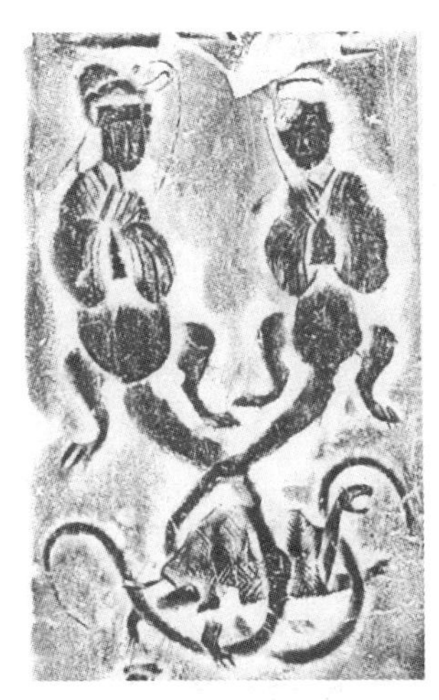

图7　河南新野出土伏羲女娲尾缠玄武图

河南南阳麒麟岗汉画像石墓也出土有多幅高禖神图，有的为单幅画像，“高禖裸体，圆耳，圆眼，长喙，大口，大腹。两手上举作漫舞之状。其周围饰云气”。有的由6块石板组合刻成，“画中刻神高禖，全身赤裸，圆眼，大嘴，长喙下颚有齿。右手执条状物，右肘窝揽住女娲蛇尾。伏羲蛇尾卷曲于高禖神左腿后侧。高禖神左手伸出，弓步作揽拽之状”。黄雅峰先生认为：“伏羲女娲与高禖在同一画面，则暗示高禖促使伏羲女娲交合，表达了墓主人希望生命得以延续和再生的愿望。”① 与河南唐河针织厂、山东沂南等地出土

① 见黄雅峰主编：《南阳麒麟岗汉画像石墓》，三秦出版社，2008年，第16、19、20、65页，第205页图版98，第232页图版122。

的高禖神图像相比，南阳麒麟岗出土的高禖神图像，展示了更加丰富的想象，在充满动感的画面中对高禖神与伏羲女娲做了更为浪漫奔放的描绘。这些画像，所依据的都是上古以来祭祀高禖之俗，表现的都是高禖神的题材，而将高禖神刻画成多种形态，则显示了构思上的不同特点。这与各地汉画制作者的艺术造诣、创作习惯、思维与审美方面的差异，以及地域文化习俗的不同，也有一定的关系。

图 8　河南南阳麒麟岗出土的伏羲女娲高禖图（之一）

图 9　河南南阳麒麟岗出土的伏羲女娲高禖图（之二）

通过以上对文献记载和考古资料的梳理考证，可知祭祀高禖原是上古以来流行于宫廷与民间的一种重要习俗。高禖这一古俗，在举行的过程中，常展现出较为浓郁的巫术色彩。譬如在皇室祭礼中，嫔妃以弓箭插入弓套并授于高禖神之前，又譬如民间的男女欢聚桑林野合，有人认为其性质都属于高禖祭祀活动中的巫术行为，是颇有道理的。也可以说，中国古代的感生神话就来源于高禖这一古俗。有学者认为："因此，从感生神话可以了解高禖仪式的古远——它产生在姜嫄、简狄等感生神话之前；可以了解‘高禖’的涵义——‘高禖’指的是导致生命产生和孕育的神奇媒介，即履迹所感、吞物所感、遇异所感的那个神灵，亦即胚胎之神。”① 这也是颇有见地的一个看法。

总之，古俗中的高禖神本是一种祭祀概念，汉代画像中出现了高禖神的形象，通常与伏羲女娲搂抱在一起，以表达交合求子、生命繁衍之意，同时也进一步渲染和强调了阴阳创世的观念。汉画中的伏羲女娲，主要是作为阴阳二神的象征，构图造型大都作人首蛇躯交尾状，画面中增添了搂抱阴阳二神的高禖神，其创世与繁衍的含义也就随之更加鲜明和浓郁了。而这些，都与汉代崇尚子孙繁衍的民俗有着很大的关系。也正是由于民俗崇尚的关系，所以高禖与伏羲女娲的画像也就在汉代格外流行起来。

显而易见，高禖并非盘古。汉代画像中高禖神搂抱伏羲女娲的画面，那是汉代画工对高禖古俗的一种形象化的虚构和想象，而并非是盘古画像。这一点在各地出土的汉代画像中，所描绘的画面都是比较清楚的。但魏晋时期盘古神话的诞生，则很明显接受了高禖与伏羲女娲故事的影响。任昉《述异记》中说：“吴楚间说：盘古氏夫妻，阴阳之始也。”就加入了伏羲女娲由兄妹结合成夫妻繁衍人类的故事内核，盘古神话因之由开天辟地之神而增加了人文始祖的成分。

张光直先生认为：“盘古的名字诚然不见于三国以前的记载，但类似盘古的人物与类似盘古开天辟地的观念，在先秦就已经有了。”又说：“中国创世神话所反映的宇宙观，显然是战国到汉，华北汉人支配思想的代表。世界的原始为混沌的一团，混沌中产生阴阳的对立，造成天地的分割，与阴阳二始祖的出现，继而有始祖化生万物的信仰。”②

由此可知，盘古神话也有一个发展形成的过程，由最初的虚构创作而流行于民间，到之后流传渐广，成为后来居上的创世神话，其间显然汲取了很多因素，才得以传播定型的。先秦时期的混沌说、阴阳说，以及汉代特别流行的高禖之俗与伏羲女娲故事，都对盘古神话的滋生与定型发挥了非常重要的作用。

---

① 王小盾：《中国早期思想与符号研究——关于四神的起源及其体系形成》（下册），世纪出版集团、上海人民出版社，2008年，第728页。

② 张光直：《中国创世神话之分析与古史研究》，见马昌仪编：《中国神话学文论选萃》下册，中国广播电视出版社，1994年，第20、48页。

四、盘瓠传说与盘古神话的关系

盘古神话不仅流传于中原地区与长江中下游，在我国南方的其他一些省区，如湖北、湖南、云南、广西、广东等地也都流传有盘古的传说，并有祭祀盘古的传统。南方的苗、瑶、壮、侗、仫佬、傈僳等少数民族也都崇奉盘古，将盘古视为创世之神。以瑶族为例，据学者们研究，瑶族的神话按内容可分为六类，即创世神话、洪水神话、射日神话、图腾神话、族源神话和迁徙神话。在瑶族的创世神话中，布努瑶的《密洛陀》将“洛陀洛西”叙说为创世神，而蓝靛瑶的《盘古造天地》则叙说盘古王如何为养育后代而勇于肢解自身，变化为天地、日月星辰，变化为云烟、棉麻、花果和山禽、野兽。蓝靛瑶的盘古创世神话，与汉族的盘古传说非常相似，也可以说基本上是一致的。

应该指出的是，在瑶族的图腾神话与族源神话中，有《盘瓠神话》，把瑶族十二姓看做是“盘瓠”之后代。瑶族有祭祀盘王（盘瓠）的古代宗教仪式，称为“还盘王愿”①，祭祀的便是盘瓠，而并非盘古。盘古是创世神话，盘瓠是族源神话，两者有很大的不同，其实是不能混为一谈的。

关于盘瓠，《后汉书·南蛮西南夷列传》已有记载：“昔高辛氏有犬戎之寇，帝患其侵暴，而征伐不克。乃访慕天下，有能得犬戎之将吴将军头者，购黄金千镒，邑万家，又妻以少女。时帝有畜狗，其毛五采，名曰盘瓠。下令之后，盘瓠遂衔人头造阙下，群臣怪而诊之，乃吴将军首也。帝大喜，而计盘瓠不可妻之以女，又无封爵之道，议欲有报而未知所宜。女闻之，以为帝皇下令，不可违信，因请行。帝不得已，乃以女配盘瓠。盘瓠得女，负而走入南山，止石室中。所处险绝，人迹不至。于是女解去衣裳，为仆鉴之结，着独力之衣。帝悲思之，遣使寻求，辄遇风雨震晦，使者不得进。经三年，生子一十二人，六男六女。盘瓠死后，因自相夫妻。……其后滋蔓，号曰蛮夷。……今长沙武陵蛮是也。”② 据注释可知，高辛也就是帝喾，为黄帝的曾孙，可见盘瓠的年代是相当久远的了。

---

① 《中国各民族宗教与神话大词典》编委会：《中国各民族宗教与神话大词典》“瑶族的宗教与神话”，学苑出版社，1990 年，第 632—633 页。

② ［南朝宋］范晔：《后汉书》第 10 册，中华书局，1965 年，第 2829—2830 页。

关于盘瓠的由来与传说，东汉应劭《风俗通义》也作了相同的记载[①]。晋代干宝《搜神记》卷十四对盘瓠的传说故事也作了类似的详细记述，说盘瓠的后代："今即梁、汉、巴、蜀、武陵、长沙、庐江郡夷是也。用糁杂鱼肉，叩槽而号，以祭盘瓠，其俗至今。故世称'赤髀横裙，盘瓠子孙'。"[②]《魏略》对此也有记载。后来的《武陵记》《荆州记》等，也有关于盘瓠行迹与盘瓠子孙的记述。《艺文类聚》卷九十四也收录了盘瓠的传说，但情节与称谓略有不同。《太平御览》卷九〇五也收入了盘瓠传说，但文字又有所区别。还有其他一些类书或古籍中，也有相似的转录。可见盘瓠的传说影响很大，自汉代以来的一些记述中多认为实有其事，古人也大都信以为真。

我们援引以上文献史料，从中可以看出盘瓠的传说是获得了历代统治者认可的，所以在正史与官修类书中都有堂而皇之的记载。通过这些记载可知，盘瓠的传说充满传奇色彩，今人多视为神话，而古人却深信不疑，认为蛮夷皆为狗种。但其中的荒诞与矛盾之处，也是不言而喻的。有学者认为，其实"犬"只是盘瓠职官之名，并非说盘瓠是一只狗。但中国古籍中关于族源的传说，与鸟兽有关的例证很多，如《帝王世纪》云：神农氏的母亲任姒"为少典妃，游华阳，有神龙首，感生炎帝。人身牛首，长于姜水，有圣德，以火德王，故号炎帝。"又说：大禹的父亲"鲧妻脩己，见流星贯昂，梦接意感，又吞神珠薏苡，胸坼而生禹"[③]。《史记》说：殷商王朝的祖先契，"母曰简狄，有娀氏之女，为帝喾次妃。三人行浴，见玄鸟坠其卵，简狄取吞之，因孕生契"。周王朝的先祖周后稷，则是母亲姜原践踏了巨人迹而感孕所生。秦王朝的祖先，也是颛顼之苗裔女脩吞了玄鸟卵后怀孕所生[④]。这些记述在正史中，可谓屡见不鲜。还有云南高黎贡山区的古哀牢人，传说其先有妇人名曰沙壹，因触摸了龙变化的沉木而娠，生下十个儿子，后来龙现身，九子惊走，惟小子与龙陪坐，因名为九隆，长大后有才武，共推为王。《后汉书·南蛮西南夷列传》与《华阳国志·南中志》等对此都作了记载。

---

① ［汉］应劭撰，吴树平校释：《风俗通义校释》，天津人民出版社，1980 年，第 438—439 页。

② ［晋］干宝撰，汪绍楹校注：《搜神记》，中华书局，第 168—169 页。

③ ［晋］皇甫谧撰，陆吉点校：《帝王世纪》，载《帝王世纪·世本·逸周书·古本竹书纪年》，齐鲁书社，2010 年，第 4、21 页。

④ 参见［汉］司马迁：《史记》卷一"五帝本纪"、卷二"夏本纪"、卷三"殷本纪"、卷四"周本纪"、卷五"秦本纪"，中华书局，1959 年，第 4、49、91、111、173 页。

盘瓠的传说由来已久，在南方少数民族地区传播很广，很多少数民族皆认为是盘瓠的后代，都有尊崇与祭祀盘瓠的传统。而在尊崇盘瓠的少数民族中，瑶族是最典型的代表，不仅有以盘瓠故事为原型的族源神话与图腾神话，还有“还盘王愿”的祭祀仪式。这种代代相传的民俗传统与民族宗教，迄今仍流行不衰。

值得强调和指出的是，因为道教在南方少数民族地区的传播，道教中的神仙故事也逐渐为瑶族所信奉。道教关于盘古为元始天尊的说法，也为瑶族所接受了。故而盘古的神话传说，在南方瑶族地区也开始广为流传，并且出现了和盘瓠神话常常混淆传播的情形。因为盘瓠与盘古的称谓相近，都属于神话传说，在南方少数民族地区又混淆流传，两者之间究竟是什么关系，引起了学者们的关注，对此提出了许多不同的看法。

有学者认为，“盘古”很可能是由“盘瓠”音转而来。袁珂先生就认为，盘瓠“这个故事大同小异地流传在中国南方瑶、苗、黎等民族中。‘盘瓠’这两个字，音转而为‘盘古’。据说瑶族人民祭祀盘古，非常虔诚……三国时徐整作《三五历记》，吸收了南方少数民族中‘盘瓠’或‘盘古’的传说，加以古代经典中的哲理成分和自己的想象，创造了一个开天辟地的盘古，填补了鸿蒙时代的这一段空白，盘古遂成为我们中华民族共同的祖先。这样一来，天地是怎样开辟的，宇宙是怎样构成的等问题，在神话中才得到了合理的解答。”① 袁珂先生是潜心研究中国神话的著名学者，关于盘瓠“音转而为盘古”的看法，是很有代表性的一家之言。

但也有学者认为，盘古的原型可能来自《山海经》中的烛龙、烛阴之类传说。顾颉刚先生就认为：徐整与任昉记述的“这位盘古的形态和《山海经》中的烛阴（或烛龙）竟会这等相似，大概是把盘古作为开天辟地的人物之后，乃将烛阴的故事涂附上去的”；加之南方蛮夷始祖盘瓠传说的影响，因此“竟在无意中变成了开天辟地的人物——盘古”②。

此外，学界还有一些不同的看法，有人认为可能是吸取了外来的创世传说。何新先生《诸神的起源》第十二章就提出，盘古故事的原型可能来自西

① 袁珂：《中国古代神话》（修订本），中华书局，1960 年，第 86—87 页。

② 顾颉刚：《三皇考》，见《顾颉刚古史论文集》第 3 册，中华书局，1996 年，第 127、126 页。

亚巴比伦关于天地开辟的一部创世史诗①。还有学者考证盘古之名与古代一些地名字音转变有关，或与古代取土分封诸侯以及祭祀社神的演化有关。关于盘古神话外来说与封土社神的考证，虽然都有各自的依据，但我觉得仍属于推测之见，未免有过度考证与强说之嫌。

这里需要强调和指出的另一个问题是，我们从文献记载揭示的时间来看，盘瓠传说在汉代已有记载，而盘古神话在魏晋南北朝时期才流传于世。得到统治者官方承认的盘瓠传说显而易见传播在前，而盘古神话在民间的流传则显然要稍晚一些。从神话传说的内容上来看，盘瓠是黄帝之后南方蛮夷的祖先，而盘古却是开天辟地之神。为什么后来出现的盘古传说，却反而居于传播在前的盘瓠神话之先了，这种情形又是如何形成的呢？这确实是颇为奇妙的，也是比较典型的一个神话传说现象。

顾颉刚先生曾指出：他“很想做一篇《层累地造成的中国古史》，把传说中的古史的经历详细一说。这有三个意思。第一，可以说明‘时代愈后，传说的古史愈长’。如这封信里说的，周代人心目中最古的人是禹，到孔子时有尧、舜，到战国时有黄帝、神农，到秦有三皇，到汉以后有盘古等。第二，可以说明‘时代愈后，传说中的中心人物愈放愈大’”②。顾颉刚先生的看法很精辟，可谓一针见血地揭示了中国古史上一个比较典型的状况。很多古代传说，就是这样层累地造成的。这应该是中国古代造神运动的一种真实状况。

总而言之，盘古神话的滋生，与先秦以来的混沌说、阴阳说、高禖古俗、伏羲女娲故事有着密切的关系。秦汉时期，三皇五帝是正统神话，一直占据着主流地位，所以史籍中记述最多。而盘古神话主要是民间传说，属于非主流神话，民俗的特色比较浓郁，因而在传世文献中记载不多。在盘古神话出现之前，我国已有多种创世神话，呈现出丰富多样的特色，这与我国幅员辽阔民族众多有着很大的关系。创世神话中的混沌说、阴阳二神说、伏羲女娲的造人说，在理论上和故事情节上都引人入胜，在两汉时期影响最大。魏晋南北朝时期出现的盘古神话则讲述了新的创世故事，随着传播逐渐广泛，其影响也不断扩大，而且融入了道教和民俗，才成为后来居上的创世神话。

---

① 何新：《诸神的起源》，生活·读书·新知三联书店，1986 年，第 177—182 页。

② 顾颉刚：《与钱玄同先生论古史书》，见《顾颉刚古史论文集》第 1 册，中华书局，1988 年，第 102 页。

杜环《经行记》：一则传说记载之希腊神话内涵的考察

国家教育行政学院　郭　锋

摘　要　本文讨论唐人杜环至西海听到并记录收入所著《经行记》一书的“西有女国，感水而生”传说的希腊神话内涵，主要结论有二。其一，该则传说记载可能与两则希腊神话传说有关，为这两则神话传说的合而为一，一是亚马逊女人国传说，二是塞浦路斯岛的阿芙洛狄忒女神水中出生传说；其二，杜环有可能是在地中海东岸西亚两河流域诸国听到与这两则神话传说相类似的传说的。

关键词　杜环；《经行记》；女国；感水而生；希腊神话

学界对唐人杜环随大食军队自中亚怛逻斯至西海在苫国（今叙利亚）、大食国（今伊拉克）及勃萨罗（今耶路撒冷）等地中海东岸及西亚两河流域诸国的十年居留旅行经历，以及所著《经行记》一书记载的沿途诸国风土人情及文化习俗已经有较多研究①。本文拟在已有研究基础上，对杜环至西海在地中海东岸诸国听到并记录收入《经行记》一书的一则传说“西有女国，感水而生”之希腊神话内涵特点展开讨论。

一、杜环在何处听到这一传说

考察可知，杜环至西海期间曾经去过苫国北部拂菻国（东罗马帝国）与大食国相抗衡的边界地区，即地中海东岸（今叙利亚北部安塔基亚至阿勒颇至幼发拉底河上游之间）的地区，并在这里居留。他很有可能就是在这一地区听到“西有女国，感水而生”这一传说的。有两条材料可以讨论。一是杜环《经行记》关于拂菻国风土人情的描述。他在书中写道：

> 拂菻国在苫国西，隔山数千里，亦曰大秦。其人颜色红白，男子悉着素衣，妇人皆服珠锦。好饮酒，尚干饼，多工巧，善织络。或有俘在诸国，守死不改乡风。琉璃妙者，天下莫比。王城方八十里，四面境土各数千里。胜兵约有百万，常与大食相御。西枕西海，南枕南海，北接

---

① 学界有关研究，张一纯在《经行记笺注》序言里有详细评述，见张一纯：《经行记笺注》，中华书局，2000年，第1—6页。这类主要研究成果有：丁谦：《唐杜环〈经行记〉地理考证》，《浙江图书馆丛书》第二集，浙江图书馆刻，1915年；［德］夏德（Friedrich Hirth）著，朱杰勤译：《大秦国全录》（China and the Roman Orient），商务印书馆，1964年；［日］白鸟库吉著，王古鲁译：《大秦国及拂菻国考》，收入白鸟库吉：《塞外史地论文译丛》（上），山西人民出版社，2015年，第1—74页；王国维：《古行记校录》，载《王国维遗书》第八册，上海书店出版社，2011年，第131页；［法］伯希和、［法］沙畹著，冯承钧译：《摩尼教流行中国考》，上海古籍出版社，2014年；张星烺：《〈新唐书〉记拂菻国降附于唐》、《杜环之记拂菻国》，《中西交通史料汇编》第一册，中华书局，1977年，第103、110—112页；杨志玖：《寻寻法考》，《杨志玖文集——马可波罗与中外关系》，中华书局，2015年，第237—240页；宋岘：《唐代中国文化与巴格达城的兴建——（唐）杜环〈经行记〉新证之一》，《海交史研究》，1999年第1期；张一纯：《〈经行记〉笺注》序言，中华书局，2000年（2006年重印）；郭锋：《杜佑与唐代海上丝绸之路的发展》，唐代江南社会经济与海上丝绸之路学术研讨会会议论文，厦门大学，2016年8月；郭锋：《杜环〈经行记〉与唐人对拂菻和大秦关系的了解》，“历史与文明：3至10世纪的中国”学术研讨会论文集，2019年5月；郭锋：《唐杜环至西海所见每七日一假基督教文化习俗的考察》，《丝绸之路研究集刊》第五辑，商务印书馆，2020年，第1—12页；蔡鸿生：《唐代社会的穆姓胡客》，《中国史研究》，2005年增刊；余欣：《中古时代的外来文明：诸军达的伊朗语渊源》，《复旦学报（社会科学版）》2013年第6期；韩中江：《丝绸之路重镇木鹿城及其所属地区历史地理考察》，《陕西师范大学历史文化学院学术年会论文集》（下册），2016年，等等。

可萨突厥。西海中有市，客主同和，我往则彼去，彼来则我归。卖者陈之于前，买者酬之于后，皆以其直置诸物傍，待领直然后收物，名曰“鬼市”。又闻西有女国，感水而生。①

这段文字很珍贵，其中很多信息都是第一次提及，历来为学术界所重视。例如“拂菻国在苫国西”，就是第一次见于中国文献记载，为时人以及今天学术界了解拂菻国的地理方位提供了直观的依据。学界对此已有研究，此不赘述。又例如“其人颜色红白，男子悉着素衣，妇人皆服珠锦”，也是第一次见于中国文献记载，或者说是欧洲人的肤色衣着第一次见于中国文献记载，为了解时人所见拂菻国人的相貌衣着特点提供了直观的依据。又例如“好饮酒，尚干饼，多工巧，善织络”，“琉璃妙者，天下莫比”，也是第一次见于中国文献记载，为了解时人所见拂菻国人饮食起居及工艺制作特点提供了直观的依据。而就本小节的主题而言，这段文字最值得注意的即“常与大食相御”和“西有女国，感水而生”这两句话。

“常与大食相御”，学界已有研究，指7世纪中叶至8世纪中叶，大食国倭马亚王朝、阿拔斯王朝的军队先后多次围攻拂菻国都城君士坦丁堡（今伊斯坦布尔）而不下，两军在今叙利亚北部安塔基亚至阿勒颇至幼发拉底河上游地区一线分庭抗礼这一历史事件。其中这条界线以南即苫国，今叙利亚北部地区，时在阿拔斯王朝统治之下。以北即拂菻国本土东部疆域，今小亚细亚土耳其安纳托利亚高原地区，时仍为拂菻国所控制。联系这句话前面的“或有俘在诸国，守死不改乡风”等描述可以看出，这种抗衡直到杜环至西海的时代仍在进行之中，被俘的拂菻国人仍然不得回国，而有“不改乡风”之表现。再联系到前面与相貌衣着、饮食起居及工艺制作特点有关的描述还可以看出，杜环很可能到过这一地区，见过在这里生活的拂菻国被俘者。否则，如果不是耳闻目睹、亲眼所见，不会对拂菻国人的相貌衣着、饮食起居、工艺制作特点及“守死不改乡风”的性格有如此真切的感受。

“又闻西有女国，感水而生”是本文后面要重点讨论的一句话，这里不赘

① ［唐］杜环：《经行记·拂菻国》，见北宋版《通典》卷一九三《边防九·西戎五·大秦国》条附，另见［唐］杜佑著，［日］长泽规矩也、尾崎康整理：《北宋版通典》，上海人民出版社，2008年，第280页。

述。这里需要注意的是“西”这个方位词。也就是说，这个“西”指何处？其方位确定了，杜环在何处听到这一传说也就可以确定了。学界对这个“西”字指何处曾做过研究，有不同意见。笔者认为，从这个“西”字在这段文字的位置来看，或者说，从“西有女国”这句话是在描述拂菻国东部疆域地理方位以及“常与大食相御”这条分界线之后说的来看，这个“西”字不是泛泛而言，而是有所依托、有所指的。有所依托，即依托于上文描述的拂菻国东部疆域，以及杜环很有可能去过的拂菻常与大食相御的交界地区，亦即今土耳其安纳托利亚高原东南、今叙利亚北部安塔基亚至阿勒颇至幼发拉底河上游一线之北的地区。有所指，即指这一地区以西的地中海。由此可以推知，所谓“西有女国”，当指拂菻国本土东部疆域（即今土耳其安纳托利亚高原地区）及拂菻与大食相御地区（即今叙利亚北部安塔基亚至阿勒颇至幼发拉底河上游之间的地区）以西有女国，亦即这一地区以西的爱琴海至地中海有女国。

除了“西有女国”的“西”字以外，上引文还有多处提到“西”字，也值得注意。其中“西枕西海，南枕南海”的“西”指何处，学界也做过研究。一般认为由这里的西海和南海均指东部地中海来看，这个“西”当指上面提到的拂菻国东部疆域（今土耳其安纳托利亚高原）以西。或者说，这里的西海，当指安纳托利亚高原西部（即小亚细亚）的爱琴海及地中海。“南枕南海”的“南”，学界也做过研究。一般认为当指拂菻国本土东部疆域（今土耳其安纳托利亚高原）以南。或者说，这里的南海，当指安纳托利亚高原与地中海南岸（今埃及等国）隔海相望的地中海。用一位学者白鸟库吉的话说，就是“小亚细亚与埃及间的地中海一部（即阿拉伯人所谓显姆海或露姆海）”[①]。以上可以看出，杜环所谓的“西枕西海，南枕南海”，在他看来，即拂菻国东部疆域（今土耳其安纳托利亚高原地区）的西边、南边，以及拂菻与大食相御的交界地区（今叙利亚北部地区）的西边，都是海。他的这一判断认识，如果与今土耳其安纳托利亚高原及叙利亚北部地区和地中海的地理关系做一对比即可看出，是符合实际的（参见图 1）。

---

① ［日］白鸟库吉：《大秦国及拂菻国考》，载白鸟库吉著，王古鲁译：《塞外史地论文译丛》（上），山西人民出版社，2015 年，第 29 页。

图1 杜环“西枕西海，南枕南海”示意图

二是杜环《经行记》关于苫国风土人情的记载。他在书中写道：

> 苫国在大食西界，周回数千里。造屋兼瓦，垒石为壁。米谷殊贱，有大川东流入亚俱罗，商客籴此粜彼，往来相继。人多魁梧，衣裳宽大，有似儒服。其苫国有五节度，有兵马一万以上，北接可萨突厥。①

这段文字也很珍贵，其中很多信息也是第一次提及，历来为学术界所重视。例如苫国和亚俱罗这两个地名，就是首次见于中国文献记载。一般认为前者指今叙利亚，后者指大食国本土（今伊拉克美索不达米亚平原）。又如“人多魁梧，衣裳宽大”“其苫国有五节度，有兵马一万以上”，也是首次见于中国文献记载。前者第一次使人了解到苫国人的长相和衣着特点，后者第一次使人了解到杜环的时代大食国阿拔斯王朝布置在苫国的军事力量的强弱。而就本小节的主题而言，这段文字值得注意的是“有大川东流入亚俱罗，商客籴此粜彼，往来相继”这句话。大川即幼发拉底河。“东流入亚俱罗”即自

① ［唐］杜环：《经行记·苫国》，北宋版《通典》卷一九三《边防九·西戎五·大食国》条附，另见［日］长泽规矩也、尾崎康整理：《北宋版通典》，上海人民出版社，2008年，第292页。

幼发拉底河上游所在的美索不达米亚西部地区流向中下游所在的该平原东部地区。“商客籴此粜彼，往来相继”由大川东流及籴与粜的关系可知，当指商人在幼发拉底河上游地区购买粮食，到该河中下游地区即大食国本土去销售。换句话说，这句话意味着该河上游地区有一个粮食交易市场。若与“有大川东流入亚俱罗”“人多魁梧，衣裳宽大”等句联系起来看，则意味着杜环到过这一地区，亲身经历、感受过这一粮食交易市场商旅往来相继，以及人多魁梧衣裳宽大、有大川东流的景象。否则，与上一段文字一样，如果没有亲身经历，不是亲眼所见，也是写不出这样的句子，做不出这样的描述的。这一地区的具体位置何在，目前尚无直接材料可以讨论。如果做一个推论的话，从位于幼发拉底河上游，米谷商贸繁荣等因素来看，应该就在幼发拉底河上游美索不达米亚平原西端富饶的西北盆地这一地区。亦即上文提及的作为拂菻与大食相御分界线的地中海东岸（今叙利亚北部安塔基亚至阿勒颇至幼发拉底河上游之间）地区。再进一步，从这一地区最著名的历史古城之一为阿勒颇，该城自古就是重要而繁荣的商贸城市，其房屋建造具有上引文所说的“造屋兼瓦，垒石为壁”特点，以及地处商贸交通要道，东为幼发拉底河上游地区，西为地中海东岸拂菻国著名城市安都城（今安塔基亚）等因素来看，或许就在今阿勒颇地区的范围内。

综上讨论，可以得出以下认识：杜环至西海期间很有可能到过苫国北部拂菻与大食相抗衡的交界地区，即地中海东岸（今叙利亚北部以阿勒颇为中心的安塔基亚至阿勒颇至幼发拉底河上游之间）地区，他是在这里听到“西有女国，感水而生”这一传说的。

二、这一传说的希腊神话内涵特点

这一传说只有八个字，很简短。但是有两个可以考察的核心要素，即“女国”和“感水而生”。由这两个核心要素可知，这一传说的原型当与两则希腊神话传说有关，是这两则神话传说的合而为一。其一为亚马逊女人国（Amazon）传说，其二为塞浦路斯岛的阿芙洛狄忒（Aphrodite）女神海水中出生传说。这是总的认识。有几条材料可以讨论。

一是德国学者夏德对“西女国”及“感水而生”两个问题所做的研究。

中外学界对汉唐史籍文献所见诸多女国传说已经有较多研究①。其中值得注意的是19世纪末德国学者夏德所做的研究。他首次指出，中国史籍中的女国传说，可能与希腊神话亚马逊女人国传说有关，杜环《经行记》的“感水而生”传说，可能与地中海东部地区的民间传说有关，尤其是与塞浦路斯岛的水中出生女神传说有关②。笔者认为夏德的看法很有启发性，相当于为学界有关研究开辟了一条路径。亦即考察有关史料可以看出，地中海东部地区自古以来就是希腊神话广为流传的地区，杜环在这里听到与女国及女神水中出生有关的民间传说，比如说著名的亚马逊女人国传说，及塞浦路斯岛的阿芙洛狄忒女神水中出生的传说，并按照自己的理解，将两者合而为一，归纳为“西有女国，感水而生”一句话，记录下来，是完全有可能的。

二是赫西俄德《神谱》的一则描述。他写道：“一簇白色水沫在这不朽的肉周围漫开。有个少女诞生了，她先是经过神圣的库忒拉，尔后去到海水环绕的塞浦路斯。美丽端庄的女神在这儿上岸，茵草从她的纤足下冒出。阿佛洛狄特，‘水沫所生的女神，发环华美的库忑瑞娅’，神和人都这么唤她，因她在水沫中生成。或库忒瑞娅，因她从库忒拉经过。或塞浦若格尼娅，因她生于海浪环护的塞浦路斯。”③

赫西俄德为古希腊诗人，生活于公元前8世纪。这段描述，一般认为即这一传说的原型、最早的描述之一。从中可以看出，塞浦路斯岛是阿芙洛狄忒女神水中出生传说的发源地。早在公元前8世纪，这一传说已经与该岛联系在一起了。还可以看出，这一传说的核心要素就是水中出生。或者说这一

① 参见张绪山：《希腊“女人国”传说在欧亚大陆的流传》，中国搜索网，2016年11月25日，http://mobapp. chinaso. com/1/category/newsdetail？nid=10002000330038814800360447220289058&pageid=c_ 3288700&pagetype=js_ clkx。

② 夏德写道：“中国记载大秦或拂菻国的属国时，谈及女人国及矮人国。我们必须认为，这些记载不是根据实在情况的，它们只是西方民间传说的片段，报告者（中国人或罗马人）都从来没有亲历其境。……关于女国的记载，在许多方面和我们在斯特累培德书（第11卷第50页）中所有论及女国（Amazon）的地方相符合。但斯特累培笔下的女国，据云位于密奥提斯湖（Lake Maeotis）岸的某地，而非拂菻的西南，她们也不是住在岛上，以男人和他们相配的邻人，不是叙利亚人而是居住于高加索山下的加加尔人（Gargareans）。马端临《文献通考》第339卷引杜环《经行记》云：‘又闻西有女国，感水而生’，也许是指自水中而生，如古代塞浦路斯的女神安娜提俄美尼（Venus Anadyomene of Cyprus）。”见［德］夏德著，朱杰勤译：《大秦国全录》（*China and the Roman Orient*），商务印书馆，1964年，第79—80页。

③ ［古希腊］赫西俄德：《神谱》，第188—199行，转引自吴雅凌：《神谱笺释》，华夏出版社，2010年，第105—106页。

传说最为与众不同之处，就是将出生与水联系在一起，将阿芙洛狄忒的出生，描绘为在水沫中生成，从水中出生。值得注意的是，阿芙洛狄忒水中出生的传说，也是希腊神话中唯一的一则与水中出生有关的传说。这就使人联想到并且想问一句：杜环“感水而生”的说法与这则说法有相似之处，即也是与水有关，将出生与水联系在一起，他是如何形成这样的概念的呢？会不会就是听到类似的传说，受其影响的结果？联系到这则传说是希腊神话中唯一的一则水中出生传说，再联系到塞浦路斯岛所在的位置，笔者认为存在这种可能性。亦即，杜环很有可能就是在听到类似的传说之后，才写下感水而生这样的句子的。虽然，感水而生的概念，还不能等同于水中出生的概念，两者之间还有一定距离。

三是斯特拉波《地理学》关于亚马逊女人国及塞浦路斯岛的阿芙洛狄忒女神传说的记载。

其中关于亚马逊女人国，斯特拉波写道：“据说亚马逊人与加尔加里亚人为邻，这个地区在高加索山脉被称为塞劳尼亚山脉的北面山麓。亚马逊人把所有的时间都用来做自己个人的工作，……最勇敢的人主要从事骑马狩猎和作战训练。……他（她）们每年春天有两个特别的月份，要登上附近把他（她）们与加尔加里亚人分开的山脉。按照某种古老的风俗习惯，加尔加里亚人也要登上这座山脉，为的是和妇女们完成某种献祭仪式。……任何加尔加里亚人都可以随意和任何亚马逊人发生关系。在使她们怀孕之后，他们会把她们送走。新出生的女孩由亚马逊人自己抚养，而男孩送给加尔加里亚人抚养。……关于亚马逊人的故事，无论是在古代还是现代，都在重复着同样一个令人难以相信怪异的故事。例如，有谁会相信一支由妇女组成的军队，或一座城市、一个部落的组织没有男性？”①

斯特拉波又写道：“埃福罗斯认为，亚马逊人居住在他的故乡基梅附近的密细亚、卡里亚和吕底亚之间。……据说这里有一些城市得名于亚马逊人，我指的是以弗所、士麦拿、基梅和米里纳。”②

他还写道：“难道只有那些与特洛伊人作战的民族就可以来自这些地区或

---

① ［古罗马］斯特拉波著，李铁匠译：《地理学》，上海三联书店，2014 年，第 751—752 页。

② 同上，第 815 页。

者河那边，例如亚马逊人、特雷雷人和辛梅里安人一样，而帮助特洛伊人作战的盟友，就不能够来自这些地方？……‘那时，像男子汉一样的亚马逊人来了。’（《伊利亚特》，III，189）……由于与亚马逊人邻近的部落地区并不遥远，特洛伊人要求他们提供帮助并不困难。”①

其中的高加索山脉在黑海与里海之间。以弗所、特洛伊在小亚细亚（今土耳其安纳托利亚高原西部爱琴海沿岸）（以弗所在南，今伊兹密尔附近，特洛伊在北，今达达尼尔海峡附近）。《伊利亚特》的作者古希腊诗人荷马生活于公元前9—前8世纪，所描述的特洛伊战争发生于公元前12—前11世纪。斯特拉波是公元1世纪人，古罗马地理学家。出生于小亚细亚北部的阿马西亚。以上几则记载反映出，亚马逊人的故事早在公元前12—前11世纪就已经流传，公元1世纪仍流传。亚马逊人参加过攻打特洛伊的战争，表现得“像男子汉一样”，但是皆为女人。她们与加尔加里亚人为邻并保持婚配关系，生女则抚养，生男则送给加尔加里亚人抚养。她们居住在黑海与里海之间的高加索山脉，活动范围及于小亚细亚（今土耳其安纳托利亚高原西部爱琴海沿岸）的特洛伊、以弗所等地。这就是最早的有关亚马逊女人国的原型传说之一。从中可以看出，在斯特拉波眼里，亚马逊女人国传说产生的时代很早，荷马著《伊利亚特》的时代就产生了。亚马逊人的活动范围很大，大致上在北起黑海、南至爱琴海及地中海的范围内。上文提及夏德谓斯特拉波把亚马逊女人国放在黑海与亚速海之间，可以理解为只是就其主要居住地而言的。

关于塞浦路斯岛的阿芙洛狄忒女神，斯特拉波《地理学》也有几则记载，谓岛上有三座阿芙洛狄忒神庙、一座阿芙洛狄忒圣山，人们每年都要到其中一处神庙举行有关的庆典活动。其中一则这样写道：“（在港口城市帕莱帕福斯）有一个锚地，和一座古代帕福斯人的阿弗罗蒂忒神庙。……每年一度，各个城市的男男女女聚集在这条大路上，前往帕莱帕福斯举行宗教庆典活动。”②

从中可以看出，公元1世纪的塞浦路斯岛为阿芙洛狄忒女神传说盛行之地。港口城市帕莱帕福斯每年一度的庆典活动已经成为一种文化。参加庆典

① ［古罗马］斯特拉波著，李铁匠译：《地理学》，上海三联书店，2014年，第818页。
② 同上，第1007页。

的人来自各个城市。值得注意的是，塞浦路斯岛就在上文述及的今叙利亚北部安塔基亚至阿勒颇至幼发拉底河上游之间的地区以西正对面海域，与这一地区同属于一个希腊化文化影响地区。由此可以推知，该岛盛行的阿芙洛狄忒女神文化，包括水中出生传说，也会流传到这一地区的。进而可以推知，杜环很有可能就是在这一地区听到相关传说的，所听到的传说又很有可能就与阿芙洛狄忒女神水中出生的传说有关。只不过相关传说的“水中出生”，到他这里成为“感水而生”。

四是玄奘《大唐西域记》关于西女国的记载。玄奘是在介绍印度之行所了解的拂菻国传闻时提到西女国的，他写道：“拂懔国西南海岛有西女国，皆是女人，略无男子。多诸珍宝货，附拂懔国，故拂懔王岁遣丈夫配焉。其俗产男皆不举也。”①

其中的“拂懔”为“拂菻”的另一种译法。西南海岛有西女国，学界已有所研究，有不同说法。季羡林先生在《大唐西域记校注》里解释这则记载时，认为西女国的地理方位当在东罗马境内：“女国的传说似源自印度，最初是传说在印度西海洋。以后随着这一传说的广泛流传，女国的位置也向西移至更辽远的地方——东罗马的西南海岛上。”② 这也是夏德之后，我国学界较早地将西女国传说与拂菻国即东罗马帝国联系起来看问题。也有学者从夏德说，将这则记载与希腊神话的亚马逊女人国传说相联系，并根据斯特拉波《地理学》和《梁贡职图》的说法，认为这里的西南海岛和西女国位于黑海南部沿海至高加索山区一带③。笔者认为，如果从地理方位上将玄奘的西女国在“拂懔国西南海岛”，与上文讨论的杜环的“西有女国”及“西枕西海，南枕南海”的“西”指拂菻国东部疆域（今土耳其安纳托利亚高原地区）以西作一对比，即可以看出，两者所指地理方位大致上是可重合的，或者说基本上当为同一个地区，即拂菻国东部疆域（今土耳其安纳托利亚高原地区）以西的爱琴海及地中海。如果考虑到上引斯特拉波的亚马逊人主要居地在黑

---

① ［唐］玄奘撰，季羡林等校注：《大唐西域记》，中华书局，1985年，第943页。

② 同上，注释［一］。

③ 《梁贡职图》的说法见《法苑珠林》，其云：“（波斯）西北接佛壈国，出白狗子，本赤头鸭，生于穴中。案梁《贡职图》云：‘去波斯北一万里西南海岛，有西女国，非印度摄。拂壈年别选男夫配焉。’”见［唐］释道世：《法苑珠林》卷二十九《感通篇》，上海古籍出版社影印本，1991年，第222页。

海与里海之间的高加索山脉的说法，还可以上延到黑海。玄奘所说的西女国，杜环所说的女国，当都在这一地区范围内。换言之，可以认为玄奘的描述与杜环的描述有相通之处。两者所说的女国，一个在拂菻国西南海岛，一个在拂菻国东部疆域（今土耳其安纳托利亚高原）以西的爱琴海及地中海，地理方位大体一致，当指同一个女国。所不同的，只是玄奘的记载更详细一些。其中有些细节，例如拂菻王岁遣丈夫为其婚配、产男不举等，与斯特拉波笔下的亚马逊女人国传说还有某种相近之处。杜环的记载则仅有一句话，很简略。

值得一提的是，玄奘的说法如季羡林先生所指出源自印度，即得自印度流传的希腊神话传说，属于间接将这则传说传入中国。杜环的说法，则源自地中海东岸西亚两河流域诸国，即得自故事发源地流传的神话传说，属于直接将这则传说传入中国（包括首次将与阿芙洛狄忒女神水中出生有关的传说传入中国），这是难能可贵的，虽然很简略。

综上讨论，可以得出以下认识：杜环至西海期间可能去过地中海东岸（今叙利亚北部安塔基亚至阿勒颇至幼发拉底河上游之间）地区。这一地区为古希腊神话流传地区之一。对面海中的塞浦路斯岛为阿芙洛狄忒女神水中出生神话传说的发源地。杜环在这一地区听到的“西有女国，感水而生”传说，当与这一地区流传的女人国传说及阿芙洛狄忒女神水中出生传说有关。

三、简短的结语

杜环至西海听到并记录收入《经行记》一书的“西有女国，感水而生”传说当与希腊神话有关，可能为两则神话传说的合而为一。一为亚马逊女人国传说，一为塞浦路斯岛的阿芙洛狄忒女神水中出生传说。杜环有可能是在地中海东岸西亚两河流域诸国听到与这两则传说相类似的传说的。

粗略批评与多维反思：英语学界的缪勒神话学研究

中央民族大学外国语学院　杨　艳

摘　要　麦克斯·缪勒的神话学说大致可用“太阳神话说”和“语言疾病说”来概述，它们在中西神话学史上扮演着多重角色。梳理英语学界对缪勒神话学说的研究，发现粗细不同的两条脉络。一方面，神话学史倾向于粗略评介缪勒神话学说，视之为人类学派超越的历史角色，凸显其片面和过时的维度。另一方面，细致反思缪勒神话学说的著作则呈现出它的多维丰富性和当代关联性，比如，缪勒对人类学派的批判性反思以及他对语言演化与神话起源相互关系的深思。上述两条脉络间的张力或许为中国学界反思缪勒神话学和西方神话学史、多元发展神话学带来一些启示。

关键词　麦克斯·缪勒；神话学；学术史；反思；多学科

一、引　言

弗莱德里希·麦克斯·缪勒[①]（Friedrich Max Müller，1823—1900）是英国神话学走向学科化、专业化的先驱。他也与中国神话学的兴起、发展有诸多关联[②]。缪勒的神话学说精微丰富，但大致可以用“太阳神话说”和“语言疾病说”概括。稍具体而言，缪勒依据《梨俱吠陀》等文献，借助印欧语系的比较词源分析，发现许多古老神话的源头是先人描述太阳等自然现象的拟人语言；而且，这些语言意味着，古人感知日出日落等自然现象的同时，也崇敬自然昭示的神圣力量，又因先人的语言和思维局限，只好用拟人的具象语言来表达[③]。缪勒认为，这类语言本质上是隐喻的，随着人类语言和思维的历史演化，一些语言的原义被遗忘，而遗留的语言形式误导后人、衍生出诸神及其故事等新的语义；这种语言原义被遗忘、新义偏离原义而滋生神话的现象仿佛语言生病一般[④]。举一例来说，在缪勒眼中，“太阳神阿波罗追达芙妮”的神话源于“阿波罗（太阳）追达芙妮（黎明）”这一古老的拟人描述。缪勒指出，“阿波罗追达芙妮”的原义曾是“太阳追黎明”，即，先人观察到太阳升起、黎明即将褪去，这仿佛太阳追逐黎明；然而，随着语言和社会的演化，这一原义后来被遗忘，“阿波罗追达芙妮”的拟人形式讹传、衍化成“太阳神阿波罗追达芙妮女神”的语义，流传成后人熟知的神话。

中西神话学史基本认为：缪勒的神话学说在19世纪五六十年代的英国占主导地位；自70年代起，缪勒受到E. B. 泰勒（E. B. Tylor，1832—1917）和安德鲁·朗（Andrew Lang，1844—1912）等人类学家的挑战，其神话学说

---

① 英语学界常以Max Müller或Müller简称Friedrich Max Müller。丁山等学者将Max Müller译作马克斯·缪勒，章太炎将其译作马科斯·牟拉。本文沿用《比较神话学》中译本的译法称麦克斯·缪勒。这是因为，自1989年金泽的《比较神话学》中译本面世以来，它在中国神话学界、民俗学界、宗教学界流传较广；不论读者对缪勒的神话学说持何种态度，其参考的中文一手资料主要是《比较神话学》。

② 举例而言，周作人和茅盾等神话学前辈倾向于批判缪勒的神话学方法，语言文字学出身的章太炎和丁山先生则倾向于本土化地借鉴缪勒的神话研究思路。

③ Max Müller，Friedrich，*Comparative Mythology：An Essay by Professor Max Müller*（first published in 1856），edited by A. Smythe Palmer，George Routledge and Sons，1909.

④ Max Müller，Friedrich，*Lectures on the Science of Language Delivered in* 1863，*Second Series*（first published in book form in 1864），6th edition，Longmans，Green，and Co，1872，pp. 368—633.

渐失影响力，仿若太阳西下。诚然，随着神话学的发展，缪勒学说的局限和错误之处凸显。比如，随着印欧历史比较语言学的发展，缪勒的诸多词源分析有误或仍待商榷，因而难以支撑其对神话起源的具体分析。而且，缪勒的神话学说也缺乏对仪式、考古、社会习俗等维度的考量，有失片面。

然而，上述缺陷不能遮盖缪勒神话学的贡献。近十年来，何源远①、刘潋②、陈刚和刘丽丽③等学者细致反思了缪勒的神话学说，指出了其中一些被忽视的真知灼见。吴晓东本土化地将其融入到民族神话研究中④。上述学人的贡献启发学界重思缪勒神话学，尤其是缪勒对语言、神话、自然互动关系的阐释。遗憾的是，上述反思主要基于缪勒的《比较神话学》中译本。受一手资料等因素所限，国内的缪勒神话学研究在深度和广度上仍有很大的拓展空间。相较而言，英语学界研究缪勒神话学立足的材料更加丰富，学科视角也更为多元。鉴于此，本文梳理英语学界的缪勒神话学研究，以期为国内学界对缪勒神话学更加全面、深入的研究提供一些线索。

二、神话学史对缪勒的粗略批评

大致而言，随着缪勒1900年过世，其神话学说成为历史的过客。欧美神话学史上，缪勒神话学说虽时常被提及，但很少受到专门关注。即使论及缪勒神话学时，学界也往往以批评其过时、错误居多，抑或主要将其视作维多利亚人类学派竞争、超越的对象。

以伯顿·费尔德曼和罗伯特·理查逊合著的《近现代神话学的兴起：1680—1860》（1972）这一经典著作为例，此书摘录了缪勒的《比较神话学》（1856），对其进行了简要评述⑤。作者承认缪勒神话学在维多利亚中期的主

① 何源远：《读缪勒〈比较神话学〉》，《西北民族研究》2012年第2期。

② 刘潋：《麦克斯·缪勒比较神话学浅议》，《内蒙古师范大学学报》（哲学社会科学版）2018年第3期。

③ 陈刚、刘丽丽：《语言疾病与太阳学说遮蔽下的缪勒神话研究》，《青海社会科学》2018年第4期。

④ 吴晓东：《〈历史还是神话：对涿鹿之战的再考察〉附录》，见谭佳主编：《神话中国：中国神话学的反思与开拓》，生活·读书·新知三联书店，2019年，第425—426页。

⑤ Feldman, Burton, Robert D. Richardson, *The Rise of Modern Mythology*, 1680—1860 (first published in 1972), Indiana University Press, 2000, pp. 481—482.

导地位。可以说，这是缪勒神话学被列入此书的关键因素。除此之外，在作者看来，缪勒的神话研究乏善可陈：一方面，纵观欧美神话学史，缪勒沿袭了格林（Jacob Grimm，1785—1863）等前辈的大致思路，缺乏理论创见，在维多利亚晚期注定被人类学家赶超；另一方面，缪勒神话学消解了神话的诗性想象和宗教内涵，削弱了神话的丰富性。由此可见，《近现代神话学的兴起》对缪勒的神话学大致持批评、甚至蔑视的态度。诚然，此书历史视野宽广，呈现了缪勒神话学在欧美神话学史上承前启后的角色。然而，此书漠视了缪勒在神话学史上突破前人的贡献，也曲解了缪勒神话学蕴含的诗性想象和宗教关切。由于此书几次再版、较为经典，书中对缪勒的粗疏批评很容易让未读缪勒原作的学人低估、误解缪勒①。

与《近现代神话学的兴起》涵盖历史阶段既交叠又承接的是罗伯特·埃克曼的《神话仪式学派：弗雷泽和剑桥仪式学派》（1991）②。此书梳理神话仪式学派兴起的历史语境时，论及缪勒的神话学说③。大致而言，此书以平和的语调概述了“太阳神话说”和“语言疾病说”的基本内涵。作者既承认缪勒将历史比较语言学（comparative philology）用于神话研究的贡献，又概述了缪勒在19世纪晚期被人类学派超越的事实。相较于《近现代神话学的兴起》的贬低语气，此书对缪勒神话学的简评更加客观公允。遗憾的是，此书重心是与人类学派关系更为密切的神话仪式学派，缪勒则主要扮演了被人类学派超越的历史角色。因此，书中缺乏对缪勒神话学的专门论述，也难以呈现缪勒与人类学派的多维关系。

比上述两部著作的历史视野更广阔、也更关注现当代神话学派的是罗伯特 A. 西格尔的神话学史。西格尔的神话学史著述丰富。其中，他的《神话

① 此书1972首版。据笔者所知，此书于1988年和2000年再版。与《近现代神话学的兴起》观点类似的神话学史著述还有理查德·蔡斯的书：Chase，Richard，*The Quest for Myth*，Louisiana State University Press，1949，pp. 44—48，58—65. 由于两本书中对缪勒神话学说的批判十分相近，本文不再赘述。

② 此书1991年首版，2002年再版。

③ Ackerman，Robert，*The Myth and Ritual School—J. G. Frazer and the Cambridge Ritualists*，Routledge，2002，pp. 26—28.

研究简介》[①]（2004）和主编的四卷本《神话：文学与文化研究中的关键概念》[②]（2007）尤具代表性。以《神话研究简介》这本融汇众多神话学派的小书为例，书中讨论泰勒和弗莱（Northrop Frye，1912—1991）各自的神话学说时，分别附带略提了缪勒的“太阳神话说”和“语言疾病说”[③]，涉及缪勒的篇幅不到半页。这意味着，在西格尔看来，随着神话学在现当代的发展，缪勒几乎淡出了学术视野。即使在专门围绕缪勒宗教学和神话学的《缪勒论宗教与神话》（2016）一文中，西格尔也未深入分析缪勒神话学说的内涵和脉络，而是主要比较了缪勒、泰勒、安德鲁朗的学术争论[④]。西格尔指出，缪勒的宗教和神话理论“至多是看上去古朴离奇的（seem at most quaint）”[⑤]，而泰勒的人类学思想在当今学界仍有反响。

可以说，西格尔的上述断言代表了当今欧美神话学界的基本立场。从研究对象来看，欧美学界如今更倾向于关注神话与人类社会的多元关系。在这一学术语境下，缪勒对神话起源与自然（尤其是太阳）的执着关切显得固执幼稚。就研究思路而言，欧美学界涌现出图像、仪式、考古、心理、社会历史等多维度的神话研究，这使得缪勒倚重语言线索的方法显得片面守旧。即使在注重神话与语言的研究视野下，随着印欧历史比较语言学的发展，缪勒的诸多词源分析也备受争议，使得他对“阿波罗追达芙妮”等神话的词源分析难以服人。总而言之，由于缪勒神话学的自身弱点和学术思潮演变，缪勒的神话学说几乎淹没在历史长河中。

三、对缪勒神话学的多学科反思

然而，神话与自然、语言的关联是理解神话起源与演化的一个重要维度。

---

① Segal, Robert A., *Myth: A Very Short Introduction*, Oxford University Press, 2004. 此书 2015 年再版。

② Segal, Robert A., *Myth: Critical Concepts in Literary and Cultural Studies*, Routledge, 2007.

③ Segal, Robert A., *Myth: A Very Short Introduction*, Oxford University Press, 2004, pp. 18, 81.

④ Segal, Robert A., “Max Müller's Theory of Myth and Religion”, *Publications of the English Goethe Society*, 2016 (2—3), pp. 135—144.

⑤ Segal, Robert A., “Max Müller's Theory of Myth and Religion”, *Publications of the English Goethe Society*, 2016 (2—3), p. 144.

社会语言学等学科表明，语言并非孤立的纯语言，而是承载着社会历史的演化痕迹。在神话学、民俗学等领域，语言与社会习俗、仪式、考古文物相互关联，注重语言线索的神话研究与神话学新思路并非对立，而是存在相互补益和印证的可能性。可以说，缪勒的具体语言分析难免有误，但他代表的语言历史比较研究思路在叶舒宪、杨骊提出的“四重证据法”[①] 中仍有不可或缺的价值。

缪勒过世后，一些学者阅读缪勒原作，发现其神话学说被低估的价值及启示。缪勒生活在欧美人文学科兴起发展的 19 世纪，当时的学科边界相对模糊。而且，缪勒博学多识，其神话学说融汇了印度学、语言学、神话学、民俗学、宗教学等新兴学术领域，也与维多利亚文化人类学的兴起和发展有诸多关联。因此，欧美学者对缪勒神话学的专门探讨具有跨学科性，揭示出它被低估、误解的不同方面。

最早呼吁重思缪勒神话学的是 A. 斯迈思・帕尔默（A. Smythe Palmer）。帕尔默 1909 年编辑出版了缪勒的《比较神话学》[②]。引言中，帕尔默强调，《比较神话学》具有划时代（epoch—making）的影响力，为神话和宗教史研究开辟了新路、播撒了种子[③]。从英国神话学史来看，帕尔默道出了学界几近遗忘的事实——缪勒是英国神话学走向学科化的先驱。除了敬重缪勒的历史贡献，帕尔默也赞成“太阳神话说”。他援引古今各民族（比如北美印第安人、古埃及人、19 世纪的欧洲诗人）的记载，深情地例证“太阳神话”的普遍存在[④]。总体而言，无论是编辑出版缪勒的《比较神话学》，还是支持“太阳神话说”，帕尔默的努力都益于 20 世纪初期乃至后世的神话学界留意缪勒的贡献。然而，受引言文体所限，帕尔默没有分析缪勒“太阳神话说”的内在机理，也几乎未谈及“语言疾病说”。

---

① 杨骊、叶舒宪：《四重证据法研究》，复旦大学出版社，2019 年。

② 《比较神话学》最初是缪勒于 1856 发表在《牛津文集》（*Oxford Essays*）的一篇长文。1909 年，帕尔默将缪勒此文编辑成书：Palmer，A. Smythe，ed，*Comparative Mythology*：*An Essay by Professor Max Müller*（1856），George Routledge and Sons，Limited，1909。金泽将此书译成中文，见［英］麦克斯・缪勒著，金泽译：《比较神话学》，上海文艺出版社，1989 年。

③ Palmer，A. Smythe，“Introduction”，*Comparative Mythology*：*An Essay by Professor Max Müller*. New York：George Routledge and Sons，1909，p. v.

④ Palmer，A. Smythe，“Introduction”，*Comparative Mythology*：*An Essay by Professor Max Müller*. New York：George Routledge and Sons，1909，pp. v—xxix.

与帕尔默的呼声时隔近半个世纪，民俗学家理查德·多尔森（Richard Dorson）对缪勒神话学展开了深度反思。在《太阳神话学的湮没》（1955）一文中，多尔森列举了缪勒自1856至1897年间的一系列神话学著作：《比较神话学》（“Comparative Mythology”）、《语言学讲义》卷二（Lectures on the Science of Language，Second Series）最后几章、《神话哲学》（“On the Philosophy of Mythology”）、《神话科学贡献集》（*Contributions to the Science of Mythology*），等等①。这有力证明了缪勒的神话学生涯并非止于人类学派兴起之时，也并非停留在《比较神话学》这一早期著作。多尔森还指出，其实缪勒的人类学、民族学知识渊深，他对人类学派的批判性回应预示着20世纪对人类学派的反思。这进一步揭示了神话学史常常忽略的一个事实：在知晓时代学术思潮演变的情况下，缪勒看到新学派的一些致命弱点（比如，不懂研究对象的语言和历史变迁、把一些民族称作“野蛮”民族），选择坚持自己的学说②。多尔森并非只关注缪勒被学界漠视的贡献。从神话学史来看，多尔森认为，缪勒的神话学说过于依赖语言溯源，终被人类学派和其他学派超越。总的来说，多尔森此文一手材料丰富，对缪勒神话学说的认识也很客观多元，为后人提供了进一步研究缪勒原作的诸多线索。

还需留意的是，多尔森此文在欧美学界影响广远。一方面，多尔森后来修订此文，将其融入到《英国民俗学史》（*British Folklorists*：*A History*，1968）这一经典著作中（pp. 206—12）。此文还收录在阿兰·邓迪斯（Alan Dundes）主编的《世界民俗学》（1965）③中，在中英文学界得以进一步传播④。另一

① Dorson Richard，“The Eclipse of Solar Mythology”，*The Journal of American Folklore*，1955（68），pp. 393—416.

② Max Müller，Friedrich. *Contributions to the Science of Mythology*，*Vol.* 1，Longmans，Green，and Co，1897.

③ Alan Dundes，ed. *The Study of Folklore*，Prentice—Hall，1965.

④ 需补充的是，邓迪斯此书于1990由陈建宪、彭海斌译成中文出版：阿兰·邓迪斯编，陈建宪、彭海斌译：《世界民俗学》，上海文艺出版社，1990年。书中收录的多尔森《太阳神话学的湮没》在中译本第82—121页。

方面，多尔森此文被人类学、宗教学、思想史等领域的欧美学者广泛征引①。仅举一例，乔治·斯道金（George Stocking）的经典著作《维多利亚人类学》（1987）参考过这篇文章②。因此可以说，多尔森一定程度上纠正了神话学史对缪勒的粗疏批评。这有益于相关领域更加公正、全面地认识缪勒神话学的功过。

在多尔森的基础上，迈克尔·卡罗尔（Michael Carroll）的《三思缪勒与太阳神话学》（1985）③ 从主要素材、基本方法、学术史语境等方面解读了缪勒“太阳神话说”的形成逻辑。卡罗尔指出，在19世纪中期，缪勒基于《梨俱吠陀》和历史比较语言学的神话研究有其科学性、开创性，这值得学界尊重。这呼应了帕尔默在世纪之初的呼声。此外，卡罗尔指出，后世学界倾向于绝对化地理解“太阳神话说”；其实，缪勒并未把一切神话渊源都归为“太阳神话”。为缪勒辩护的同时，卡罗尔也承认，缪勒词源分析难免有误、对“太阳神话说”过于执着，这些内在弱点促成了其神话学说的衰落。总体而言，卡罗尔更加细致地还原了缪勒神话学说的功与过。然而，卡罗尔主要依据缪勒的《比较神话学》这一开山之作，几乎未论及多尔森梳理的其他神话学著作。因此，卡罗尔的分析止于缪勒神话学与历史比较语言学的关联，未能深入探究缪勒的语言观、宗教观对其神话学说的重要影响。

若要从语言观、宗教观等维度来认识缪勒的神话学说，除了结合神话学史、民俗学史，还需立足于缪勒的多学科学问体系和19世纪欧洲学术语境。缪勒的学术生涯中，梵语研究（尤其是《梨俱吠陀》的编辑和研究）、历史

---

① Frank Turner（1981），George Stocking（1987），Majorie Wheeler—Barclay（2010），Colin Kidd（2016），Sebastian LeCourt（2018）等不同研究专长的学者都参考过多尔森此文原文或融入到《英国民俗学史》的修改版，详见：

Turner, Frank, *The Greek heritage in Victorian Britain*, Yale University Press, 1981, p. 104—134.

Stocking, George, *Victorian Anthropology*, The Free Press, 1987, p. 369.

Marjorie Wheeler—Barclay, Marjorie, *The Science of Religion in Britain*, 1860—1915, University of Virginia Press, 2010, pp. 116, 271.

Kidd, Colin, *The World of Mr. Casaubon*: *British Wars of Mythography*, 1700—1870, Cambridge University Press, 2016, pp. 214—15.

LeCourt, Sebastian, *Cultivating Belief*: *Victorian Anthropology*, *Liberal Aesthetics*, *and the Secular Imagination*, Oxford University Press, 2018, p. 170.

② George Stocking, George, *Victorian Anthropology*, The Free Press, 1987, p. 369.

③ Carroll, Michael P., “Some Third Thought on Max Müller and Solar Mythology”, *European Journal of Sociology*, 1985 (2), pp. 263—281.

比较语言学、神话学、语言学、宗教学层层推进、又相互贯通。专门研究缪勒整体学问的著作往往既分析上述领域，又探讨这些领域间的关联。其中，宗教学者罗纳德·纽菲尔特（Ronald Neufeldt）在《梨俱吠陀与缪勒的著作和思想》（1980）中专用一章详实分析了缪勒神话学与《梨俱吠陀》的关系[①]。纽菲尔特强调，《梨俱吠陀》是缪勒神话学的基本材料，贯穿其神话研究的始终。而且，《梨俱吠陀》的语言特点（如，一词多义、一物多名）在思路上启发缪勒从语言演化的维度追溯神话起源。这体现出缪勒对一手语言、古老史料的格外重视。从语言文字学者的角度看，缪勒对欧洲游人转述的“原始”神话存疑，对不懂当地语言而从习俗、民族心理等视角研究“原始”神话的做法持批判态度。由此看来，缪勒没有追随人类学派的神话研究，与其说是顽固守旧，不如说是出于语言学者的审慎。

还需留意的是，纽菲尔特发现，人们容易误把“语言疾病说”贬低为退化论。其实，缪勒的语言演化观很复杂：从大框架来看，缪勒坚持语言进化论；同时，缪勒又关切语言进化中的退化（比如，语义的误解讹传而产生“语言疾病”)。纽菲尔特的上述发现呼应了人类学家迈尔凯姆·克里克（Malcom Crick）在《语言和意义的探索：走向语义人类学》（1976）对缪勒语言与神话研究的同情性反思[②]。纽菲尔特和克里克都深入到人类语言演化、语言哲学的层面来认识缪勒的神话学说，而非止于印欧历史比较语言学词源分析的微观层面。这意味着，虽然从微观层面来看，缪勒对一些“太阳神话”和“语言疾病”的词源解析有误或待商榷，但这不能否定的是，从宏观哲思看，缪勒对人类语言、神话基本认识的洞见仍有启迪意义。如果我们细读缪勒的《比较神话学》《语言学讲义》卷二和《神话哲学》等一系列著作，不难发现，他的“语言疾病说”并非简单地指语言生病退化，而是含着对语言进化过程中的语言形式遗留、语义衍变和误解、概念演化史的洞察与探讨。

到21世纪初，即缪勒过世百年之际，欧美学界掀起重思缪勒学问的思潮。其中，卢伦斯·彼得·范登博思（Lourens Peter Van den Bosch）的《麦

---

① Ronald W. Neufeldt. *F. Max Müller and the* Rg—veda: *A Study of Its Role in His Work and Thought*, Minerva Associates Publications, 1980, pp. 62—91.

② Crick, Michael, *Explorations in Language and Meaning: Towards a Semantic Anthropology*, London: Malaby Press, 1976, pp. 32—35.

克斯·缪勒：献给人文学科的一生》（2002）堪称集大成之作。书中详实评述了缪勒在历史比较语言学、语言学、宗教学、神话学等领域的贡献和不足，以一章专门论述缪勒的神话学[①]。在综合缪勒各时期神话学著作的基础上，作者揭示了缪勒神话学被学界忽视的诸多方面。比如说，探求神话叙述的更深层含义（deeper meaning）是贯穿缪勒神话学的一个基本目的[②]。或者说，缪勒试图从字面上荒诞无理的古老神话中发现其背后的合理层面和生成机理。在探源神话的过程中，缪勒深知神话的复杂性，他虽然坚持自己的语言溯源立场，但也承认其他神话学思路的必要价值。也就是说，缪勒与人类学派并非如神话学史所呈现的那样新旧敌对。此外，范登博思结合缪勒的《语言学讲义》（卷二）阐释了“语言疾病说”与语言隐喻性的关联、“神话”作为“语言疾病”的多重含义：在缪勒笔下，“神话”不仅仅指狭义上的诸神和英雄故事，而是可以泛指人类历史中语言的原义被遗忘、遗留的语言形式衍生出新义、而新义偏离原义的“语言疾病”。正如马乔瑞·维勒—巴克莱（Marjorie Wheeler-Barlcay）简要指出的，缪勒的“语言疾病说”远比维多利亚人类学家所认为的更丰富有趣[③]。当然，范登博思也纵观神话学史、历史比较语言学史，坦言缪勒神话学片面过时的方面。所不同的是，范登博思还从现当代语言哲学、语言与认知的研究视野指出，缪勒对语言与神话的认识在当代仍有关联性（比如，语言与思维的互动关系），值得进一步探讨。简而言之，范登博思对缪勒神话学的评述广博深厚、多元细致，既基于缪勒的多学科著作，又兼顾神话学史及相关领域的学术史。这为我们反思缪勒神话学的丰富性、理解相关学科史的演化带来诸多线索和启示。

四、结语

综合来看，英语学界对缪勒神话学的态度有两条粗细不同、相互交织的

---

① Van den Bosch, Lourens Peter, *Friedrich Max Müller: A Life Devoted to the Humanities*, Brill, 2002, pp. 243—292.

② Van den Bosch, Lourens Peter, *Friedrich Max Müller: A Life Devoted to the* Humanities, Brill, 2002, p. 243.

③ Wheeler—Barclay, Marjorie, *The Science of Religion in Britain*, 1860—1915, University of Virginia Press, 2010, p. 47.

脉络。在神话学史的粗线条叙述中，缪勒往往以被人类学派打败的对手形象出现；其神话学说的过时维度被凸显，其神话学说的内涵被一带而过、甚至曲解。而细致研究缪勒神话学的著作则呈现出缪勒神话学的多元特点。这类著作承认缪勒神话学不足之处的同时，揭示了缪勒神话学的丰富内涵、历史上的积极贡献及其当代关联。其中，缪勒的“语言疾病说”虽然缺乏从仪式、习俗等角度的神话溯源，但是，这一学说对语言隐喻性、语义演化中语义讹传而衍生神话的基本思考仍有启迪意义。这引导学者关注语言“进化”和“退化”共存的复杂性及其对思维认知的影响。缪勒的“太阳神话说”也并非简单地把一切神话起源归于太阳，而是含着古人的语言、感知、自然、超自然之间的相互关系。这些关系与日益重视神话与人类社会的关系研究并非互斥，而是存在相互补益的可能。

上述两条线索之间的张力提示我们，在理解缪勒神话学说及其在神话学史上的地位时，有必要既立足缪勒神话学的系列原作，又结合神话学史及相关学科史，还需综合考虑缪勒的学问体系。这有助于我们更客观、立体地看待缪勒神话学说的功过，从而汲取其精华、规避其不足，而不是以后人的优势苛责前人。这一过程也许益于我们批判地扬弃西方神话学思潮，更加多元、审慎地发展神话学。

《神谱》爱欲的语义与属性建构

广州软件学院　刘庆莲

摘　要　爱欲是《神谱》的主要书写对象。书中的爱欲语义丰富，厄洛斯具有原始的本真性，代表生命本源；阿芙洛狄忒代表着社会进程中爱欲法则的建构；爱欲与战争的紧密交织则体现了神话文本中爱欲的政治化色彩。爱欲三层语义的相续并置，凸显了爱欲从自然属性向社会属性的嬗变，从这一嬗变过程可一窥古希腊氏族社会的文化价值取向。

关键词　《神谱》；爱欲；厄洛斯；阿芙洛狄忒；战争

赫西俄德的《神谱》是古希腊第一部系统记载希腊诸神世系的叙事诗，它书写的是宇宙和神的诞生，讲述从地母该娅诞生一直到奥林匹斯诸神统治世界这段时间的历史。一直以来，众多评论家关注的焦点都是神之间的争斗和权力的更替。但是细细梳理《神谱》，发现一个有意思的现象，在正文部分讲述原始之神的诞生时，爱欲之神厄洛斯首先出现在读者的视野里，参与了宇宙的开天辟地；接着是爱与美女神阿芙洛狄忒从父亲被阉割的阳具中神奇诞生，以及诸神的爱欲与交媾；最后，诗歌以宙斯、男神、女神的爱欲与交媾的颂歌结束。《神谱》始于爱欲，终于爱欲。翻开希腊的思想史和文学史，关于爱欲的探讨一直长盛不衰，那么赫西俄德笔下的爱欲文化内涵是什么？具体而言，厄洛斯和阿芙洛狄忒的存在具有什么文化意义？如何理解书中孜孜不倦所描写的诸神的爱欲与交媾？再结合众评论家所评述的《神谱》的主要线索是诸神间的争斗和权力的更替，爱欲和战争是神谱的两大主题，这两个主题如何统一在一个神话文本里？

一、生命本源——爱欲之神厄洛斯的本真性

“最初诞生的是卡俄斯，随即是‘幅员辽阔’大地女神该娅——一切不朽者、所有居住在白雪皑皑的奥林匹斯山颠的众神的坚实基础，道路宽敞的大地深处幽暗的塔尔塔洛斯，还有厄洛斯——不朽诸神中最俊美者，能令所有的神明和所有的人魂不守舍，扰乱他们的心智和缜密的筹划”[①]。

这段话讲述的是天地间四位原始之神的诞生。最先诞生的是卡俄斯大神，接着是地母该娅、地狱塔尔塔洛斯和爱欲之神厄洛斯。厄洛斯是第四位原始之神，从身份级别来看，它是奥林匹斯诸神族谱中的元老，是万神殿中最古老的一员，它和其余三位原始之神先于并引导了宇宙起源的整个组织过程，应得到诸神和人类的顶礼膜拜。因为原始，所以它具有混沌、本真、与生俱来、独一无二的特性。这个特性犹如一张标签，特别标示了在古希腊神话中，爱欲母题有着古老的与众不同的起源，由始至终伴随着古希腊神话，深刻地影响了古希腊的文化艺术，乃至原始初民的价值观和文化思维。

再审视四位原始之神的形态，韦斯特认为卡俄斯是“裂缝”，指一个开裂的、阴暗无光的空间[②]，地母该娅也可理解为一个广阔无边的地面空间，而塔尔塔洛斯则可理解为地面之下的地狱空间。换言之，卡俄斯、该娅和塔尔塔洛斯形成了一个完整的立体空间，那么厄洛斯在形态上以何种方式存在？很明显，有别于前面三位原始之神构建的统一空间，厄洛斯不再是空间，而是充斥于卡俄斯、该娅和塔尔塔洛斯所形成的空间里的一种填充物，它可以是一种物质，也可以是一种无所不在的气，如果理解为一种物质，则对应了韦斯特之语“卡俄斯是‘裂缝’，指一个开裂的、阴暗无光的空间，其间并非空洞无物，而是充斥着黑暗与诸多物质”[③]。换言之，在天地形成之际，宇宙充

① ［古希腊］赫西俄德著，王绍辉译：《神谱》，上海人民出版社，2010 年，第 23 页。
② 同上，第 88 页。
③ 同上。

满了爱欲之物质，它具备强大的力量，是宇宙诞生之初涌动的前进之力，是世间欲望主体之本能，作为宇宙诞生的原始之神，它的作用不可或缺，催生了诸神和人类的爱欲，并由此带来强大的繁衍能力，主宰着诸神的诞生、宇宙和人类的建立。在这层含义里，爱欲之神厄洛斯是一种生命力和创造力的体现，是宇宙前进的原动力，也正是厄洛斯的本真性。而为了凸显这一特性，在叙述上，厄洛斯的诞生采取了家谱学式叙述，利用全知型的叙述视角，不带感情色彩、平实、冷静的叙述语言，客观讲述宇宙这个大家庭的诞生与演变。家谱学意义在于寻根问祖，继承传统宗族文化中的优秀成分，构建宗族的共同文化认同，共同伦理道德规范，从而达到宗族和谐和可持续发展。原始神诞生过程的家谱学式叙述寄寓了宇宙是一个大的宗族组织，爱欲之神厄洛斯是祖先之一，它留下的文化因子是宇宙文化的核心组成部分之一——事实上，神话文本中阿芙洛狄忒的出现以及诸神的原始欲望的放纵，乃至西方文化中爱欲探讨的层出不穷也印证了这一点。

由此可见，对生命本源的思考早在神话的虚构叙述中得到了注意和表达，这种哲学性的思考是希腊先民对人的爱欲本能的肯定和颂扬，对爱欲作为两性关系的自然属性的深刻认识，是人类探索宇宙和认识自我迈开的第一步。

二、文明世界里的爱欲法则——阿芙洛狄忒的对立与统一

《神谱》并没有对厄洛斯的形体和存在形式作更多的介绍，有形体、可以被描述和被感知的是爱与美女神阿芙洛狄忒，她将爱欲这一原始而恒固的宇宙原动力定格下来从而成为万神殿中的偶像，并超越了厄洛斯的原始性与自然属性。

阿芙洛狄忒的诞生与男性的阳具有关。乌拉诺斯粗暴地对待地母该娅和囚禁他们的孩子后，该娅和最小的儿子克洛诺斯合谋通过阉割的方式，剥夺了乌拉诺斯的性能力和宇宙王者之位。当乌拉诺斯“被利刃割掉的性器，被从陆地扔到汹涌的大海，它们被带到海上良久，在周围，白沫从阳具中喷出，一位少女从中诞生”①。阳具象征男性气质和权威，阿芙洛狄忒诞生于王者父亲的阳具，理应具备上述特征，但阿芙洛狄忒却是一个极具女性气质的神，“端正美丽”，

① ［古希腊］赫西俄德著，王绍辉译：《神谱》，上海人民出版社，2010年，第27页。

“在她的纤纤玉足四周，绿草萌生”，“少女般的低语与微笑，诱骗和怜人的欢欣”[①]。神奇的诞生和女神的气质形成了矛盾性，并带出了阿芙洛狄忒的本质特点：阿芙洛狄忒是对立和统一的矛盾体。主要表现在以下两个方面：

第一，爱欲的感性与理性。阿芙洛狄忒“还因她由性器而生，又被称为‘爱阳具者’，她一出生，步向神族时，厄洛斯与她为伴，俊美的欲望之神西摩洛斯同她相随，少女般的低语与微笑，诱骗和怜人的欢欣，还有迷狂的爱欲，是她与生俱来的特权”[②]。阳具象征的是性、情欲、本能、冲动、感性和激情，阿芙洛狄特从阳具中诞生，代表感性的生活观，象征美丽、青春、情欲的满足。但女神的诞生也标志着爱欲面对宇宙进程而重新建构的一些理性法则：例如诸神或者人类的爱欲从此将服从一些严格的规则，例如两性的结合是两个相反的本原——阴性和阳性，因欲望相互吸引，但本质上又彼此不同，并保持适当的距离，彼此调整，彼此一致；以爱欲为基础的婚姻自有其组织与平衡，包括生育和繁衍，一致和冲突，和谐和斗争等等。以该娅和乌拉诺斯的结合为例，乌拉诺斯自诞生起，就严密地铺展在该娅的身体之上，两者彼此平等，象征着宇宙间大地和天空的一种平衡，他们的匀称体现了世界组织有序，封闭而完整的整体性。但乌拉诺斯肆无忌惮、源源不断向该娅发泄自己强大的性欲，并把生育的孩子全部塞回该娅体内，禁止他们与光明接触，从而终止了世代的进程。乌拉诺斯强暴地破坏了大地与天空的平衡，他既不在阴阳两性的结合上让出丝毫的空间，也不让新的神系一代接一代诞生。一直到乌拉诺斯被阉割、去势，宇宙才恢复它的平衡和前进的步伐。乌拉诺斯被阉割的命运印证了他违反了爱欲的理性，因此于阉割情节中诞生的阿芙洛狄忒的理性象征意义更凸显了。如果说厄洛斯代表的是原始的、毫无法则、充满本能的爱欲，那么阿芙洛狄忒则充满了哲学的思辨性，代表了能够协调统一感性和理性于一体的爱欲，象征着文明前进的步伐。

第二，爱欲的惩罚与规训。这是爱欲的感性和理性对立统一的深层次表现，这里借助《荷马史诗·奥德赛》第八卷阿芙洛狄忒的爱欲故事进行阐述。《奥德赛》中阿芙洛狄忒是匠神赫菲斯托斯的妻子，但是阿芙洛狄忒与战神阿

① ［古希腊］赫西俄德著，王绍辉译：《神谱》，上海人民出版社，2010年，第27—29页。

② 同上，第29页。

瑞斯“偷偷幽会”，“玷污了大神赫菲斯托斯安眠的床榻”①。赫菲斯托斯发现后，精心编织了扯不破挣不开的罗网，巧妙地捉奸在床，并招来众神，邀请他们观看裸体寻欢的、被束缚在罗网里的阿芙洛狄忒和阿瑞斯。赫菲斯托斯提出赔偿，要求阿芙洛狄忒的父亲全部归还当初婚姻的聘礼，围观的众神也要求阿瑞斯必须对赫菲斯托斯做偿付。事后，阿瑞斯去了色雷斯，阿芙洛狄忒去了塞浦路斯。在此情节中，阿芙洛狄忒和阿瑞斯的爱欲是一种本能的、放纵的激情，代表爱欲的感性，正如诗中阿瑞斯对阿芙洛狄忒所言“亲爱的，快上床吧，让我们躺下寻欢爱”②。但这是一种违禁之爱，违背了当时的婚姻秩序。因此，偷欢的两位神明受到了四重惩罚，被俘、被观看、赔付和自我放逐。四重惩罚，深刻地告知当事者、众神明乃至众人类，这就是不遵循爱欲理性法则的恶果，理应规训本我的激情和社会行为。

高度组织化的神明世界其实就是人类自身生存的现实社会的一面镜子，神明反映的问题其实就是人类本身遇到的问题。阿芙洛狄忒在神话中具有强大的现实意义和指导意义，她的婚姻和偷情，惩罚与规训，凸显了爱欲的社会属性，折射了古希腊原始社会晚期，以父权为中心的氏族社会的家庭伦理问题，包括一夫多妻制，私有制，以及女性从属地位问题。因此，如果说厄洛斯代表的是生命之本源，那么阿芙洛狄忒则代表社会进程里的爱欲法则——人类的爱欲既具感性，更遵循现实原则，爱欲世界有着自身的惩罚与规训机制，爱欲的法则体现了社会文明前进的步伐。因此，即便《神谱》里厄洛斯在起源上比阿芙洛狄忒更古老，但随着宇宙进化，一旦时机来临，厄洛斯便顺从她适应她，完成新时代爱欲内涵的传承和更新，一如《神谱》所写的成为阿芙洛狄忒忠实的追随者。

三、战争与权力——爱欲政治化的激情扩张

在《神谱》中，厄洛斯作为第四位原始之神，并不派生于某个比自身更加原始的事物，而是作为宇宙的基本范畴出现，因此，犹如学者所言，“所有

① ［古希腊］荷马著，王焕生译：《奥德赛》，人民文学出版社，2013 年，第 139 页。

② 同上，第 1140 页。

强烈的、不论肉体的或精神的欲望要参照这个渴望的基本解构”[①]。“爱洛斯一词这种宽广的原始语义域均出现在荷马和赫西奥德的著作里……不仅爱洛斯，就连阿佛洛狄忒有时也被广义的使用，以表示各种激烈或热切的欲望”[②]。《神谱》中的爱欲也具有复杂的语义，既包含厄洛斯和阿芙洛狄忒象征的性欲这一基本要义，也包含了诸神对权力和统治的扩张欲望，表述为对权力和统治的野心、抱负。爱欲的概念发生了扩延，扩延成功的基础是具备精神的共同体——激情。性欲之爱欲，是对意中人的肉体激情或者追求激情，对权力和统治之爱欲则是一种政治激情，包括成为统治者的野心，发动斗争的冲动，战争中所表现的雄伟、所向披靡。

细读《神谱》文本，全文由始至终贯穿的两个主题“爱欲”和“战争”，见下文的表格。

表1　《神谱》中的爱欲与战争（按文中出现的先后次序排列）

序号	性质	事　件	结　果
1	爱欲	厄洛斯的诞生	爱神作为宇宙的基本范畴出现
2	爱欲	黑暗神厄瑞玻斯和黑夜神努克斯的爱欲与交媾	光明之神埃塞尔和白昼之神赫墨拉诞生
3	爱欲	该娅和乌拉诺斯爱欲与交媾	提坦神、独目巨人、百臂巨人诞生
4	战争	该娅和克洛诺斯联手攻击乌拉诺斯	乌拉诺斯被阉割，爱与美女神阿芙洛狄忒诞生，克洛诺斯成为宇宙之王
5	爱欲	提坦神的爱欲与交媾（如俄开诺斯+忒苏丝，瑞亚+克洛诺斯等）	诞生其余诸神
6	爱欲	提坦神伊阿佩托斯的爱欲与交媾	普罗米修斯诞生
7	战争	宙斯和普罗米修斯	人类有了火种，潘多拉和魔盒降落人间
8	战争	宙斯释放被囚禁的百臂巨人，联手攻击提坦诸神	宙斯的统治地位得到巩固
9	战争	宙斯与提丰	宙斯被推举为王，统领不朽者
10	爱欲	宙斯的爱欲与交媾	诞生其余诸神、英雄、精灵
11	爱欲	男神/女神的爱欲与交媾	诞生其余诸神、英雄、精灵

① ［美］路德维希著，陈恒译：《爱欲与城邦——希腊政治理论中的欲望和共同体》，华东师范大学出版社，2013年，第11页。

② 同上，第12页。

爱欲与战争紧密地交织在一起，推动了宇宙最终秩序的建立。拉开宇宙斗争、暴力的序幕是序号3的爱欲与序号4的战争。第一代天神乌拉诺斯自出生起，就以自己庞大的身体覆盖着母亲该娅，“在他简单的原始强力中，除了性活动，不知任何别的活动”[1]，乌拉诺斯具有强大的性本能，不断向该娅发出爱的渴求，在源源不断的交媾中，生下了提坦巨神、独眼巨人和百臂巨人。乌拉诺斯对权力、统治的渴望和性能力同样的巨大，因此，他对后代的憎恨如同性本能一样，与生俱来。他既害怕强悍的孩子剥夺了他的统治权，却又迷恋爱欲，无法控制欲望不交媾从而杜绝孩子的出生。为了协调性欲望和后代诞生的矛盾，无限满足自己的激情——性爱激情和统治激情，乌拉诺斯将所有的孩子全部塞回到该娅的母体里，“他们一出生，天神乌拉诺斯就把他们全部雪藏，不让见光，他们被藏到大地女神该娅的一个密所”[2]。爱欲的产物（孩子）得不到宣泄与引导，乌拉诺斯无序的、原始的性强力不但违背了地母的意愿，也终止了宇宙起源的进程。地母该娅在哀鸣，为了惩罚乌拉诺斯贪婪的性欲和统治欲，当乌拉诺斯再次向该娅求爱时，该娅和克洛诺斯将乌拉诺斯的阳具割了下来，“广袤的天神乌拉诺斯来了，带着夜幕和对爱的渴求。随即，他伸开双臂将大地女神该娅完全笼罩。此时，从藏匿之处，一个孩子伸出他的左手，右手紧握一柄巨大的镰刀，锯齿锋利，瞬间便将自己父亲的性器割去”[3]，乌拉诺斯从此与该娅分开，永远离开大地，固定在世界顶端。乌拉诺斯被剥夺了爱欲的能力和失去了统治宇宙的权利和能力。爱欲、战争、阉割、去势，四者在这里发生了因果关系，因为爱欲发动了战争，因为战争而被阉割，因为被阉割而去势。从情节的叙述来看，乌拉诺斯的爱欲既包含性欲望也包括统治意志，两者共同的心理基础是欲望和占有。一方面是对该娅的强大的爱欲，另一方面为了巩固爱欲的获得从而实施统治意志和发动战争。原始的性强力所体现出来的激情迁移至政治秩序领域，被阉割意味着战争的失败，一方面是阳具的去势，爱欲的去势，另一方面是统治权力的去势。

---

① ［法］让—皮埃尔·韦尔南著，余中先译：《神话与政治之间》，生活·读书·新知三联书店，2005年，第287页。

② ［古希腊］赫西俄德著，王绍辉译：《神谱》，上海人民出版社，2010年，第25页。

③ 同上，第27页。

由此，《神谱》中爱欲的社会属性指涉到了权力和统治，不管作者是有意还是无意，他笔下的爱欲在语义上囊括了自然原始之意，也反映了社会进程中的家庭伦理问题和社会权利分配、政治秩序的建构问题。在这原始、家庭和社会的嬗变中，神话的结局是宇宙秩序的建立和王者的诞生。

将乌拉诺斯的政治激情和统治欲望发挥到极致的是宙斯。与宙斯相关的战争，是关于宇宙王者和重建宇宙秩序的战争，从《神谱》文本所采用的词群即可窥出，如序号7的战争中，文本强调“宙斯的意志是无法欺骗和超越的。即便是伊阿佩托斯之子、救世主普罗米修斯，也逃不掉他的盛怒……”[①]，意志是王者的意志，是排斥异己，建立宇宙霸权的意志。序号8的战争，克洛诺斯所代表的提坦巨神，是宙斯最强大的敌人。乌拉诺斯的毁灭源于他本身原始无序的性饥渴，但“克洛诺斯并不是一个像他父亲那样充分洋溢着过度生命力的神，他是一个残暴、奸诈和多疑的王子，永远保持着高度警惕，时时心存戒备”[②]。宙斯为了得到强大的援助，为了赢得“胜利与权势”，释放了被乌拉诺斯囚禁的三个百臂巨人，“天父（乌拉诺斯）因嫉妒他们无比的力量、外貌和身材，而将其关入宽阔的地下”，宙斯释放了他们，因为“依靠他们，将会赢得胜利与盛名”，得到百臂巨人，宙斯等“施善诸神……对战斗的渴望更胜往昔”，“同时使用了武器与强力，无垠的深海发出可怕的回响，大地雷霆震响，广袤的天空摇撼呻吟……因为彼此同时发出了战斗的呐喊”[③]。胜利与权势，胜利与盛名，对战斗的渴望，战斗的呐喊等词群窥出了宙斯诸神的政治激情，成为宇宙之王的欲望、野心、抱负。

爱欲在此似乎失去了性欲望的基本意义，只保留了对统治和权力的狂热崇拜。其实非也，宙斯的爱欲依然与政治欲望紧密相连，表现为依托爱欲带来的强大能量，巩固战争带来的稳定秩序，强化统治。在序号10的爱欲中，作者记叙了宙斯的一系列爱恋，其中包括宙斯和忒弥丝，宙斯和谟涅摩绪涅。忒弥丝是一个宣告神谕的强力之神，预知未来如知现在，了解甚至宙斯都不知道的未来和秘密。谟涅摩绪涅是记忆女神和古老的时间女神，缪斯们的母

---

① ［古希腊］赫西俄德著，王绍辉译：《神谱》，上海人民出版社，2010年，第57页。

② ［法］让—皮埃尔·韦尔南著，余中先译：《神话与政治之间》，生活·读书·新知三联书店，2005年，第288页。

③ ［古希腊］赫西俄德著，王绍辉译：《神谱》，上海人民出版社，2010年，第61页。

亲，了解并歌唱过去，仿佛过去永远存在一般。这两个女神代表了固定的和确定的一切，“都因跟宙斯的婚姻，带给他时间上的全面观照，带给他过去、现在、将来发生之事在精神中的这一共存，而他正需要这些来统治世界”①。

宙斯取得宇宙霸主之位，重新分配诸神的神职和荣誉后，《神谱》便在对宙斯和诸神的爱欲与交媾的歌颂中结束。《神谱》始于厄洛斯代表的自然属性，终于宙斯依靠智慧、力量和婚姻建立的政治秩序，在性爱磁场里所表现出来的强大的力比多，迁移到权力斗争的疆域里，同样极具震撼力。情场英雄成为权力斗争中的强者。胜者为王，败者为寇。于是，神话的爱欲文化内涵便呼之而出，爱欲是本能，是激情，是抱负，是占有的野心，既代表人类的性本能，肩负着宇宙的繁衍重任，也代表着人类的征服本能，标志着世界强者秩序的建立和规则的制定。在此内涵上反观古希腊文化的英雄主义观，实质上是诸神和英雄们强大的爱欲的表征，包括爱情人、爱兄弟、爱荣誉、爱权利，渴望冒险、渴望战斗等一切能够体现自我价值的欲念和事物，例如古希腊的民族英雄阿喀琉斯，他有着过度的激情，他的强烈爱欲与强大的战斗力紧密联系在一起，包括爱荣誉和女人。

四、小结

有学者指出，在希腊神话的秩序中，“爱欲”是一个随时跳动的导向力量②，爱欲故事充斥着希腊神话每一个角落。以“爱欲”观来细读《神谱》，《神谱》已不是单纯的关于众神的谱系了，它的潜文本众多，既反映了古希腊先民的价值观，肯定爱欲的本能，歌颂英雄主义，也可一窥古希腊氏族社会晚期的家庭伦理，更可以将文本放大到社会领域，研究政治秩序的建构过程。这也正如布克哈特所说，神话把对大地和宇宙的看法，对世界的无意识的观察，以及从生活中提取出的经验都包裹在其精致的和闪亮的面纱之中③。

① ［法］让—皮埃尔·韦尔南著，余中先译：《神话与政治之间》，生活·读书·新知三联书店，2005年，第290页。

② 林玮生：《中西文化范式发生的神话学研究》，中山大学出版社，2017年，第93页。

③ ［瑞士］雅各布·布克哈特著，王大庆译：《希腊人和希腊文明》，上海人民出版社，2012年，第60页。

论龙凤与商祖喾、契之关系①

华中师范大学历史文化学院　宋亦箫

摘　要　商周器物中的饕餮纹、龙凤纹或造型，有一些具锤斧式角冠的特点，甲金文龙凤二字，其顶部均有一“辛”字符，实际上这是连系龙凤与商祖神喾、契之纽带。因“辛”字本义正是斧凿或刻字锲刀。在喾契神话中，帝喾作为雷神，有武器雷公锤斧，商契作为笔神，有工具刻字锲刀，他们又都有龙和凤的变形和化身。因此商代器物中的龙凤纹或造型，甲金文中的龙凤二字，是商祖神帝喾和商契的象征。

关键词　龙凤；帝喾；商契；饕餮纹；商祖神话

如果将龙和凤看作是中国传统文化的代表之一，不会有人反对。它们所体现出来的象征、寓意和装饰等文化效果，经历了数千年的酝酿、形成和发展过程，后代不断地将新的象征和寓意叠加进去，形成了纷繁多姿、内涵丰富又因时代久远、反复叠加重置所形成的内涵遮蔽等现象。陈绥祥先生一段

① ［基金项目］本文为2019年度国家社科基金冷门绝学研究专项“早期外来文化与中华文明起源研究”阶段性成果（项目批准号：19VJX039）；2020年度四川省社会科学院神话研究院科研资助项目“夏人和楚人祖神神话的比较研究”阶段性成果（项目编号：2020SHZD04）。

谈龙的话也极为精彩："与龙有关的文化现象堪称中华民族文化的缩影，龙所展示的独特形态，蕴藏着中华文明中最奇妙、最有趣的华采，龙所表述的观念，牵连着中华文化中最隐秘、最曲折的精萃。"[①] 诚哉斯言，且凤也亦然。

在这些"最隐秘、最曲折的精萃"中，我们发现，龙凤与商代祖神帝喾和商契，竟有一种密切关系，但这种关系已被后来的久远岁月所掩盖和遮蔽，我们尝试在此文中揭开这种关系。当然，龙、凤这一对神话动物，它们的出现，要比商人或其祖先还早，也即是说，龙、凤并非商人先民的创造发明，但是商人在继承这一文化成果时叠加进了自己的文化养分，是完全可能的。让我们先从商周器物和甲金文中的龙凤形象说起吧。

一、商周器物和甲金文中的龙凤形象

在商周青铜礼器的纹饰中，除了饕餮纹，龙纹和凤纹算是大宗了。饕餮纹曾有学者认为它实际上是"立体龙首纹"[②]，因此它还是属于特殊龙纹。在龙、凤纹当中，笔者下面要特别介绍一些龙纹、凤纹当中的像雷公锤斧式的角饰和冠饰，这种角冠饰，也有人称作"蘑菇状"或"保龄球状"，在饕餮纹中也广泛存在。

1. 商周青铜器上的龙凤纹选释

商代饕餮纹（图 1）。我们从《商周青铜器纹饰》一书中选出三件饕餮纹予以介绍。它们均为殷墟出土品，其中图 1—1 是殷墟中期齐妇鬲腹部饕餮纹，我们想强调在它的额部双弯角之间，有一个呈锤斧状造型，上大下小，上部似锤头，下部似锤柄。一般称其为"额饰"。但我们认为这并非简单装饰，而是有特殊寓意。图 1—2 为殷墟晚期兽面纹卣盖上的饕餮纹，此饕餮纹较为特殊，呈一种嵌套式结构，即大饕餮纹的额鼻部又有小饕餮纹，大饕餮纹的弯角由侧面象纹构成等，我们更要关注的是象纹式弯角中间的楔形柱式造型，它像一种锛凿类工具，在工具下部，有一构形呈向两侧对称式翻卷，颇像被上面的锛凿劈开所致。图 1—3 也是殷墟晚期兽面纹方彝腹部的饕餮

① 陈绶祥：《中国的龙》，漓江出版社，1988 年，第 1 页。

② 邱瑞中：《商周饕餮纹更名立体龙首纹说》，《内蒙古师范大学学报》（哲社版）1989 年第 4 期。

纹，该纹饰面部中间有一条清晰的间断线条将饕餮纹面部一分为二，也可以看成是两个对称、侧身的龙首（纹）的拼合。这件饕餮纹最要注意的是，在它的双弯角中间，还有一对呈雷公锤式的造型，或者直接把这对造型看成是角。因为后面要介绍的其他龙纹有更多这种情况。

图 1　商代带锤斧式顶角饕餮纹①

图 2　商周青铜器带锤斧式顶角龙纹②

商周青铜器上的龙纹（图 2）。马承源先生说："龙这种幻想中的动物，不仅是商周青铜器而且也是其他器物上广泛性的装饰题材。在中国古代的工艺史中，龙这类神秘的灵物占有最重要的地位，大量被装饰在玉器、象牙器、骨器、木雕和许多服饰上。"③ 马先生这段话里只提到龙纹作为"装饰题材"，其实在上古中国，很多的所谓"装饰题材"，并非是单纯装饰，它们往往在最开始象征寓意更浓，慢慢地象征性和装饰性兼有，后来才渐失象征寓意而变为较纯粹的装饰题材。商周时期的龙凤纹，我们认为当处于以象征为主到象征和装饰兼而有之的阶段，本文想要力图揭示的，也正是当时存在的龙凤纹的象征寓意。

① 图片选自上海博物馆青铜器研究组编：《商周青铜器纹饰》，文物出版社，1984 年，第 60、53、54 页，原图号 166、142、145。

② 同上，第 107—109 页，原图号 295、294、299。

③ 马承源：《商周青铜器纹饰综述》，上海博物馆青铜器研究组编：《商周青铜器纹饰》，文物出版社，1984 年，第 6 页。

图2—1是殷墟晚期射女鼎口沿龙纹，图2—2是殷墟晚期兽面纹鼎颈部龙纹，图2—3是西周早期凤纹簋上龙纹，三龙纹均呈侧身式，有的身短而屈，有的身长而较直，但无一例外的是都突出头顶部的锤斧式顶角。

商周青铜器上的凤纹（图3）。如果说早商时期青铜器的主题图案还是饕餮纹，则商末和西周初期，已进入凤鸟纹为主题的“带纹期（以二方连续形式为装饰特征）”了。“凤鸟纹的造型都是以闭嘴瞪眼，长冠卷尾，昂首凝视，规矩严谨为主要特征，表现出一种静中见动，神秘莫测的内在潜力将要随时向外发展的一种力量和意志”①。马承源先生认为将凤纹从其他鸟纹中区别开来的办法是以甲骨文“凤”字作为形象参考，因此他认为凤鸟纹有冠，且分两类，一类作辛字形，一类作丵字形。而辛字形又是丵字形的简化等等②。

图3 商周青铜器带锤斧状冠凤鸟纹③

我们选出五件商代青铜器上的凤鸟纹，它们都有圆圆的眼睛，翻卷的长尾，当然最突出的特征则是头顶上方的锤斧式冠（或称角），这也就是马承源先生所言的“辛（丵）”字形冠饰。

2. 商代玉石器的龙凤造型（纹饰）选释

商代玉石器的龙造型或纹饰（图4）。就像上引马承源先生所言，龙纹饰不仅在青铜器上多见，也见于玉石器，且玉器多以龙造型体现，石器上则见有龙纹饰。我们选释六件商代玉龙，其中有四件同出于殷墟妇好墓。

① 顾方松编著：《凤鸟图案研究》，浙江人民美术出版社，1984年，第20页。

② 马承源：《商周青铜器纹饰综述》，上海博物馆青铜器研究组编：《商周青铜器纹饰》，文物出版社，1984年，第9页。

③ 图片选自顾方松编著：《凤鸟图案研究》，浙江人民美术出版社，1984年，其中1—4选自第12号图，3—5选自第6号图。

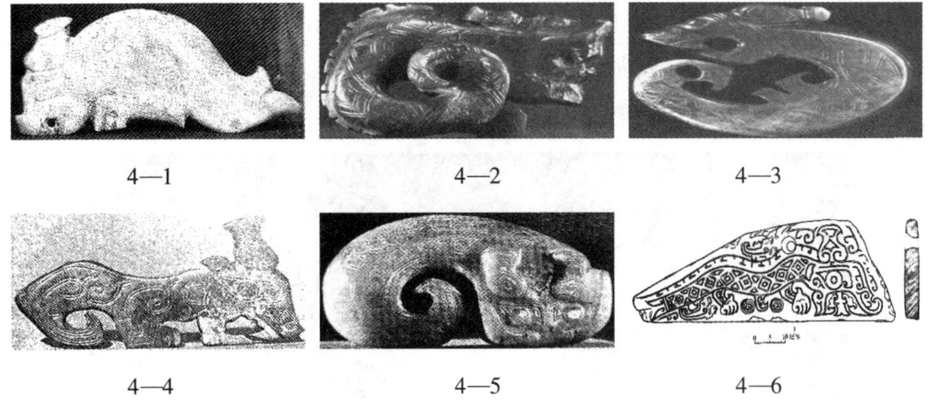

4—1　　4—2　　4—3

4—4　　4—5　　4—6

图4　商代带锤斧式顶角龙形玉雕（纹饰）①

图4—1是故宫博物院藏玉，商代，白玉质，此玉龙颇有猪首鱼尾之像，玉龙拱背屈足，神态安详。造型上最为显著的仍是头顶上的锤斧式顶角，从比例上看，有点泰山压顶、硕大无朋之感。图4—2出土于妇好墓，编号408，青玉质，呈墨绿色，圆雕。龙张嘴露齿，眼作目字形，背有扉棱状中脊。龙身内卷，尾部卷成圆环。两短足向前屈，各有四爪。额部正中饰菱形纹，头顶的锤斧式角异常醒目。图4—3也出土于妇好墓，编号422，也呈墨绿色，片状浮雕，作蟠曲形，头尾相接，但有缺口，形似玉玦。最为显眼的仍是其头顶上的锤斧式顶角，也极像现代的保龄球。图4—4编号为360，也为片状浮雕，墨绿色，凹背垂尾，作跪立状，大眼小耳，锤斧式独角呈竖立状，上面似有花纹，跟龙身比起来，相当高大突兀，显然是要特别强调它之故。图4—5编号为992，淡绿色，有黄斑，圆雕。方形头，细长嘴，尾尖内卷，锤斧式双角，贴附于额上，额中有一菱形饰②。图4—6为殷墟小屯出土龙纹石磬，在石磬的一面满刻侧身龙纹，直身微屈，最为醒目仍然是其头顶上的锤斧式顶角③。

相对龙纹，玉石器中的凤造型或纹饰较少。妇好墓中出土有一件玉立凤，

---

① 图4—1选自刘志雄等：《龙与中国文化》，人民出版社，1992年，彩页14；4—2、4—3选自《殷墟妇好墓》彩版26、27；4—4、4—5选自《殷墟的发现与研究》图版41—3、彩版11—4；4—6选自《殷墟的发现与研究》，方志出版社，2007年，第338页。

② 中国社会科学院考古研究所编著：《殷墟妇好墓》，文物出版社，1980年，第156页。

③ 何新：《诸神的起源》第二卷，中国民主法制出版社，2008年，第173页。

因其冠呈花冠状，不属锤斧式，不在本文讨论范围，故不引。另有三件龙凤结合形玉雕（图5），值得特别介绍。

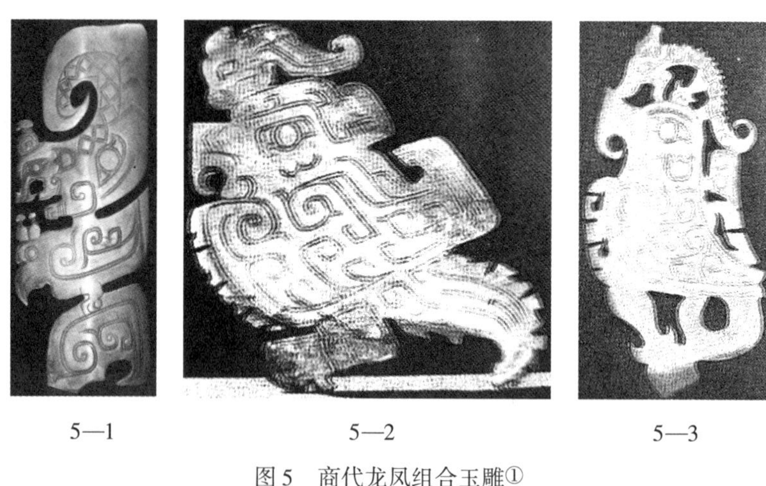

5—1　　5—2　　5—3

图5　商代龙凤组合玉雕①

图5—1出土于妇好墓，编号354，在《殷墟妇好墓》报告中称其为“怪鸟负龙”，黄玉质，通体呈黄褐色，龙尾呈淡绿色，片状浮雕。“怪”鸟作站立状，圆眼尖喙，双足立于一刻有云纹象征云彩的基座上，鸟背上驮负一龙，龙身上竖，尾上翻并向下内卷。最需要着重强调的仍然是龙和鸟的锤斧式顶角，龙一角，偏大，鸟则并列一对，略偏小。我们不知道报告编写者为何要称其为怪鸟，是因为其头顶有双角吗？但青铜器上的凤鸟纹不是有很多有顶角的样式吗？我们认为，这就是一只以鹰鸟为基形的凤鸟，并不怪异。

图5—2也被认为出土于妇好墓，但笔者未从《殷墟妇好墓》检视到，不知何故。姑且认为是。这件片状浮雕龙凤佩不同于上一件的地方在凤鸟体型特大，而龙的体型相对小得太多。龙附于凤的头顶。二者头顶也均有锤斧式顶角。图5—3收藏于台北故宫博物院，与图5—2相似，也是凤大龙小，龙附于凤的头顶。二者头顶均有锤斧式顶角。

---

① 图5—1选自《中国考古文物之美——河南安阳妇好墓》，文物出版社，1994年，第133页；图5—2、5—3选自刘志雄等：《龙与中国文化》，人民出版社，1992年，彩页17、18。

3. 商周甲骨文、金文龙凤字符

商代甲骨文中已有龙、凤二字，龙字见于一、二、四期（图6），其形如商周青铜器和玉器上的龙形，字虽多异形，但不变的是其头部的“辛”字符。凤字见于一、三、四、五期（图7），也是象形字，其形或略有差异，但凤鸟头部立一“辛”字形冠则与龙字完全一致。金文中的龙字与甲骨文近同，有的“辛”字形顶角的锤斧式模样更为形象（图6—8、9）。金文中的凤字有的加上了“凡”字作声符，但头顶的“辛”字符都有保留，有的还加以繁化（图7—9）。

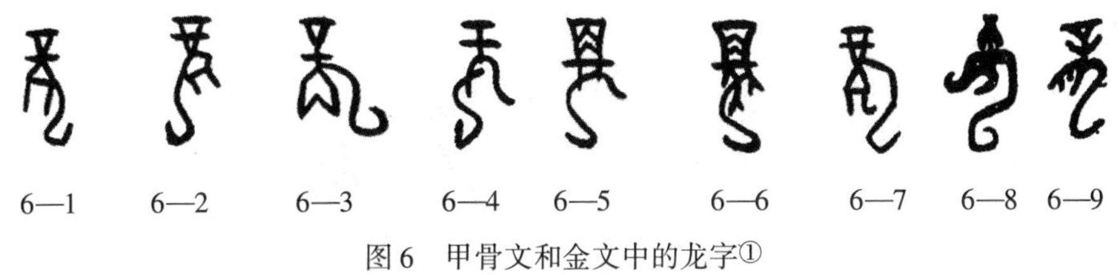

图6　甲骨文和金文中的龙字①

甲金文中的龙凤二字，为何都如此强调龙凤头顶的“辛”字符？它到底有何寓意？我们拟在第二节中一并解答。

图7　甲骨文和金文中的凤字②

二、喾、契神话与龙凤及其头部“辛”字符之关系

笔者曾撰文讨论商人及其前身东夷人的祖神神话，发现所谓的商代祖先

---

① 图6之6—1至6—7选自王本兴编《甲骨文小字典》，文物出版社，1983年，第183页；图6—8至6—9选自冯时：《中国早期星象图研究》图2之8—9，《自然科学史研究》第九卷，1990年第2期。

② 图7之7—1至7—8选自王本兴编《甲骨文小字典》，文物出版社，1983年，第71页；图7—9选自李学勤主编：《字源》，天津古籍出版社，2012年，第325页。

帝喾和商契，实际上是他们所敬奉的祖神，有关喾、契的神话和神格，以及他们的动物化身，笔者曾撰文《由“喾”“商”“卨（离、契）”构形论商祖“帝喾”“契”之神话》（后文简称《喾契神话》），都做过讨论[①]，在这里就只是将相关结论做一些引录，以方便下面的分析。

我们发现，“天命玄鸟，降而生商”神话，讲的正是帝喾化身为玄鸟，来到人间，不管是通过遗卵，还是直接“玄鸟致贻”的方式，与简狄结合后生下了神子商契。先解释一下玄鸟，它是帝喾的化身没错，但到底是什么鸟呢？古今学者有过很多讨论：凤凰、燕子、猫头鹰、鹰鸟等等，我们认为，其实不必各执一端，这些形象都可以是玄鸟，因为作为风神代表的玄鸟或凤，在四方风神话中，本就是用不同的鸟来充当的[②]，最后，它们都被称作“凤”。

殷人的上帝帝喾，有雷神、战神、风神、木星神、日月神和乐神等神格，作为雷神、战神和木星神，他有雷公锤斧这种武器，一如希腊主神、雷神和木星神宙斯的霹雳斧（The Thunderbolt，图8）。帝喾的化身除上引的玄鸟也即凤鸟外，还有龙、牛、鹄（即天鹅）等变形。喾子商契则有笔神、智慧神、水神、水星神、乐神等神格，因其为笔神和智慧神，故手持有刻字锲刀。笔者也曾讨论过，后代的“魁星点斗”之民俗，那手持一笔、独占在鳌头上的魁星，正是商契的衍形之一。神话中父子往往同形同性，因此，商契也有龙、凤等化身和变形。

图8　手持霹雳斧的宙斯[③]

在《喾契神话》中，笔者只是利用先秦文献以证明帝喾和商契有龙形的化身，这次讨论青铜器上的龙凤纹，发现收藏于美国弗利尔美术馆的商代人

① 宋亦箫：《由“喾”“商”“卨（离、契）”构形论商祖“帝喾”“契”之神话》，《殷都学刊》2022年第1期。

② 萧兵：《四方风神话》，陕西师范大学出版总社，2019年，第52、236—237页。

③ 引自叶舒宪：《盘古之斧：玉斧钺的故事九千年》，上海人民出版社，2021年，第23页。

面龙纹铜盉（图9），能更好地将喾、契和龙联系起来。该铜盉通高18.5厘米，器宽20.8厘米，盉口长12厘米。传1940年在殷墟出土，经卢芹斋等转手，1942年入藏弗利尔美术馆①。铜盉椭圆体，敛口鼓腹，矮圈足，管状流，兽首形贯耳。器盖作人面形，细眉圆眼，阔鼻大嘴，有锤斧式双顶角。器身饰龙纹，且与器盖上的人面相结合，形成人首龙身之像，龙体环绕于器腹，并有两爪合抱于器流两侧，在器外壁空隙处，还各饰有一对龙凤纹，其中一对龙纹分列器流两侧，张嘴似欲含住器流，两凤各有一只位于龙人手肘和贯耳的后侧，两对小龙小凤皆有锤斧式顶角。这样的人首龙身形象，且在人首安置两锤斧式顶角，无疑将商祖喾、契与龙形紧密联系起来，这人首只能看作是帝喾或商契，这龙身，也只有有龙之化身的喾、契才堪当。

9—1　9—2　9—3

图9　商代人面龙纹铜盉②

笔者在《喾契神话》中还曾顺便比较了一下巴比伦神话和希腊神话中的父子神马杜克、尼波，宙斯和赫尔墨斯，因为马杜克和宙斯也正是雷神、战神和木星神，而尼波、赫尔墨斯则都是笔神、智慧神和水神、水星神等，非常“凑巧”的是，马杜克有龙形，宙斯虽未提到有龙形，但有跟帝喾相同的鹰形、天鹅形和牛形等变形。更为“凑巧”的是，马杜克所骑混沌孽龙（图10），其头顶两尖角，极似雷神之锤斧，与商周龙凤纹头顶的锤斧式角如

① 贾文忠、贾树编：《吉金萃影——贾氏珍藏青铜器老照片》，文物出版社，2016年，第335页。

② 同上，第77页。

出一辙。当然，笔者在《喾契神话》中认为这其实不是“凑巧”，而是极早期中外文化交流的结果。

就像希腊神话和文化中以鹰、天鹅或牛等造型代表宙斯一样，东夷和殷商先民也以龙和凤等形象代表帝喾和商契，我们在龙山文化和商代的玉锛和玉佩当中的鹰伴人首图案中，就看到了这种象征表达，即这些“鹰伴人首”图案中，鹰和人首有同构关系，人首是帝喾和（或）商契，鹰也是帝喾和商契的象征[②]。

图 10 马杜克骑乘混沌孽龙[①]

除此，在商代的青铜器、玉石器和其他种类器物中，我们所见到的饕餮纹、龙纹和凤纹，自然也是在象征着东夷和商人的祖神帝喾和契的。除了喾、契有龙、凤这样的化身之外，造物者还特意在诸多龙、凤纹或造型上刻画或塑造锤斧状的角或冠，正是在摹写作为雷神的雷公锤斧或作为笔神的刻字锲刀，这正是古人表达象征寓意的画龙点“睛”之笔。

还需要回答一个问题，便是龙和凤的形象并非龙山文化和商代才开始出现，为何说是象征商祖神喾、契的呢？那龙山文化之前的龙、凤又是何寓意呢？跟前者有何关系呢？

我们的理解是，龙、凤的出现确实有更早的源头，而且它们一出现就是神话中的幻想动物，绝非等闲之辈。它们的象征寓意，自然跟当时的神话观念有关，也跟当时的中外文化和神话交流有关。龙、凤的观念在古代中国出现后，其内涵并非一成不变，而是不断地增加或变异它的意涵。象征东夷人和商人的祖神帝喾和商契，正是相关族群根据需要而叠加其象征寓意的结果。

此外，关于龙、凤的象征和寓意，闻一多、郭沫若等学者从图腾的角度

① 选自饶宗颐编译：《近东开辟史诗》，辽宁教育出版社，1998 年，第 65 页。
② 宋亦箫：《古玉上的“鹰伴人首”造型与商祖神话》，《美术研究》2021 年第 4 期。

作过分析，认为龙是夏民族的图腾，凤是殷民族的图腾[①]。因此夏人崇龙，商人崇凤。但问题来了，我们在商代器物中发现的龙纹并不比凤纹少，甚至更多。那为何商人要去膜拜一个异民族的图腾呢？这是上述学者未曾考虑过的问题，《殷墟妇好墓》的作者们也发现了这个问题，说“殷人不但珍视凤，而且相当喜好龙。这是一个值得注意的问题”[②]，虽提请了注意，但没有给出答案。通过上文的分析，我们的答案自然是，龙和凤都是东夷人和商人的祖神的象征，因此它们被共同崇奉。所以，我们不能仅仅知道夏人以龙为图腾，还要看得到商人以龙和凤作为祖神的象征，只有明白了这些，商代器物上众多的龙纹图案才能得到合理的解释。

下面转入对龙凤二字上部的“辛”字符的讨论。

“辛（䇂、丵）”字在甲骨文和金文中的写法有、、等形，对它的解读，古今学者多有议论。归纳起来有两大类，一类是支持许慎在《说文解字》里的观点，认为“辛”是秋天植物成熟后苦辛的味道；二是反对许氏的观点，此派学者多走“因形求意”之路。如郭沫若认为“当系古之剞劂”，即“刻镂之器”[③]，吴其昌认为是“金质刃属兵形之器”[④]，陈独秀对“辛”字的考订也非常精彩，他说：“甲文之，金文之，当为辛字之原始形，此器亦有二用。如斧，大者用之推火，平草穿木，变异为铲，为剗，且以刑人。小者用之契刻，变异为削，为剞劂，今曰刻字刀……锲刻艰辛，刑人大苦，故辛用为艰辛、辛苦字。辣字从辛，谓其味之刺舌。”[⑤] 陈独秀将“辛”解为大者为斧为铲，小者为削为刻字锲刀，非常符合笔者对龙、凤二字上的“辛”符以及青铜器和玉石器龙凤纹上的锤斧式角冠的理解，后者正该是象征帝喾和商契的雷神锤斧或笔神的刻字锲刀。

商人非常重视自己的祖神帝喾和商契，并以他们的武器雷公锤斧和刻字

① 闻一多：《伏羲考》《龙凤》，载其《神话与诗》，天津古籍出版社，2008年，第27、160页；郭沫若：《关于晚周帛画的考察》，《文史论集》，人民出版社，1961年，第293页。

② 中国社会科学院考古研究所编著：《殷虚妇好墓》，文物出版社，1980年，第156页。

③ 郭沫若：《释支干》，《甲骨文字研究》，《郭沫若全集考古编》第一卷，科学出版社，1982年，第181—182页。

④ 吴其昌：《金文名象疏证·兵器篇·说辛》，《吴其昌文集》第二卷，三晋出版社，2009年，第81—82页。

⑤ 陈独秀：《小学识字教本》，新星出版社，2017年，第186—187页。

刀代替本尊予以祭祀，如商人的国名“商”字，甲骨文形如下图（图 11），正是这种祭祀活动的文字遗留。“商”字上部是“辛”字，正是象征商祖神帝喾和商契的雷公锤斧或刻字刀，它被供奉于“丙”字形祭台上。商人以此种宗教祭祀行为造出“商”字，先以之名他们的祖神帝喾和商契，再以之名他们所处的地名，然后以之名族，最后成为国名①。

图 11 甲骨文“商”字②

因此，龙、凤二字上方的“辛”符，只能将其解作雷公锤斧或刻字锲刀，且是用以强调龙、凤二字象征和代表的是商人祖神雷神帝喾、笔神商契才有它们存在的道理。同理，商周青铜器和玉石器龙凤纹上醒目或硕大的锤斧式角或冠，也正是要强化龙凤与帝喾和商契的象征关系。总结一下就是，龙、凤二字上方的“辛”符、龙凤纹饰和造型上的锤斧式角冠，是表示雷神之锤斧或笔神之刻字锲刀，从而代表雷神帝喾和笔神商契，成为他们的象征。

有两件出土于山东益都苏埠屯商代大墓 M1 的神面纹大铜钺（图 12），以实物的形式将喾、契和斧钺紧密地捆绑在了一起。这两件铜钺同出于 M1 北墓道口位置，大小相近，在钺的正背面铸造并镂空一神面，略有区别的是，其中一件在神人嘴旁两侧各铸有铭文，且一正一反，学界认作“亚醜”二字，并简称“亚丑”。但其实所谓“亚”字，只是围绕“醜”字的边框，呈“亞”形，学界习惯读作亚字，笔者认为这是一种表示神圣中心的符号③，跟这座大墓的亚字形墓圹是一个意思。这件钺的两边还饰有扉棱，按约定俗成，我们也称它为亚丑钺，另一件则没有铭文和扉棱，通称神人兽面纹铜钺。

---

① 宋亦箫：《由“喾”“商”“卨（离、契）”构形论商祖“帝喾”“契”之神话》，《殷都学刊》2022 年第 1 期。

② 引自王本兴编：《甲骨文小字典》，文物出版社，1983 年，第 37 页。

③ 宋亦箫：《夏商考古遗存中的亚形造型起源及其内涵探索》，载王瑞华主编：《江城遗珍》，武汉出版社，2021 年，第 207—219 页。

12—1

12—2

图 12 山东益都（今青州）苏埠屯商代大墓神人兽面纹青铜钺①

我们要重点分析的是神面。神面纹又被称为神人兽面纹，是因为他既长着更似人类的眼睛、眉毛和耳朵，但又拥有牛一样的大鼻子和似牛的大嘴。到目前为止，学界也只能认为他具有神秘感，可能与巫术宗教有关等等。笔者则认为，这其实就是商祖神帝喾的造型，喾的武器正是斧钺，这就使喾的形象与武器在此合二为一了，达到了相互印证的效果。还不止此，喾又有一化身为牛，而这件神人兽面纹中，正好在人面形象中融入了牛鼻和牛嘴的造型，这当然不是巧合，而是神面内涵的需要。它充分体现了制器者的神话观念和制作匠心。所以，神人兽面纹大铜钺，并非普通之武器，而是上帝之钺、帝喾之钺，是商人祖神帝喾的象征。

如果说人面龙纹铜盉将帝喾与龙连为一体，神人兽面纹铜钺将帝喾和斧钺合二为一，那么还有一件商代有柄玉钺（图 13），则将龙和斧钺联系了起来。三者形成一个闭环，即帝喾 = 龙 = 斧钺。

这件玉钺出土于山东滕州前掌大商代贵族墓 M120，属商晚期，器高 7. 1 厘米、宽 3. 9 厘米、刃宽 2. 5 厘米。现藏中国社会科学院考古研究所。青玉质，呈青绿色，微沁。钺和柄整体雕刻，钺和柄之间以折线刻画出绑缚关系，

① 图 12—1 引自山东省博物馆官网，该钺现藏于该馆；图 12—2 引自中国国家博物馆官网，该钺现藏于中国国家博物馆。

柄体扁平，末端上翘，翘起部分两端各对钻一圆孔。钺身较宽，“八”字形弧刃，中间对钻一穿孔。更为有意思的是，在钺身那一端的柄上，透雕一具玉龙[①]，头、足、尾与钺柄连为一体，剩余部位镂空。玉龙的锤斧式顶角尤为显眼。这告诉我们，此玉钺也非等闲之器，它是商人祖神帝喾之斧钺，它象征了帝喾，为了强化这一象征关系，还在钺柄一端雕刻上代表帝喾的龙。这大概就是制器者当初的心理动机吧。

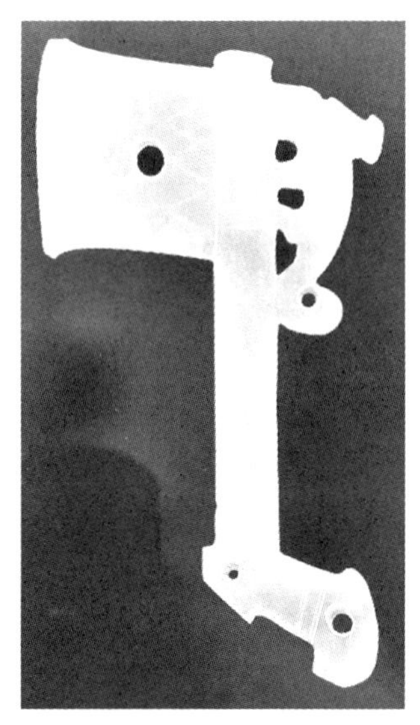

图 13 山东滕州前掌大商代贵族墓 M120 有柄玉钺[②]

再回转到“辛”字。郭沫若已关注到“龙”“凤”卜辞有从“辛”之形，并认为是象龙凤头上之冠，但他从《说文》之解，以为是“丛生之草”状，因此否定了龙、凤是从“辛”之字[③]，尽管郭解“辛”之本义是对的，但对龙凤头顶之“辛”符，却误信了《说文》，殊为可惜。何新也关注到了龙字上的“辛”符，他将“辛”解作斧斤，也没问题，但他认为龙头上标记

① 在《中国出土玉器全集》里，撰文者梁中合将其认作虎，这也是大部分人的认知。这当然是认知错误。王仁湘先生曾很好地对龙虎纹作过区别，即“龙顶角，虎张耳”。此动物头顶明明刻有锤斧式或称蘑菇式顶角，却不被识别，甚为遗憾。

② 引自古方主编：《中国出土玉器全集》第 4 卷，科学出版社，2005 年，第 105 页。

③ 郭沫若：《释支干》，《甲骨文字研究》，《郭沫若全集考古编》第一卷，科学出版社，1982 年，第 179 页。

“辛”，是因为龙是一种凶猛的动物，有巨口獠牙，人们畏惧龙，因此以“辛”标记，以示镇伏①。这个理由就算放到“龙”字上可解释得通，那“凤”字上的“辛”符呢？所以不足为训。

三、龙凤形象及其文字是商祖喾、契之化身和象征符号

由以上论证，已经可以得出龙凤的形象及龙凤二字，是商人祖神帝喾和商契的化身和象征符号的结论，为了强化该论点，笔者再做一些延展讨论。

从商代的青铜器、玉石器、其他质地器物上的龙凤图案或造型，到甲骨文中的龙凤二字，商代文化中充满了对其祖神喾、契的崇奉和铭记。一方面，他们直接以神话中喾、契的变形龙和凤，或铸或刻或塑，形成礼制或生活中的图案或造型，另一方面，他们还直接创造出龙和凤这两个象形文字以状其祖神，为了更加直接和鲜明，他们在龙凤的图案中安上象征喾、契的锤斧式或锲刀式角冠，在“龙”“凤”二字的顶部安上“辛”字符，都是为了强化这些图案和文字，它们就是——喾、契的象征。

因为龙和凤都是喾、契的象征符号，所以我们还能看到将龙凤组合在一起的造型。上文提到的三件“神凤负龙”玉雕，正是这样的例子。其中殷墟妇好墓编号354的玉佩，龙大凤小，二者神态安详，立于凤背之上的龙卷躯翘尾，还颇为俏皮。所以当然不能理解为是代表夏人的龙在“欺压”代表商人的凤。这件玉佩的特别之处，一在龙、凤的头顶，都雕出锤斧式角冠，且神凤之“冠”还呈一对式，这显然是要以喾、契的独特象征符号雷公锤斧和刻字刀来强化它们是喾、契的象征。二在凤足还踩着一片云彩，这就将龙凤定位在了天空和云端，所以他们是神龙和神凤，是商人的祖神帝喾和商契的化身，而不是人间普通的动物。

另两件神凤负龙玉佩中的凤鸟相对于神龙特大，神凤足下所踩似也有云彩，这种驰骋于天空、凤大龙小的构造，是在状摹身为玄鸟的帝喾，驮着他的龙子商契在遨游太空么？

龙凤的有机结合还体现在夔凤纹的出现上（图3）。所谓夔凤，是指有蛇

① 何新：《诸神的起源》第二卷，中国民主法制出版社，2008年，第159—162页。

状长条形、单足、曲卷特点的凤鸟[①]。凤鸟纹能向夔凤纹转化的内在动力是什么？知道了龙和凤都是商祖喾、契的象征，所以二者是一而二、二而一的关系，因此将凤纹刻画出龙躯龙体的夔纹意境来，就很好理解了。

还需要回答两个问题。一是商代龙凤图案中，也还有不少非锤斧式角冠存在，这作何理解？我们认为，商代的龙凤图案，都应该有象征商人祖神的寓意在，但他们在塑造龙凤的形象时，也并非有一个大家都必须共遵的模板，而是根据自己的观念和理解在塑造龙凤形象，因此便也存在一些其他形式的角冠。而且集体文化随着时代推移，也会适应和变迁，商代龙凤图案和造型，由开始时更多象征他们的祖神帝喾和商契，到后来增加进表护佑、吉祥的寓意，到更后来，龙凤成为人间帝后的象征等等。所以，龙凤图案和造型，在商代后期一定也加进去了有关吉祥、福祉的新寓意。这样就要顺便回答第二个问题，即周人并不以龙凤作为自己的祖神，为何还是在诸多器物图案和造型中表现龙凤呢？我们认为正是在文化的变迁中，龙凤渐渐也在表达吉祥和福祉，周人从这个角度在继承着商人的龙凤图案和造型。

至于秦汉以后社会，龙凤确乎已成为人间帝后的象征，但这种象征的根源，其实还在于先秦。因为作为商人祖神的喾、契，他们也正是商人和后代人心目中的商朝的创立者，正是帝王般人物。后代帝王以此为表率，既然自己也是“奉天承运”、开国立基，乃真龙天子，自然便可以攀龙附凤，其子孙便是龙子龙孙，“龙凤”的风光便一路演绎下来。

四、结论

商周青铜器纹饰以饕餮纹、龙纹和凤纹为大宗，而在这些纹饰中，有很大一批具有共同的锤斧式角冠，在商周玉石器中，也多有龙凤造型或纹饰，同样存在这样的锤斧式角冠。甲骨文和金文中的龙、凤二字，均为象形字，在其头顶部位，都有一“辛”字符。我们认为，龙、凤的形象和其间的锤斧式角冠以及“辛”字符，与商祖神帝喾和商契有密切关系。

因为在帝喾和商契的神话中，帝喾作为雷神、战神、木星神，正持有雷

① 顾方松编著：《凤鸟图案研究》，浙江人民美术出版社，1984 年，第 3 页。

神锤斧，他还有鹰、鹄（实际都是凤）、龙、牛等变形或化身，商契作为笔神、智慧神、水神和水星神，也手持刻字锲刀，这也是他得名为“契”的原因。因神人父子往往同形同性，因此商契也有龙、凤等化身。因此，在商周器物中的龙、凤纹和造型，甲骨金文中的龙凤二字，都有象征帝喾和商契之寓意。出土于殷墟的人面龙纹铜盉，其人首龙身的造型、人面头顶两个锤斧式顶角的设计，将商祖喾、契具龙形，龙就是喾、契的化身和象征的寓意，表现得淋漓尽致。

还有前辈学者将“辛”字解为大者为斧为铲，小者为削为刻字锲刀，这正是青铜器和玉石器龙凤纹（造型）上的锤斧式角冠以及龙、凤二字上的“辛”符的寓意所在，它们象征了帝喾和商契的雷神锤斧或笔神的刻字锲刀。

因为龙和凤都象征了商祖神帝喾或商契，因此作为纹饰经常是相伴出现，甚至还有将龙和凤组合在一起的造型，例如出土于妇好墓的所谓“怪鸟负龙”玉佩，并不是什么“怪鸟”，而是神凤，它背负神龙，踩着祥云遨游于太空，是对商人祖神喾或契的生动摹写，是重要的图像神话素材。

龙凤形象虽不是商人的独创发明，但商人将自己的祖神神话加入进了龙凤的故事中，丰富了龙凤形象的内涵，周人继承了龙凤造型和纹饰，应更多是继承其神通及所附赠吉祥、福祉之新意。

生与死：商代玉鱼的神话考古[①]

四川省社会科学院神话研究院　杨　骊

摘　要　商代是玉器史上玉鱼出现的第一个高峰时期，不同类型的玉鱼体现了人们的文化观念，也对后世产生了深远的影响。笔者对玉鱼的文化意蕴进行了分类探讨，从神话与考古相结合的视角剖析玉鱼所蕴含的生殖崇拜和死亡象征以及再生复活观念。

关键词　商代玉鱼；神话考古；生殖崇拜；死亡象征；鱼占；鱼龙神话

一、玉鱼的考古溯源

早期的玉鱼有良渚文化反山22号墓葬出土的玉鱼（图1），位于墓主上身右侧，呈南瓜黄色，造型为圆雕，风格比较写实，刻画了眼部和鱼尾，鱼腹有两个对钻的小孔用来系挂[②]。

① ［基金项目］本文为教育部人文社科规划基金项目“文学人类学视野下的商代玉文化研究”（项目编号：18YJAZH111）的阶段性成果。

② 浙江文物考古研究所编著：《反山》，文物出版社，2005年，第289页。

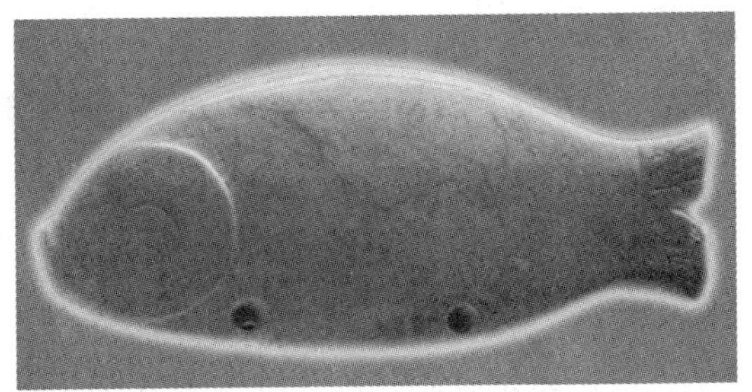

图 1　反山 22 号墓出土良渚文化玉鱼
（引自《中国出土玉器全集·浙江卷》第 100 页）

商早期的湖北盘龙城遗址宫殿区出土了陶鱼，造型虽然拙朴，却细致地表现出鱼眼、鱼鳍和鱼鳞。杨家嘴 21 号墓出土的玉璜（图 2）呈现出鱼形轮廓，这是盘龙城出土的为数不多的动物造型玉器①，似乎已经隐约传达出居住在盘龙城的人们对鱼的情感。

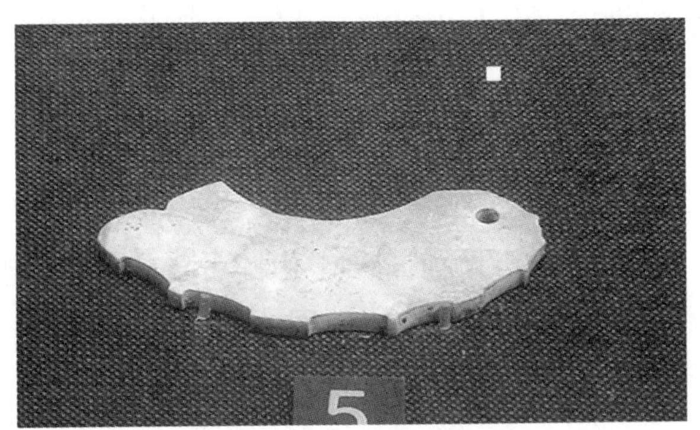

图 2　盘龙城杨家嘴 21 号墓出土商代鱼形玉璜
（笔者摄于盘龙城遗址博物院）

晚商是玉器史上玉鱼出现的第一个高峰时期，据不完全统计，商代玉鱼形器出土不少于 340 件，主要出土地区为河南，其次为山东，江西、山西等地也有少量玉鱼出土。殷墟妇好墓出土玉鱼形器数量最多，共计 88 件，中华人民共和国成立前发掘的侯家庄王陵区 M1001 一座大墓就出土玉鱼 40 件，殷

① 据盘龙城遗址博物院展出资料，盘龙城遗址发掘出土的玉器动物造型有鹰、蛇、蝉、鱼等。

墟小屯 C 区 M331 出土玉鱼 28 件①。此外，滕州前掌大商周墓地出土的玉鱼形佩有 49 件②，根据《中国出土玉器全集》统计，至少有 35 件为晚商玉鱼形器③。

商代之后，西周沿袭此例，其贵族墓葬中的玉鱼随葬现象渐成常态，山西曲沃晋侯墓地、天马—曲村遗址，陕西张家坡西周墓地、宝鸡強国墓地，河南三门峡虢国墓地、应国墓地，湖北随州叶家山曾侯墓等都出土了大量随葬玉鱼。其中，张家坡井叔墓地出土玉鱼形棺饰就有 56 件，鱼形玉佩 3 件④；茹家庄強国国君和其殉葬姬妾墓地共计出土玉鱼 56 件⑤。

从考古资料来看，鱼确实在商代人的生活中有着重要的作用和地位。考古发掘在殷墟的灰坑中发现了大量的鱼骨，在安阳苗圃北地的墓葬中，也有用鱼殉葬的⑥。郑州商城出土了鲟鱼骨，小屯东北甲组建筑基址的 1 号灰坑中也出土了鲟鱼骨板⑦。“鱼”字在甲骨文中写为（《合集》223）、（《合集》24704），甲骨文中还出现了鲔即鲟鱼，写为（《合集》258、《合集》5330）。从甲骨文来看，商代人比较看重渔猎，在捕鱼之前会郑重其事地进行占卜，预测是否有猎获⑧，如：

> 乙卯卜，丙奈出鱼，不汹。九月。（《合集》20738）自组
>
> □辰，乎多臣……允鱼十三。（《合集》21533）自组
>
> 甲申卜，不其网鱼。（《合集》16203）
>
> □未卜，王，贞三卜奈幸鲔（《合集》5330）

商王十分重视渔猎，还会亲自参与捕鱼，如：

---

① 李京震：《商周时期玉鱼的浅析》，山东大学硕士学位论文，2018 年。

② 中国社会科学院考古研究所编著：《滕州前掌大墓地》，文物出版社，2005 年，第 390 页。

③ 参见古方主编：《中国出土玉器全集 · 山东卷》，科学出版社，2005 年。

④ 中国社会科学院考古研究所编著：《张家坡西周玉器》，文物出版社，2007 年，第 18 页。

⑤ 卢连成、胡智生、宝鸡市博物馆：《宝鸡強国墓地》（上），文物出版社，1988 年，第 344 页。

⑥ 中国社会科学院考古研究所编著：《殷墟发掘报告 1958—1961》，文物出版社，1987 年，第 261 页。

⑦ 宋镇豪主编：《商代史 · 商代经济与科技》卷六（杨升南、马季凡著），中国社会科学出版社，2010 年，第 288 页。

⑧ 李如意：《甲骨文动物词研究》，西北师范大学硕士学位论文，2013 年。

丁卯卜，王大获鱼。(《通》749)

此外，商代人还会用鱼进行祭神或者向鱼神祭祀，比如：

贞祏祖乙叀鱼至，又正。(《合集》27194) 无名组

壬子卜，其帝司鱼，兹用。(《合集》29700) 何组

其示……鱼。(《合集》27456)①

夏鼐根据玉器的用途把商代玉器分成三大类：礼玉、工具（包括日用品）和装饰品②，商代的鱼形玉器按照这一标准也可以分成三大类。第一类是“礼玉”，主要为鱼形玉璜，妇好墓出土5件，滕州前掌大墓地出土5件，苏埠屯出土1件，总体数量不多；第二类为工具，主要为鱼形玉刻刀和鱼形玉耳勺，妇好墓出土的玉刻刀有23件，有各种动物形象，包括夔、鸟、鱼、壁虎等，其中玉鱼形刻刀共有十一件，几乎占了出土玉刻刀的一半③。第三类为装饰品，商墓出土的鱼形佩饰数量较多，光是妇好墓出土的鱼形玉佩就有75件。

不过，如果从文化意蕴的角度来进行玉鱼形器的分类，笔者认为可以从以下四个方面来分。第一类是曲身型玉鱼，其造型模拟鱼跃时的形态，具有生殖崇拜之意；第二类是直身型玉鱼，造型模拟游鱼的形态，蕴含商人的死亡象征；第三类玉鱼跟占卜相关，反映出鱼占的文化源流；第四类比较特别，为鱼龙型，造型半龙半鱼，是鱼龙神话的原型物证。

二、玉鱼与生殖崇拜

第一类曲身型玉鱼造型模拟鱼跃的样子，鱼身呈弧形弯曲，少数刻有鱼鳞，鱼尾不对称，上大下小，精确地描摹了鱼儿跃动时的形态。曲身型玉鱼分为两种，一种类型是只在鱼嘴有穿孔的，比较典型的如前掌大3号墓、38

---

① 宋镇豪主编：《商代史·商代经济与科技》卷六（杨升南、马季凡著），中国社会科学出版社，2010年，第287页。

② 夏鼐：《商代玉器的分类、定名和用途》，《考古》1983年第5期。

③ 中国社会科学院考古研究所编：《殷墟妇好墓》，文物出版社，1980年，第143页。

号墓、44 号墓、119 号墓、201 号墓、205 墓，灵石旌介 2 号墓以及妇好墓出土的玉鱼形佩。

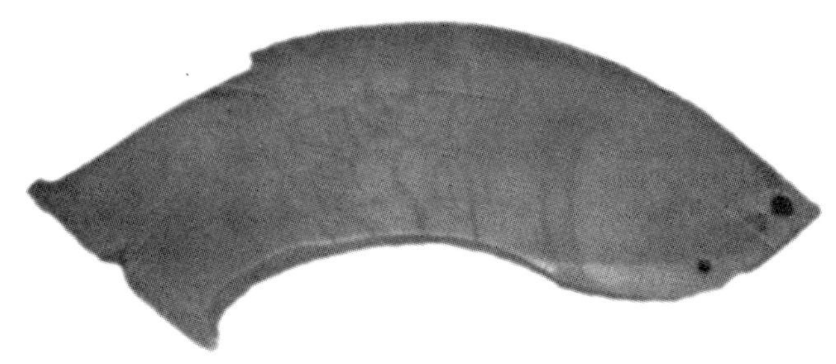

图 3　殷墟妇好墓出土玉鱼

（笔者摄于金沙遗址博物馆殷墟宝藏展）

另一种玉鱼不仅为弧形，而且在鱼嘴和鱼尾两边皆有穿孔用于穿系，笔者认为称作鱼形玉璜更为准确，如妇好墓（图 4），苏埠屯墓地，滕州前掌大 38 号墓、44 号墓、109 号墓等地出土的鱼形玉璜，这一类玉璜首尾穿孔用于系挂，大多雕刻出鱼眼、鱼鳍和鱼尾，苏埠屯墓地鱼形玉璜还细致入微地雕刻出片片鱼鳞。

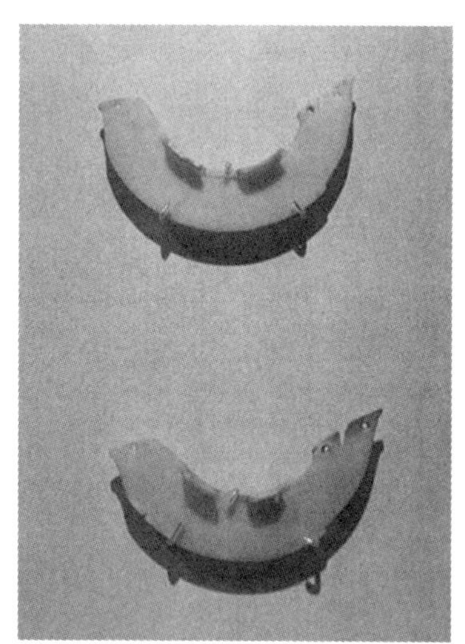

图 4　妇好墓出土鱼形玉璜

（笔者摄于首都博物馆纪念殷墟妇好墓考古发掘四十周年特展）

笔者认为，曲身型玉鱼可能是模拟鱼跃产籽的形态。动物学观察可知，鲟鱼在产卵前求偶时雌雄追逐，时常会跃出水面。很多淡水鱼到了产卵期，会出现跃出水面曲身摆籽产卵的现象，渔猎时代的人们对此肯定积累了非常丰富的经验和联想。在上古社会，物质生产与人口生产都不发达，丰收和多产恰是人们梦寐以求的。鱼产籽量大、繁殖力强、成活率高的特性，自然成了多子多福、多产丰收的象征。玉器工匠雕刻出雌鱼曲身摆籽的造型，符合原始巫术的思维特征，带有祈求多子多产的生殖崇拜意蕴。在蒙古族的族源神话里，埃希里特人起源于江鳕鱼，某些氏族则起源于哲罗鱼。神话中讲道，一个姑娘在河边走路，从水里跳出一条哲罗鱼，这条鱼摇动着的尾巴碰到了姑娘的身上。以后，这个姑娘就怀了孕，生下一子，此子成了库尔库特人和乌利亚阿巴人的始祖①。正如闻一多在《说鱼》一文中指出的：

> 为什么用鱼来象征配偶呢？这除了它的繁殖功能，似乎没有更好的解释，大家都知道，在原始人类的观念里，婚姻是人生第一大事，而传种是婚姻的唯一目的，这在我国古代的礼俗中，表现得非常清楚，不必赘述。种族的繁殖既如此被重视，而鱼是繁殖力最强的一种生物，所以在古代，把个人比作鱼，在某一意义上，差不多就等于恭维他是最好的人，而在青年男女间，若称其对方为鱼，那就等于说："你是我最理想的配偶。"现在浙东婚俗，新妇出轿门时，以铜钱撒地，谓之"鲤鱼撒子"，便是这观念最好的说明，上引《寻甸民歌》"只见鲤鱼来摆子"，也暴露了同样的意识。……不限于中国人，现在的许多野蛮民族都有着同样的观念，而古代埃及，西部亚洲以及希腊等民族亦然。崇拜鱼神的风俗，在西部亚洲，尤其普遍，他们以为鱼和神的生殖能力有着密切的关系。至今闪族人还以鱼为男性器官的象征，他们常佩的厌胜物，有一种用神鱼作装饰的波伊欧式的（Boeotian）尖底瓶，这神鱼便是他们媒神赫米斯（Hermes）的象征。②

---

① 吕大成、何耀华主编：《中国各民族原始宗教资料集成：鄂伦春族卷　赫哲族卷　锡伯族卷　蒙古族卷　鄂温克族卷　达斡尔族卷　满族卷　藏族卷》，中国社会科学出版社，1996 年，第 648 页。

② 闻一多著，李定凯编校：《闻一多学术文钞·诗经研究》，巴蜀书社，2002 年，第 87—88 页。

图5　叙利亚乌加里特出土古埃及莲花鱼纹釉陶盘
（寓示着繁盛与重生的主题，笔者摄于湖南省博物馆亚细亚古代文明展）

图6　古埃及新王国时期鱼形陶瓶
（笔者摄于金沙遗址博物馆古埃及文物展）

鱼跟生殖崇拜的联系，还可以在后世流传的上巳节畔浴求嗣的习俗中窥见一二。已婚妇女上巳节要到河畔沐浴嬉戏，逐食浮枣，象征着求孕得子，这一仪式行为明显有模仿雌鱼摆籽之意。这样的风俗至少延续到南朝，庾肩吾《三日侍兰亭曲水宴》诗中还对此事进行了描述："踊跃赪鱼出，参差绛枣浮。"

《诗经·硕人》描绘庄姜出嫁时的场景，其中一段是以鱼起兴抒情的：

"河水洋洋，北流活活，施罛濊濊，鳣鲔发发。"① 在这里，用拟声拟态的叠词，含蓄地喻示夫妻鱼水之欢，祈求多子多福，表达对庄姜婚姻生活的祝福。

时至今日，还有少数民族保留了鱼的生殖崇拜习俗，水族人崇拜鱼神就突出体现在婚俗上。在新娘出阁快进男方大门时，男方会请家境好、生育过男女的女性，提小罐到井中打水，再装上二条小鱼，恭立门外等候。新娘一跨入室内，这妇人即尾随将鱼罐置于新房内或正堂中过一会再提出去放生。立新房时，也提着鱼水罐到新屋基上放置一会再放生②。这种仪式象征着鱼的繁殖功能可以赋予新婚的夫妻。因为象征着夫妇婚合和乞嗣求子之意，双鱼纹饰在后世的瓷器上广为流传（如图7）。还有学者认为，随着佛教的传入，双鱼纹又逐渐同法轮、宝伞、法螺、宝盖、莲花、宝瓶、盘长等合称"佛教八宝"。双鱼纹的繁殖之性被佛教借取，以表现化生轮回的寓意③。

图7　常德桃源出土元代青花双鱼藻纹大洗盘（笔者摄于湖南省博物馆）

由鱼的繁殖能力进而联系到丰产丰收，萨满史诗《乌布西奔玛玛》则记载了东海窝集部别具特色的鱼祭活动：在祭祀前，要用大黄米做成鱼形饽饽，作为祭祀的神糕，并用河边新柳的粗杆制成数只大于人体的鱼形神偶。鱼形神偶有跳跃形、飞腾形、潜游形、双鱼追尾咬尾形。祭祀时，选善游水的男女青壮年钻进鱼形神偶，忽动腮，忽摇尾，忽潜忽浮，如群鱼闹水。女首领

① 程俊英、蒋见元：《诗经注析》（上），中华书局，1999年，第167页。

② 《中国各民族宗教与神话大词典》编审委员会编：《中国各民族宗教与神话大词典》，学苑出版社，1993年，第551页。

③ 张青筠：《玉鱼刍议》，《上海文博论丛》2010年第2期。

身挂用柳枝雕作的柳珠饰，主持的女萨满和族众均要身围柳叶，族中男女儿童要头戴用柳枝和柳树皮编成的各种鱼形小帽，有鲤鱼头形、鲸鱼头形、飞鱼头形等，江中岸上处处是鱼形神偶。鱼舞、鱼歌，整个祭祀犹如到了海底龙宫，看到了众鱼出世，真是一个鱼的世界，柳的世界。这样隆重的鱼祭要进行三天三夜，族人们扶老携幼住在江边、海岸或者水上的小船中，欢娱水滨，吃柳叶、鱼虾，喝鹿血，饮江水，唯有这样，神圣的鱼神莫德喝恩都力才能庇佑族人鱼产丰收①。

三、玉鱼与死亡象征

直身型玉鱼的造型模拟游鱼的形态，用作玉佩，有的玉鱼会精细地雕刻出鱼鳍和鱼鳞纹饰，有的则只有简化的鱼鳍造型，比较典型的有妇好墓出土的玉鱼形佩（图 8），前掌大 3 号墓、120 号墓、213 号墓、221 号墓出土的玉鱼形佩。

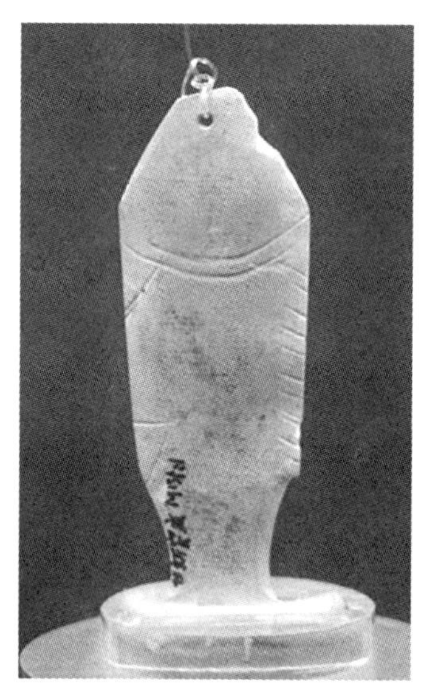

图 8　殷墟妇好墓出土玉鱼（笔者摄于国家博物馆）

① 吕大成、何耀华主编：《中国各民族原始宗教资料集成：鄂伦春族卷　赫哲族卷　锡伯族卷　蒙古族卷　鄂温克族卷　达斡尔族卷　满族卷　藏族卷》，中国社会科学出版社，1996 年，第 38—41 页。

图9　前掌大221号墓出土晚商鱼形玉佩
(引自《中国出土玉器全集·山东卷》第53页)

如果说曲身型玉鱼象征生殖与丰产，那么直身型玉鱼则可能与死亡象征有关。鱼作为生活在水中之物，其性为阴。《礼记·昏义》中郑玄注："鱼，水物，阴类也。"[①] 当人死之后，下到阴间，就需要阴性的鱼作为导引。叶舒宪先生指出，由于华夏想象的阴间世界有黄泉大水的特色，死者下阴间的必要准备便是借用水生动物的辅助观念。最常见的水生动物鱼既然被神话想象为死而复生的象征，于是玉鱼也好，铜鱼也好，其墓葬功能意义显然是前后接续的，从史前大传统贯穿到文明小传统[②]。鱼与死亡之间的联系，甚至可以追溯到西安半坡遗址出土的人面鱼纹陶盆，仰韶文化先民用瓮棺埋葬早夭的儿童，是把这种陶盆作为棺盖使用的。

从考古发掘情况来看，有些玉鱼并非生前用品，而是专供敛葬之用的。比如，小屯村北18号墓、安阳小屯西北11号墓、安阳苗圃北地54号墓、大司空村256号墓的墓主口中含有玉鱼[③]。前掌大BM3墓地出土两件玉鱼，主要放置在椁棺之上以及椁底与椁东侧。玉鱼的周围还出土了玉龙、玉鸟、铜棺饰和铜轴饰，推测此件玉鱼可能为棺饰。宁乡黄材三亩地出土一件云纹大铙，在铙的附近出土四件商代玉鱼，推测应是作为棺内装饰的丧葬用玉[④]。商代出土玉鱼作为棺饰的极少，然而到了周代，棺饰制度进一步发展，据宋代聂崇义的《新定三礼图》所示（图10），丧葬所用的柳车会在装饰的"池下"

① ［汉］郑玄注：《礼记正义》（下），上海古籍出版社，2008年，第2280页。

② 叶舒宪：《从玉教神话到金属神话——华夏核心价值的大小传统源流》，《民族艺术》，2014年第4期。

③ 李京震：《商周时期玉鱼的浅析》，山东大学硕士学位论文，2018年。

④ 朱配利：《商代玉鱼的造型研究》，武汉理工大学硕士学位论文，2019年。

悬挂铜鱼，车行鱼动，含有鱼跃拂池之意①。在考古发掘中，荒帷挂缀蚌鱼和铜鱼用作棺罩饰物在不同等级的墓葬中出土，但作为棺饰的玉鱼数量则少得多，目前主要发现集中于张家坡墓地、強国墓地、芮国墓地等高等级大型墓地。

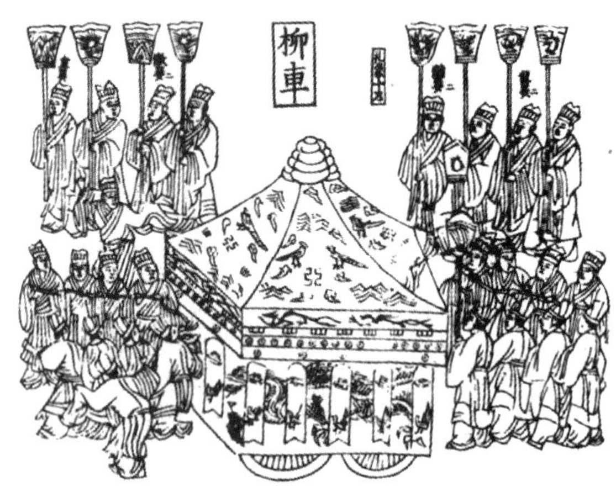

图10　新定三礼图所绘柳车（引自聂崇义《新定三礼图》第600页）

图11　芮国墓地出土的玉鱼、玛瑙、贝坠、绿松石玉饰组合切割块
（笔者摄于陕西历史博物馆刘家洼考古成果展）

---

① ［宋］聂崇义：《新定三礼图》，清华大学出版社，2006年，第600—602页。

《广异记》记载了一则有关玉鱼随葬的故事：

> 高宗营大明宫宣政殿，始成，每夜闻数十骑行殿左右，殿中宿卫者皆见焉，衣马甚洁。如此十余日。高宗乃使术者刘门奴问其故。对曰："我汉楚王戊之太子也。"门奴诘问曰："案《汉书》，楚王与七国谋反，汉兵诛之，夷宗复族，安有遗嗣乎？"答曰："王起兵时，留我在长安，及王诛后，天子念我，置而不杀，养于宫中，后以病死葬于此。天子怜我，殓以玉鱼一双。今在正殿东北角，史臣遗略，是以不见于书。"门奴曰："今皇帝在此，汝何敢庭中扰扰乎？"对曰："此是我故宅，今既在天子宫中，动也颇见拘限，甚不乐，改葬我于高敞美地，诚所望也。慎无夺我玉鱼。"门奴奏之，帝令改葬。发其处，果得古坟，棺已朽腐，傍有玉鱼一双，制甚精巧。乃敕易棺椟，以礼葬之于苑外，并以玉鱼随之。于此遂绝。[①]

这个"鬼话"故事讲的是汉楚王戊之太子之魂在唐高宗的宣政殿时多次显形，请高宗为其迁葬阴宅坟地，并且要求不要拿走随身陪葬的玉鱼。高宗为其迁葬并随葬玉鱼之后，鬼魂从此安宁无扰。由此可见，在当时人们的丧葬观念中，玉鱼殉葬有着不可或缺的重要意义。

其实，在很多民族的创世神话里，不管是地下还是天上，往往都有鱼的形象与印记。蒙古族的神话《天地起源》讲述在很久以前，地上（下界）还处在好似游鱼在水中浮游的状态，土壤不固，没有草木，没有生物，一片荒凉[②]。哈尼族神话《茨菇认年月》则讲的是，远古的时候，是睡在大海里的密乌艾西艾玛金鱼娘扇出了七个大神，扇出了天空和大地，金鱼娘是天地万物和所有神的阿玛[③]。鱼之所以在创世神话中扮演如此重要的角色，有学者从文化心理的角度分析了水生动物在创世神话中所蕴含的意义，因为它象征着复活与再生：

---

① 《古今图书集成·博物汇编·神异典》第三十九卷"杂鬼神部"，中华书局，1934年影印。

② 谷德明编：《中国少数民族神话》（上），中国民间文艺出版社，1987年，第31—32页。

③ 中国民间文学集成全国编辑委员会、《中国民间故事集成·云南卷》编辑委员会编：《中国民间故事集成·云南卷》（上），中国ISBN中心，2003年，第289页。

生活在海洋、河流、湖泊中的生物因为身在水中而具有了神秘的象征意义。地球有三分之二的表面被水覆盖，水不仅作为对生命和庄稼丰收至关重要的必需品，也以灾难性的洪水形式，影响着人类的生活。大量的神话将时间开始之前的宇宙想象成一片原始无际的混沌水域，充盈着纯净无限的力量和潜力。……因为，水生动物的生存状态让人联想到子宫和羊水，因此它们往往是繁殖的普遍标志，同时，它们也可以代表复活和宇宙的再生。……水生动物在诸多传统中是沟通尘世与神性或灵性国度的媒介。古代的神祇有时也表现为与鱼相似的形象，譬如腓尼基人的大衮、美索不达米亚的知识的引介者俄安内。①

四、鱼占的文化源流

此外，另一种直身型玉鱼以鱼形玉刻刀为主，比较典型的除了妇好墓出土的玉刻刀（图12），还有前掌大38号墓、201号墓、222号墓出土的玉鱼形刻刀以及美国弗利尔美术馆收藏的玉鱼刻刀。

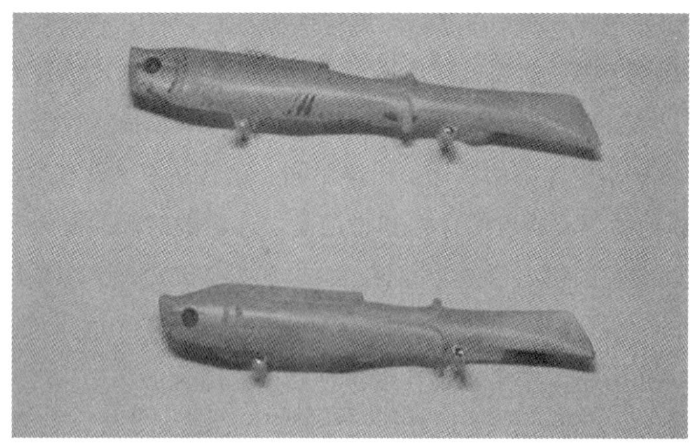

图12　殷墟妇好墓出土鱼形玉刻刀（笔者摄于国家博物馆）

① ［英］大卫·丰塔纳著，吴冬月译：《符号密语》，中国友谊出版公司，2021年，第102页。

在各种动物类型的玉刻刀中，鱼形刻刀数量最多，也很耐人寻味。有学者曾做过用玉刀在甲骨上刻字的试验，其发现玉料磨制锋利后也可以在甲骨上刻划[①]。刻刀主要用来雕刻记录占卜的内容，应是神圣之物，对其上所雕刻的神圣动物也必然会有所选择。鱼作为神圣通灵的动物，往往被人们用来占卜，预测未来可能发生的事情。甲骨文记载了商王用鱼进行占卜来预测灾祸：

乙亥，贞鱼亡祸。(《屯南》1054)

在《山海经》中，也有不少关于鱼占的叙事，比如有关于丰收的鱼占：

又西百八十里，曰泰器之山。观水出焉，西流注于流沙。是多文鳐鱼，状如鲤鱼，鱼身而鸟翼，苍文而白首、赤喙，常行西海，游于东海，以夜飞。其音如鸾鸡，其味酸甘，食之已狂，见则天下大穰。(《西次三经》)[②]

有关于旱灾的鱼占，鳋鱼的出现就预示着天下可能有旱灾：

又东南二百里，曰子桐之山。子桐之水出焉，而西流注于余如之泽。其中多鳋鱼，其状如鱼而鸟翼，出入有光。其音如鸳鸯，见则天下大旱。(《东次四经》)[③]

有关于水灾的鱼占，蠃鱼出现在哪里，哪里就会有水灾：

蒙水出焉，南流注入洋水，其中多蠃鱼，鱼身而鸟翼，音如鸳鸯，见则其邑大水。(《西次四经》)[④]

---

① 赵检：《甲骨文字契刻初探》，《考古》1982年第1期。
② 周明辑撰：《山海经集释》，巴蜀书社，2019年，第71页。
③ 同上，第196页。
④ 同上，第107页。

还有关于战争兵祸的鱼占，鰠鱼出现则意味着会有战争爆发：

又西二百二十里，曰鸟鼠同穴之山。其上多白虎、白玉。渭水出焉，而东流注于河。其中多鰠鱼，其状如鳣鱼，动则其邑有大兵。(《西次四经》)①

由此可见，鱼占是早期人们预测未来的重要方式，鱼成为妇好墓出土玉刻刀里数量最多的造型，也就在情理之中。

比较特别的是小屯331号墓出土的一件刻字玉鱼（图13），这是唯一的一件商代刻字玉鱼。石璋如主撰的考古报告中援引董作宾先生的观点读作“大示它”②，但并无更进一步解释。陈志达认为玉鱼刻文可以理解为殷直系先王将为祟或祸患于某人（可能指墓主）。墓主佩戴此饰物，似有自我儆戒之意③。也有学者认为，“它”字在甲骨文中一般本义为蛇。此件玉鱼或此组头饰（冠饰）与可能与祭祀有着一定的联系④。还有学者认为，刻字应读做“大亏蚩”，表示这件玉鱼是来自方国“大亏”的赠予⑤。由于仅此一件玉鱼，相关资料较为缺乏，目前学界各说不一，莫衷一是。不过，如果以鱼占的思维模式来看那件小屯出土刻字玉鱼，笔者认为“大示它”极可能记录的是某次占卜的内容，因为墓内北端出土有一件字骨，考古报告认为墓主人是一名专门从事占卜的贞人⑥。

---

① 周明辑撰：《山海经集释》，巴蜀书社，2019年，第108页。

② 石璋如：《小屯第一本·丙区墓葬》（上），台北“中央研究院”历史语言研究所，1980年，第105页。

③ 陈志达：《商代的玉石文字》，《华夏考古》1991年第2期。

④ 李京霞：《商周时期玉鱼的浅析》，山东大学硕士学位论文，2018年。

⑤ 杨弃、朱彦民：《殷墟刻字玉鱼析论》，《南方文物》2019年第3期。

⑥ 石璋如：《小屯第一本·丙区墓葬》（上），台北“中央研究院”历史语言研究所，1980年，第139—140页。

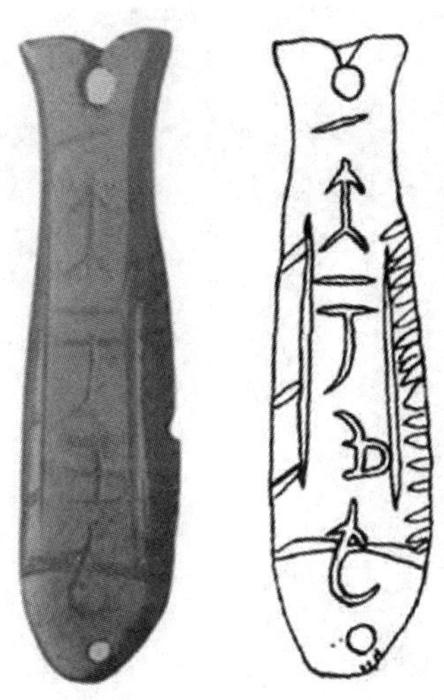

图 13　小屯出土刻字玉鱼（引自杨弃《殷墟刻字玉鱼析论》）

五、鱼龙神话的原型物证

商代玉鱼最特别的一类是鱼龙型，造型为半龙半鱼，鱼鳍造型近似简化的龙爪或者鱼身刻有龙纹。这类玉器虽然数量不多，却蕴含了奇特的神话思维，体现了神奇变形和再生复活观念，有着极为重要的研究价值。

其中最典型的鱼龙型玉器是妇好墓出土的玉鱼标本 418，这件体量较大的玉鱼，长 10.6 厘米，整体呈浅绿色，鱼身有淡黄色沁斑，为接近一百八十度的半圆形，阴刻圆眼，口部有短榫用于插嵌，背鳍雕刻为扉棱纹，有两组腹鳍，最特别的是头部下方和腹部中央有突出似“爪”的造型，这件玉鱼不论是玉料质地，还是造型工艺，都是妇好墓出土玉鱼中最为精美的。从玉鱼的造型象征来看，笔者认为称作玉鱼龙更为恰当。此外，在金沙遗址博物馆玉汇金沙夏商时期玉文化特展上，展出了一件白色带黄沁的玉鱼龙（图 14），与标本 418 的造型近似。

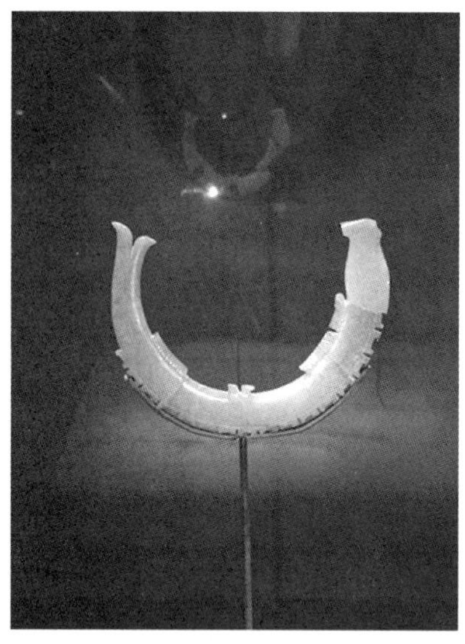

图 14　妇好墓出土玉鱼龙

（笔者摄于金沙遗址博物馆玉汇金沙夏商时期玉文化特展）

安阳殷畿艺术博物馆也收藏了一件特别的商晚期鱼变龙三璜环（图 15）。这件三璜环为三件玉璜连缀而成环形，淡绿色玉料，局部有沁斑。其中两件玉璜有着龙吻突出，张嘴露齿，阴刻圆眼，龙腹和龙背都饰有扉棱，瓶型的龙角平贴在龙头上，其尾部却是分叉的鱼尾。第三件玉璜同样在龙腹、龙脊刻有扉棱，在头部刻有瓶型的龙角，然而其吻部是鱼嘴造型，尾部却是蜷曲上翘的龙尾造型。这样的组合为鱼龙互变的神话提供了重要物证。

图 15　鱼变龙三璜环

（引自《殷墟玉器　安阳殷畿艺术博物馆藏玉》第 13 页）

笔者还注意到，其他有些商代玉鱼虽然没有非常典型的鱼龙造型，却依然可以从“一鳞半爪”中窥见鱼龙演化的影子。比如美国弗利尔美术馆收藏的商晚期玉鱼（图16），将其和玉龙（图17）造型比较即可看出，玉鱼的前鳍被雕刻成“龙形爪”，和玉龙的前爪造型相似，这样的玉鱼已经朝着龙形转化了。

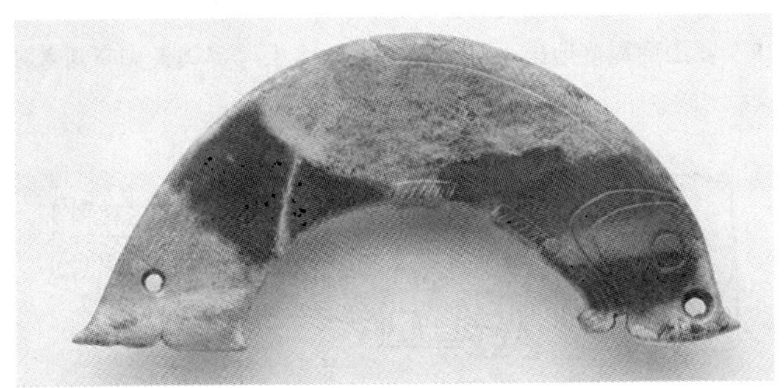

图16　美国弗利尔美术馆藏商晚期玉鱼（引自弗利尔美术馆官网）

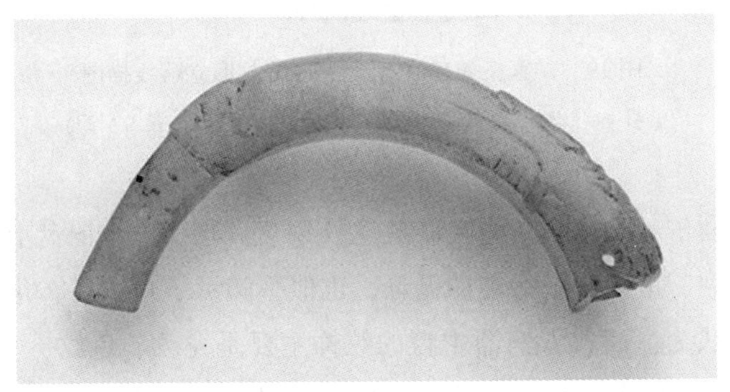

图17　美国弗利尔美术馆藏商晚期玉龙（引自弗利尔美术馆官网）

罗山天湖商墓出土了一件特别另类的玉鱼（图18），长8.2厘米灰白色的玉鱼表面阴刻了较为复杂的套叠式菱格纹，虽然没有刻画出龙爪，然而玉鱼身上的纹饰却不是常见的鱼纹，而是与龙纹相似，这样的龙纹在侯家庄商墓出土的大理石龙形立雕上即可见（图19）①。

① 欧潭生：《罗山天湖商周墓地》，《考古学报》1986年第2期。

图 18　罗山商周墓地出土玉鱼（引自欧潭生《罗山天湖商周墓地》）

图 19　侯家庄 M1001 出土大理石龙形立雕线描图

（引自《侯家庄第二本 1001 号大墓》（上）第 92 页）

美国弗利尔美术馆收藏的晚商鱼龙纹铜盘（图 20），铜盘上鱼、鸟、龙纹饰依次排列，组成一个有趣的循环，也似乎暗示了鱼、鸟、龙三者的循环互变。艾兰认为：商代青铜器中盘的纹饰主要是龙纹、龟纹，鸟纹和鱼纹，纹饰一般位于盘沿和盘中，常混杂在鱼纹之间，这暗示着盘是一个水池，就像是神话里“扶桑”和“若木”下的水池，太阳鸟在其中洗浴，那里是通向黄泉、贯流下界的入口。有的盘沿下有很小的蛇纹，也许是神话里“饮黄泉”“食槁土”的蚯蚓，在那个位置上更常出现的是鱼纹、鸟纹，有时虎纹夹在鱼纹和鸟纹之间。虽然这种纹饰跟其他的不同，没有表示水和龙，可老虎是一种食人兽，它跟通向死亡之途的母型联系在一起①。

① ［美］艾兰著，汪涛译：《龟之谜——商代神话、祭祀、艺术和宇宙观研究》增订版，商务印书馆，2010 年，第 185 页。

图 20　美国弗利尔美术馆藏晚商鱼龙纹铜盘

（上有龙纹、鱼纹、鸟纹，引自弗利尔美术馆官网）

鱼为什么能够变成龙？先民们在创造出鱼龙这一形象时基于什么样的神话观念？我们可以先从神话文本里来看看鱼的神奇性。袁珂先生曾归纳神话中出现的异鱼，其中有的异鱼如鸟能飞，有的则形如蛇鳝而有足，可以看出在先人的神话思维中，鱼和其他动物可以相互组合演变，而且具有飞行的本事：

泰器之山，观水出焉，西流注于流沙。是多文鳐鱼，状如鲤鱼，鱼身而鸟翼，苍文而白首赤喙，常行西海，游于东海，以夜飞。

——《山海经·西次三经》

乐游之山，桃水出焉，西流注于稷泽，是多白玉。其中多䱻鱼，其状如蛇而四足，是食鱼。

——《山海经·西次三经》

求如之山，……滑水出焉，而西流注于诸毗之水。其中多滑鱼，其状如鳝，赤背，其音如梧，食之已疣。

——《山海经·北山经》[①]

① 袁珂、周明编：《中国神话资料萃编》，四川省社会科学院出版社，1985 年，第 347 页。

根据袁珂先生的爬梳，龙鱼一词最早在《山海经》中，形如鲤鱼，能供神圣之人乘坐而行于九野。其后在《太平御览》引《括地图》中龙鱼的描述与《山海经》大体相同，指出龙鱼原名鰕鱼而其状如龙：

> 龙鱼陵居在其北，状如狸（鲤），一曰鰕，即有神圣？乘此以行九野，一曰鳖鱼：在夭野北，其为鱼也，如鲤。
>
> ——《山海经·海外西经》
>
> 龙鱼一名鰕鱼，状如龙而有神圣，乘此以行九野。
>
> ——《太平御览》卷九三九引《括地图》①

《尔雅》把鰕解释为鲵之大者。这一神话造型可以在甘肃出土的距今五千多年的人面鲵鱼纹彩陶瓶上得到佐证（图21）。

图21 人面鲵鱼纹彩陶瓶（笔者摄于甘谷县博物馆）

其后，从鱼龙同穴到鲤鱼变龙的神话传说在文献中也不少见。比如《拾遗记·虞舜》讲述了鱼龙同穴的故事：

① 袁珂、周明编：《中国神话资料萃编》，四川省社会科学院出版社，1985年，第352页。

（舜之时）南浔之国，有洞穴阴源，其下通地脉。中有毛龙、毛鱼，时蜕骨于旷泽中。鱼龙同穴而处。其国献毛龙，一雌一雄，故置豢龙之官。至夏代养龙不绝，因以命族。至禹导川，乘此龙。及四海攸同，乃放河汭。①

《太平广记·龙门》讲述了鲤鱼逆流跃龙门而化为龙的故事：

龙门山在河东界，禹凿山断门，阔一里余，黄河自中流下，两岸不通车马。每暮春之际，有黄鲤鱼逆流而上，得者便化为龙。②

《述异记》引《三秦记》讲述鲤鱼长满360片鳞甲之后，就可以随蛟龙飞天：

鲤鱼满三百六十鳞，蛟龙辄率而飞去，一年置一神守之，则不能去矣，神则龟也。③

在民间文学中，关于鱼变龙的口传材料也不少。云南省富源县水族聚居区流传着关于鱼化龙神话，讲述的是：

明洪武年间，在一个水族寨中，为了消除旱灾，一位姓郎的祖先带领全寨人用了足足三年时间，削平一堵巨崖，并在石崖脚下撬出一个出水的洞穴。出水的那天早上，一条形似泥鳅的小青鱼从洞穴中流了出来，慢慢地它越变越大。郎姓老祖忙说："你莫非要变成龙吗?!"话音刚落，青鱼翻了个身，化成龙形，游回到洞穴中，随即一股如水桶一样粗的水流从洞中涌出来。从此以后，洞穴里的水长流不断，滋润四方。"鱼化

① ［晋］王嘉等撰、王根林等校点：《拾遗记》，上海古籍出版社，2012年，第18页。
② ［宋］李昉：《太平广记》四六六卷引《三秦记》，中华书局，1961年，第3839页。
③ ［梁］任昉：《述异记》卷下，明刻汉魏丛书本。

龙”的寨名便由此而得。①

浙江宁波象山县石浦渔港流传着一个龙的谜语：“牛头鹿角眼如虾，鹰爪鳗身鱼尾巴，通体全是鱼鳞甲，众人都说鱼所化。”这个谜语背后也有一个鱼化龙的神话：

> 相传在很久很久以前，我们这儿的海岛上，住着一个渔民小伙子，无爹无娘，生活穷苦，他凭着年轻力壮，打鱼度日。有一天，他在海上网到一条鱼，嘴上有两条触须，全身金黄透亮，他惊为奇物，就不吃不卖，放在家里用海水喂养起来，一养养了九个年头，这条鱼长得很长很大了。鱼的身体发生着奇异的变化，先后生出了龙头、龙身、龙尾、龙爪、龙须、龙角……一条金光闪闪的完整的龙出现了。此时乌云密布，狂风怒号，电光闪闪，顿时地动山摇，一条长龙穿窗而出，一摆一回头，威风八面地向苍茫的东海上空腾去。老百姓讲它能呼风唤雨，保佑着渔民出入平安，满载而归。从此这个村子就取名叫“龙头”。②

在布依族摩教经典《安王与祖王》中，安王的母亲是一条鱼，她是龙王之女。当同父异母的祖王把安王诱骗到井下欲谋害安王时，安王惊呼：“救救我啊，龙舅舅！”从古百越后裔诸民族中普遍有龙或鱼图腾崇拜遗迹的情况看，布依族先民观念中的鱼当是龙的化身，而鱼或龙当是布依族先民社会中安王氏族的图腾③。

更耐人寻味的是，《山海经》记载颛顼化为蛇而后化为鱼妇的神话：“有鱼偏枯，名曰鱼妇。颛顼死即复苏。风道北来，天乃大水泉。蛇乃化为鱼，是为鱼妇。”④ 袁珂先生认为，所谓鱼妇云者，谓颛顼乘蛇化为鱼之机，半体

---

① 云南省少数民族古籍整理出版规划办公室编：《云南民族口传非物质文化遗产总目提要·神话传说卷·下卷》，云南教育出版社，2008 年，第 296 页。

② 罗杨主编：《中国民间故事丛书·浙江宁波·象山卷》，知识产权出版社，2015 年，第 273—274 页。

③ 吕大成、何耀华主编：《中国各民族原始宗教资料集成·布依族卷、侗族卷、仫佬族卷》，中国社会科学出版社，2012 年，第 25—26 页。

④ 袁珂：《山海经校注》，巴蜀书社，1993 年，第 35 页。

托生于鱼，因而“死即复苏”[①]。柴克东分析了这则神话的对立转化模式：这则神话中的独立元素有鱼妇、颛顼、风、水、蛇、鱼、死亡、复活，他们之间形成的二元对立模式有颛顼—鱼妇、风—水、蛇—鱼、死亡—复活。此外，在这些模式之中还存在着一种前者向后者转化的关系，即鱼妇由颛顼转化而来，水由风转化而来，鱼由蛇转化而来，复活由死亡转化而来[②]。叶舒宪先生认为，鱼蛇互变神话的神话思维源于在动物的周期性变形中体现生命的不死和永续性。早期人类并没有明确区分龙与蛇，以鱼鳞和蛇皮鳞状特性为表现的“鱼龙”纹饰，早在五千年前的红山文化陶器上就有呈现[③]。

如果要追根溯源，鱼龙纹饰最早出现在牛河梁遗址出土的红山文化鱼龙刻纹陶片（图22）。陶片表面为红陶衣，是一个侧视的“鱼龙”形象：长条躯干，向上拱曲；背脊附长鳍、腹胸短鳍；体满饰鱼鳞纹，3个一组，横向排列；头部已残缺，仅见圆目尖齿，头后部竖立一耳状饰，尾部缺失[④]。

图22　红山文化鱼龙刻纹陶片（引自《牛河梁红山遗址发掘报告［1983—2003年度］》［下］图版一一八）

---

① 袁珂编著：《中国神话传说词典》，上海辞书出版社，1985年，第243页。

② 柴克东：《仰韶“彩陶鱼纹”的神话内涵新解——兼论中国古代的女神崇拜》，《文化遗产》2019年第5期。

③ 叶舒宪：《从玉教神话到金属神话——华夏核心价值的大小传统源流》，《民族艺术》2014年第4期。

④ 辽宁省文物考古研究所编著：《牛河梁红山遗址发掘报告（1983—2003年度）》（上），文物出版社，2012年，第127页。

二里头夏都遗址博物馆展出的鱼龙纹陶盆（图 23），盆沿阴刻了几只游动的鱼，其下有一条似蛇似龙的动物。如果参照旁边的一件陶堆塑龙纹透底器（图 24），可以发现二里头出土文物的龙形和蛇形比较近似，先人们对于龙与蛇的区分不如我们想象的那么明晰，这也算是对上文颛顼化为鱼蛇（或鱼龙）神话观念的一个考古学物证。

图 23　二里头遗址出土鱼龙纹陶盆（复制品）

（笔者摄于二里头夏都遗址博物馆）

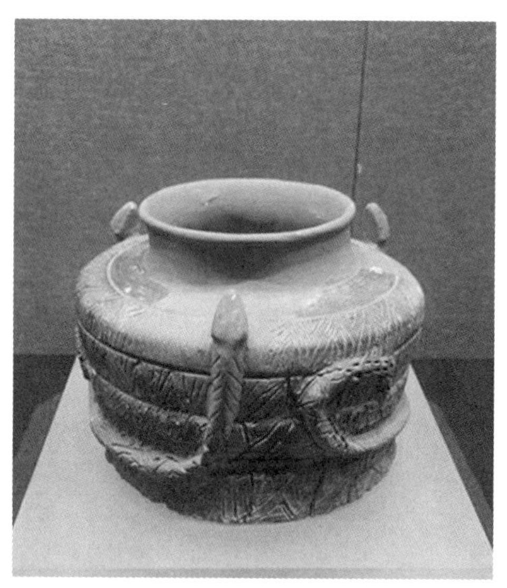

图 24　二里头遗址出土陶堆塑龙纹透底器

（笔者摄于二里头夏都遗址博物馆）

公维军进一步指出，古人仰赖神话类比思维，将身有鳞甲的鱼、蛇、龟、鳖、贝共同视为生命不死抑或死而再生的象征符号，在蜕皮、冬眠、产卵等动物周期性变化中体现出生命的永续性，而这种周期性的变化与变形正是原始生命观的核心所在①。长沙马王堆汉墓出土帛画上绘有天上、人间、地下三部分（图 25），人是生活在天地之间，这是先秦两汉时期人们普遍的宇宙观念。最底层的句芒立于两条神鱼的背上，即为中国古代神话传说中的水神乘龙鱼②。由此引申开去，从汉画像石刻河伯出巡驾鱼车图可见，河伯驾着鱼车，龙是托着鱼车上升的（图 26）。汉画像导引升仙图中，鱼车与龙车齐驱，和鹿车、鹤车一样，都是引导死者灵魂不死飞升仙界的工具（图 27）。

图 25　辛追夫人墓出土 T 形帛画图案局部

（图中有神鱼和神龙，笔者摄于湖南省博物馆）

---

① 公维军、孙凤娟：《〈山海经〉“鱼妇”神话原型考释》，《民族艺术》2017 年第 1 期。

② 郭学仁：《马王堆一号汉墓帛画内容新探》，《美术研究》1993 第 2 期。

图 26　河伯出巡驾鱼车图（笔者摄于徐州汉画像博物馆）

图 27　铜山吕梁乡出土汉画像导引升仙图

（图中有鱼车、龙车、鹿车、鹤车，笔者摄于徐州汉画像博物馆）

笔者认为，鱼和龙，一个是水中的神物，一个是天上的神物，从鱼到龙的演变，正好蕴含了从黄泉到天上的灵魂引渡，构成灵魂不死的神话想象编码。对照颛顼鱼妇的神话文献，沿着文化的脉络进行梳理，红山文化墓葬中出现的玉鱼玉龟等作为神话化表现的鱼鳖类水生动物玉雕形象的开端，到良渚文化反山 M22 墓葬出土玉鱼表达其引领黄泉之旅的再生祈祝意义，再到商代玉鱼龙蕴含的生死轮回之意，以及汉墓帛书和画像石所绘的鱼车龙车，演绎出一整套永生与再生信仰支配下数千年延续不坠的文化文本编码规则[①]。

因此，我们也就不难理解，在后世神仙传说里，乘鱼龙升仙的叙事频频出现。比如《列仙传》里两个鱼龙互变的仙话：其一是琴高骑龙子。琴高学神仙长寿之术，一天跟弟子说要“入涿水中，取龙子”，之后乘骑而来的“龙子”却是一条赤鲤。后来琴高登上鱼背，飞腾而去[②]。其二是子英饲赤鲤。子英捕得一条赤鲤，以米谷饲养，没想到“一年长丈余，遂生角，有翅翼”，后来竟驮着子英升仙去了[③]。前一则传说龙子为赤鲤，后一则故事里的鲤鱼长大变成龙形，其实质都是鱼龙之间的变形记，蕴含了升仙不死的神话元素。由此，后世民间与宫廷随处可见的鱼龙造型也延续了这一文化心理。

---

① 叶舒宪：《从玉教神话到金属神话——华夏核心价值的大小传统源流》，《民族艺术》2014 年第 4 期。

② 王叔岷：《列仙传校笺》，中华书局，2007 年，第 60 页。

③ 同上，第 134 页。

大禹信仰及其祭祀活动源流[①]

四川省社会科学院哲学研究所　陈　云　唐　颖

摘　要　大禹信仰及其祭祀活动自夏朝伊始逐渐成为中华优秀传统文化之一。大禹信仰内载的涵义在发展中逐渐丰富，大禹祭祀活动的内容形式也随之不断革新。出于礼制、政治及宗教原因，大禹祭祀备受推崇延续至今，于是，其祭祀活动也承载着重大意义。

关键词　大禹；大禹信仰；大禹祭祀

疏百川建华夏，大禹作为中国古代第一代帝王，为中华民族及中华文明留有丰功伟绩。伴随时代迁移，后人对禹的赞扬缅怀逐渐上升为信仰文化，同时在此信仰影响下还发展了一系列大禹祭祀活动。自夏朝帝王启开创至今，大禹祭祀活动不断演变扩展，民间组织也随即四处兴修禹庙，祭祀活动形式也逐渐丰富。本文将通过探究大禹信仰的涵义，分析大禹祭祀活动的内容，简述大禹信仰及其祭祀活动源流。

一、大禹信仰的涵义

大禹作为上古时期人物，虽暂未得到证实，但其相关事迹确有不少史料

① ［基金项目］本文为四川省社会科学院重点研究基地大禹研究中心2021年度科研项目“当代贵州布依族大禹祭祀活动研究”成果（项目编号：DYYJ202102）。

记载，如《礼记》《尚书》等经典文献和《史记》《汉书》等史籍文献皆有篇幅涉及。其中，《尚书·禹贡》将禹的功绩主要分为“开九州”“力导山”“再导水”“列五服”四大事迹，后世对此记载的大禹事迹及贡献逐渐由歌颂缅怀之情转化为精神信仰，同时随着大禹信仰形成到逐渐成为中国民众普遍信仰之一，内涵也日渐丰富，其主要形式由国家祭祀活动影响下的大众信仰发展为受民间组织影响逐渐形成的宗教信仰。

（一）封建制度下的大众信仰内涵

夏朝帝王启开创祭祀大禹之后，历代统治者大多也将此祭祀活动作为正统官方活动之一，再者孔子多次强调夏朝方为正统之道，强烈主张恢复夏礼，大禹祭祀成为后代帝王巩固精神统治的工具之一。自夏朝建立后封建统治经久不衰，此积极影响则使得大禹成为中华文化重要人物之一。民众对大禹从最初的尊崇之情逐渐延伸到精神信仰之心，此演变过程主要来源于国家统治阶层对大禹文化内涵的官方认定，其内涵主要包括治水文明、奋斗精神以及国政智慧。

1. 治水文明

有限的科技水平使得水患灾难成为历代统治阶层一大难题。上古时期中原地带洪水泛滥，若再遇河流汛期更是无边无际，不仅淹没庄稼山陵、百姓房屋，使得人民流离失所，给人民带来粮食紧缺及牲畜危害等众多灾难。禹平定了水患，拯救苍生奠定九州，使中华民族有了休养生息之地。据《尚书·禹贡》记载：“导淮自桐柏，东会于泗、沂，东入于海。导渭自鸟鼠同穴，东会于沣，又东会于泾，又东过漆沮，入于河。导洛自熊耳，东北，会于涧、瀍；又东，会于伊，又东北，入于河。”① 禹根据山脉地形，采用了不同于先人的疏导方法，开沟掘渠使洪水从江河汇入大海，才使得汹涌水势渐渐得到缓解。从此，禹从根源解决水患的方式被后人学习沿用至今，禹革新的治水方式也让后人明白逐本舍末的重要性，例如孙叔敖“大型引水灌溉工程”、李冰“都江堰工程”以及潘季驯“束水攻沙”理论等都受此影响。而“大禹治水”也成为中华文化传播中力度最广的内容之一，使得民众对大禹的信仰进一步上升。

① 王世舜：《尚书译注》，四川人民出版社，1982 年，第 66 页。

2. 奋斗精神

艰苦奋斗精神作为泱泱华夏伟大民族精神的主要组成部分，究其品质根源之一则为大禹信仰。据《史记·河渠书》记载："禹抑洪水十三年，过家不入门。"[①] 禹在治水一事上就花费光阴数十载，即使到家门也无心怠慢。大禹关怀天下、舍身为国的艰苦奋斗精神，被历代帝王以及文人学士大为赞扬，例如在《太平御览·皇王部》中记载："禹常昼不暇食，而夜不暇寝，方是时，忧务民也。"[②] 在《诗·大雅》中《文王有声》一章说道："丰水东注，维禹之绩。四方攸同，皇王维辟。"[③] 各朝统治者将禹作为帝王正统的榜样，朝野上下大肆宣扬禹之奋斗精神，这也使得其成为大禹信仰内容之一并传播开来。

3. 国政智慧

禹的智慧不仅体现在水利工程之上，还表现于禹的治国才能。据《尚书·大禹谟》记载："降水儆予，成允成功，惟汝贤。克勤于邦，克俭于家，不自满假，惟汝贤。汝惟不矜，天下莫与汝争能。汝惟不伐，天下莫与汝争功。"[④] 尧对禹的政治头脑以及品格行为称赞有加，坚定认为禹是帝王的不二人选。华夏也是在禹的政治规划下实现了"九州攸同"。禹的帝王政策更是被后世儒家学派奉为帝王正统，大力主张其仁义之道，《孟子·离娄》就指出，"禹恶旨酒而好善言"[⑤]，以及"如智者若禹之行水也，则无恶于智矣"[⑥]。主张要将禹治水智慧运用于行事之上，辨是非明事理。统治者与学士的大力赞扬使得民众逐渐增加大禹崇拜情感，从而进一步上升到信仰活动。

（二）宗教性质的大禹信仰内涵

大禹信仰从最初封建统治下的大众普遍信仰逐渐神化，结合作为中华本土孕育的民间组织宗教——道教，发展为新的信仰内涵。李冗所撰的《独异志》载："禹伤其父功不成，乃南逃衡山斩马以祭之，仰天而啸。忽梦神人自称玄夷苍水使者，谓禹曰：'欲得我书者，斋焉。'禹遂斋三日。乃降金简玉

---

① ［汉］司马迁：《史记·河渠书》，中华书局，1959 年，第 1405 页。
② ［宋］李昉：《太平御览·皇王部七》，中华书局，1960 年，第 382 页。
③ 李山：《诗经析读》，中华书局，2018 年，第 665 页。
④ 吴树平校：《十三经》，北京燕山出版社，1991 年，第 105 页。
⑤ 梁涛解读：《孟子》，国家图书馆出版社，2017 年，第 242 页。
⑥ 同上，第 249 页。

字之书，得治水之要。”[①] 将禹描写为得仙人点化的神人，才得以治水成就。由此看出，此时已出现将大禹相关史料记载改编为神魔志传的现象。另外，道教看中大禹的民众基础，将禹纳入神谱，奉为三官之一的水官大帝，促使民众发展为道徒，国家祭祀与民间祭祀活动也随之偏向于宗教性质。同时，大禹信仰的内涵在宗教化后孕育出了新蕴意。

1. 统治者祈求正统国运

“正统”指一种由人民授予其统治者进行一定程度管理而维持社会基本运作的权力，其基础是人民同意现政府组成的合法性，即“法统”。但在中国儒家学派的理解中，正统不仅仅是“合法性”这么简单，其中还包含了中国特有的古典哲学思辨思想。儒家学者孔子曾强烈主张只有一个国家达到了“居正”和“一统”两个层面，才能称之为正统。统治阶级便受此学说影响十分重视国家正统，并试图通过祭祀活动得以正名。另外，前期封建王朝受到巫术及原始宗教影响，统治阶层也十分看重“阴阳交替”周而复始的变化过程，即国运。统治阶级在祭祀活动中祈求得到禹的神力来协助国家运行天下正道。这也代表着禹被赋予神力之后，大禹祭祀信仰逐渐具备宗教性质。

2. 寻求庇佑

民众不但要长期承受无法应对的天灾，还饱受封建统治的压迫，生活苦不堪言无处解脱，因此迫于无奈只得转向寻求一种精神寄托，希望通过宗教的神化信仰祈求，能够庇佑自己及家人在天灾中化险为夷、战乱下安稳康健，所有苦难迎刃而解。这时，神化后的大禹逐渐走向民众视野。道教将大禹化作三官之一，赋予其“解厄”之神力，此见《梦粱录》记载：“十五日，水官解厄之日，或解厄，或荐亡。”[②] 由此类文献资料可看出，道教已将大禹从人上升到神的高度。而道徒及百姓受此影响，对禹神官寄予厚望，将自身信仰寄托于禹神官，以求得庇佑。如此，大禹信仰也因道教文化正式具备宗教性质。

① 转引自李远国：《大禹崇拜与道教文化》，《中华文化论坛》2012 年第 1 期。

② ［宋］吴自牧：《梦粱录》卷六，浙江人民出版社，1984 年，第 46 页。

二、大禹信仰及祭祀活动的历史演变

夏朝存在与否，上古历史是否真实，至今学界不少学者对此仍存有疑问，甚至顾颉刚在《与钱玄同先生论古史书》中提出："禹，《说文》云'虫也，从内，象形'；内，《说文》云'兽足蹂地也'。我以为禹或是九鼎上铸的一种动物，当时铸鼎象物，奇怪的形状一定很多。禹是鼎上动物的最有力者，或者有敷土的样子，所以就算他是开天辟地的人。流传到后来，就成了真的人王了。"[①] 此类观点直接否定了禹作为人的存在形式。

此外，另有部分学者认为，以司马迁《史记》为始，后世大量的文献记载具有一定历史真实性，例如《史记·夏本纪》中说："夏禹，名曰文命。禹之父曰鲧，鲧之父曰帝颛顼，颛顼之父曰昌意，昌意之父曰黄帝。禹者，黄帝之玄孙而帝颛顼之孙也。禹之曾大父昌意及父鲧皆不得在帝位，为人臣。"[②] 就已明确记载禹的详细身份。同时，禹事迹的真实性依据其他历史文献记载仍有迹可循。而从中延伸出的大禹信仰模式经过了长期演变，具有了深厚的历史根基和历史基础。

（一）大禹信仰的最初历史形态

大禹信仰从慢慢形成到逐渐扩展至宗教形式，最初的历史形态大体分为以下三类。其一，民族祀奉神。《帝王世纪》记载："有胸玉斗，足文履己，故名文命，字高密。身九尺二寸。长于西羌，夷人。"[③]《蜀王本纪》中提到："大禹六月六日生于石纽。""禹本汶山郡广柔县人，生于石纽，其地名痢儿畔。"[④] 另外，邓存咏修纂的《龙安府志·杂志》中也记载："禹生于蜀，家于西羌，地名石纽。石纽，在蜀地西川也。"[⑤] 关于禹的出生之地，据现有的历史文献记载已基本确定为蜀地石纽村。蜀地羌族人民对禹有浓厚的血脉认同感，禹渐渐演变为民族祀奉神，同时这也成为了大禹信仰的历史形态之一。

---

① 顾颉刚：《顾颉刚古史论文集》卷一，中华书局，1988 年，第 143 页。

② ［汉］司马迁：《史记·夏本纪》，中华书局，1959 年，第 49 页。

③ 钟利戡、王清贵辑：《大禹史料汇集》，巴蜀书社，1991 年，第 90 页。

④ 同上，第 106 页。

⑤ 同上，第 110 页。

其二，神话故事。神话是氏族社会祭祀仪式中不可或缺的一部分，赋予祖先神力以证明其祖先政治权力存在的合理性。其中关于禹的神话主要有三类。首先是禹的身份背景，《绎史》中说："古有大禹，女娲十九代孙，寿三百六十岁，入九嶷山得仙飞去。后三千六百岁，尧理天下，洪水既甚，人民垫溺，大禹念之，乃化生石纽山泉。"[①] 这里将禹神化为古传说中女娲后人，将禹治水智慧提为神慧，应对人间水患灾害。又如《史记·武帝纪》："禹娶涂山，治鸿水，通轘辕山，化为熊，涂山氏见之，惭而去，至嵩高山下，化为石。禹曰：'归我子！'石破北方而启生。"[②] 将禹描写成力大无穷且化身为熊的神人。其次，与禹相关的事物也被赋予神话色彩。如禹的儿子启"破石而出"的出生故事，以及禹出生的血石也被奉为神石，据民国《北川县志·古迹》记载："血石，在禹穴附近，溪石上俱有殷红色血点，像生禹时所遗之溅血也。《四川通志》谓此石能催生，治心痛。凡患之者将血石用滚水沃之，服之立愈。"[③] 以及《龙安府志·古迹》中说："血石在禹穴下，石皮如血染，以滚石沃之，腥气能催生。"[④] 都将血石赋予神力，谓之有医治功效。最后，禹的事迹也被改编为神话故事，如"禹王捉蛟""禹王锁蛟井"以及"禹贡九州"等，无一不把禹视为神通仙人，具有平定九州的天赋使命，甚至将真实故事"大禹治水"也逐渐传奇化。这使得百姓对禹的崇拜逐渐加深，直到演变为信仰形式，成为了最初大禹信仰形态之一。

其三，宗教信仰。道教作为一种民间组织，为壮大发展，将不少大众普适度较高的传说人物纳入道教谱系之中。其中，禹就从帝王化身为道教三官之一的水官大帝。在道教早晚课《玉枢宝经·解厄咒》中说："上请天官解天厄，地官解地厄，水官解水厄，五帝解五方厄，四圣解四时厄，南辰解本命厄，北斗解一切厄。"记载三官大帝，利用阴阳此消彼长调伏天地水炁来赐福赦罪解厄，于三元节校众生罪福。另外，《梦粱录》记载："十五日，水官解厄之日，或解厄，或荐亡。"[⑤] 可知作为水官大帝的禹受众多道徒祀奉，道徒

① ［清］马骕：《绎史》卷十一，文渊阁四库全书本。
② ［汉］司马迁：《史记·武帝纪》，中华书局，1962 年，第 190 页。
③ 转引自钟利戡、王清贵辑：《大禹史料汇集》，巴蜀书社，1991 年，第 118 页。
④ 同上，第 120 页。
⑤ ［宋］吴自牧：《梦粱录》卷六，浙江人民出版社，1984 年，第 46 页。

还为其专门设立节日。道教的发展为大禹信仰提供了一定的受众基础，不仅使之成为三官信仰，也成为了早期大禹信仰的形态之一。

（二）大禹信仰后期形态——祭祀活动

受到统治阶层的肯定与民间组织的宣传，大禹信仰从初步雏形逐渐正规化，正式演变为祭祀活动。祭祀活动最初由夏朝帝王启开创延续至今，经过不断革新，已成为具有严苛规则制度的祭祀活动。在此基础之上，统治阶层和民间组织还自发雕刻禹碑、寻访禹穴及建造禹庙。延续至今，可将祭祀活动大致分为氏族祭祀、国家祭祀与民间祭祀相结合以及非物质文化遗产三个阶段。

1. 氏族祭祀

夏朝受到原始宗教以及巫术的影响，自然有祭祀之礼教。帝王启作为禹的后人，按照夏礼要对已故亲人进行氏族祭祀。据《吴越春秋》记载："启即天子位，使使以岁时春秋而祭禹于越，立宗庙于南山之上。"① 可知启每年春秋两季皆派遣使者去祭拜禹墓，且在旁建设宗庙。启是我国最早开创关于禹祭祀礼节的帝王，虽祭祀形式已具有国祭雏形，但仍属于家族祭祀的礼制。《墨子·节葬》提到："禹东教乎九夷，道死，葬会稽之山，衣衾三领，桐棺三寸，葛以缄之，绞之不合，通之不陷，土地之深，下毋及泉，上毋通臭。既葬，收余壤其上，垄若参耕之亩，则止矣。"② 可知夏礼制度下的禹葬较为简单，包括往后每年的祭祀也依然处于氏族墓祭的范围，并未达到国家祭祀的高度。

2. 国家祭祀与民间祭祀相结合

从启王开创祭祀禹墓的活动后，氏族形式的祭祀活动开始上升到统治阶层授意的国家规格。国家祭祀活动延续的同时，民间组织也逐渐兴起大禹祭祀活动。

（1）国家祭祀

禹祭祀活动逐渐上升到国家祭祀层面是由秦始皇开始的，《史记·秦始皇本纪》记载："三十七年十月癸丑，始皇出游。……上会稽，祭大禹，望于南

---

① ［汉］赵晔：《吴越春秋·越王无余外传》，江苏古籍出版社，1986 年，第 85 页。

② 钟利戡、王清贵辑：《大禹史料汇集》，巴蜀书社，1991 年，第 138 页。

海，而立石刻颂秦德。”[①] 秦始皇是中国正史上第一位一统天下的皇帝，同时也是历史上第一位亲临禹墓进行祭祀的皇帝。

随着秦代王朝国家祭祀的开创，后世历代王朝也保留了此传统。据《汉书·郊祀志》记载：“遂于官社后立官稷，以夏禹配食官社，后稷配食官稷。”[②] 汉初统治者就曾下令按照《礼记》“祭祀宗庙社稷”在京师建造了官社祀禹。到了南朝时期，宋文帝也多次遣派使者前往禹陵祭祀，并下令谢惠连编纂了现有文献中最早关于禹祭祀内容的《祭禹庙文》。延续至唐朝，德宗皇帝同样派遣多人前往禹庙祭祀，其中陆贽还留有祭文存世[③]。至此唐代皇帝遣派使者祭祀正式被列入国家重事之一，这也为宋明时期规范祭祀礼制奠定了基础。

值得一提的是，明太祖是历代最为重视大禹祭祀活动的统治者。据《明史·礼志》记载，明太祖数次特遣使者祭祀，并颁布“遣使祭历代帝王陵寝，并加修葺”诏令。除此之外，洪武四年太祖遣臣告祭补《登极祭文》，且规定“凡遇登极遣官告祭”[④] 一令，要求明代历届皇帝都须遵循这一登基制度。因此，据《明史》记载，明代有位皇帝登基之时都遣官祭禹颁布《登极祭文》，具体有太祖、宣宗、英宗、景帝、宪宗、孝宗、武宗、世宗、穆宗、神宗。明代不仅承袭以往的禹王祭祀，还将大禹祭祀纳入国家祭祀的正统制度之中，设立专门的庙堂宗祀，并规定严格的祭祀仪式。如《明史·礼志》就记载：“洪武二十六年定传制特遣仪，传制官由御前出宣制。”[⑤]

（2）民间祭祀

大禹民间祭祀形式主要由少数民族祭祀、文人志士祭奠与道教宗庙祭祀三种方式组成。始初民族祭祀多与禹族人相关，最早载有民间祭祀内容的《吴越春秋》提及：“众民悦喜，皆助奉禹祭，四时致贡，因共封立，以承越君之后，复夏王之祭，安集鸟田之瑞，以为百姓请命。”[⑥] 禹直系族人到第十世虽已断绝，但仍有族内他人来祀奉禹墓，并建禹陵村延续至今。

① ［汉］司马迁：《史记·秦始皇本纪》，中华书局，1959 年，第 260 页。
② ［汉］班固：《汉书·郊祀志》，中华书局，1962 年，第 1269 页。
③ 吴军、罗海笛：《绍兴大禹祭典》，浙江摄影出版社，2009 年，第 62 页。
④ 徐进：《明代大禹记忆及其文化意蕴》，《殷都学刊》2016 年第 4 期。
⑤ 吴军、罗海笛：《绍兴大禹祭典》，浙江摄影出版社，2009 年，第 62 页。
⑥ ［汉］赵晔：《吴越春秋·越王无余外传》，江苏古籍出版社，1986 年，第 87 页。

除此之外，另有民间不少文人志士自行祭拜大禹，用诗词歌赋的形式表以祭奠，例如唐代诗人李白写有《公无渡河》表以称赞，暇时还曾前往禹出生之地楷书“禹穴”二字于侧；唐代诗人杜甫参谒大禹古庙有感而写《禹庙》一诗；以及南宋诗人陆游著有《禹庙赋》《稽山行》等作品。

而道教除普通的道徒朝拜祭祀方式之外，还有设立节日、创立庙会这一独特形式。如农历十月十五就被道教设为水官大帝考察民众录奏天廷、为道徒解厄的日子（下元节）。另外，据宋人记载：“俗传禹生之日，禹庙游人最盛。无贫富贵贱倾城俱出，士民皆乘画舫，丹垩鲜明，酒樽食具甚盛，宾主列坐，前设歌舞。”① 可知道教庙会已成为百姓的生活节日，广受热爱。不仅如此，《洞神八帝元变经》曰：“禹步者，盖是夏禹所为术，召役神灵之行步。此为万术之根源，玄机之要旨。”② 道教还独创了“禹步”这一祷神仪礼，发展至今仍为道教科仪内容之一。

3. 非物质文化遗产

在当代生活的影响下，大禹祭祀发展为新的祭祀形式。浙江省独树一帜率先恢复大禹祭祀活动。浙江省人民政府和绍兴市人民政府联合举行了“1995 浙江省暨绍兴市各界公祭大禹陵典礼”，承续了中华民族四千年来尊禹祀禹的传统，翻开了新中国祭禹的新祭祀典章。同时一直申请将此富涵中华优秀文化特质的活动批为国家非物质文化遗产，终于 2006 年 5 月被选入国务院批准的第一批 518 项国家级非物质文化遗产名录。自浙江省第一届祭典活动开始，因其独特的祭祀文化及其祭祀活动形式，受到国家扶持宣传，备受大众追崇，成为了现代大禹祭祀活动的主要形式之一。

三、大禹祭祀的活动内容

大禹祭祀具有多种形式，无论是氏族祭祀、国家祭祀还是宗教祭祀都有一定的活动地点及活动形式。

---

① ［宋］沈作宾：《嘉泰会稽志 · 节序》，民国影印清嘉庆本。

② 转引自李远国：《大禹崇拜与道教文化》，《中华文化论坛》2012 年第 1 期。

（一）祭祀活动的地点

大禹祭祀由最初在会稽陵墓之地进行祭祀到如今多处皆有祭祀之地，在此发展过程中祭祀场地不断扩展增多，主要包括禹穴、禹庙两种类型。

禹穴地点，据乾隆《石泉县志·舆地》记载："天下禹穴有三：在会稽者，葬处也；在宛委者，藏书者也；在石泉者，降生处也。"① 即说禹穴有三处，一是今浙江绍兴，大禹陵墓所在之地；二是浙江宛委山，禹登宛委山得金简玉字之书之地；三是四川汶川，禹出生之地。这三处地方皆是最初大禹祭祀的活动场地。其中，最为主要的则是禹墓之地，自秦朝开始，历代皆有皇帝或使者在此进行祭祀活动。

随着民众对大禹祭祀活动重视程度的上升以及道教的扩大发展，祭祀地点已从单一的禹穴地增加到各地禹庙。禹庙兴起始于秦汉，盛行于唐宋，遍立于明清。《礼记》记载"祭祀宗庙社稷"，统治者下令在京师建造了官社祀禹，《汉书·武帝纪》记载，龙门禹庙建成于汉灵帝光和二年，可知汉代已初步形成了小规模范围内的官方禹庙修建。而北魏时期，魏孝文帝太和十六年下诏设立禹庙，此项目已逐渐成为国家建设内容之一。晋代大兴建设禹庙，《华阳国志·巴志》中记载："江州县，郡治，涂山，有禹王祠及涂后祠……帝禹之庙铭存焉。"亦可知全国已大范围兴修禹庙，如四川各地，此时多有禹庙兴起，其中忠州、成都和石泉三地禹庙最为有名。另外，《四川通志》载："石纽山在县南一里，有二石纽结，每冬月霜晨有白毫出射云霄。山麓有大禹庙。"《石泉县志》载："先有是庙，后有此城。"② 可知四川汶川地区禹庙的兴旺程度已由庙延伸至城。到明清时期，由于国家统治阶层的大力推崇，清代新兴一种"会馆式"庙宇，如开江、彭水、黔江、梁山、南充禹王宫，石柱大禹庙，南川、巴县禹王庙以及都江堰、遂宁、三台、绵阳等地所建禹王宫。

不过，明清之后各地虽有禹庙存在，但在民国时期，此类祭祀地点的祭祀活动皆被取消。直到 1955 年，才重新恢复大禹祭祀活动。浙江省人民政府于 1955 年举办的大禹陵典礼成为新中国成立以来第一次正式公祭。自此之

---

① 钟利戡、王清贵：《大禹史料汇集》，巴蜀书社，1991 年，第 116 页。

② 谢兴鹏：《禹生北川信有征》，《中州今古》2002 年第 4 期。

后，四川北川、都江堰、松潘县，河南登封、禹州，以及山东省禹城市等地相继举办相关的大禹祭祀活动。

（二）祭祀活动的仪式制度

古时大禹祭祀活动多受巫术及原始宗教的影响，祭祀礼制也只是历代皇帝到禹墓进行祭拜或是遣派使者。而发展到后来，祭祀活动成为国家祭祀典礼之后，又因儒家主张恢复礼制，祭祀活动有着极为严苛的仪范制度。

例如在明确成为国家祭祀活动的明代，统治者不仅规定“新皇登基，遣官告祭”，还专门下令礼部设置相关的祭祀礼制，《明史·礼志》曾记载：“祭历代帝王，则曰：‘某年某日，祭先圣历代帝王，命卿行礼。’俯伏，兴，四拜，礼毕出。其降香遣官仪：前祀一日清晨，皇帝皮弁服，升奉天殿。捧香者以香授官。献官捧香由升降中道出，至午门外，置龙亭内。仪仗鼓吹，导引至祭所。后定祭之日，降香如常仪，中严以待。献官祭毕复命. 解严还宫。”① 要求祭祀使官皆得遵守一言一行。另外，关于祭期，除新皇之外，例行三年致祭一次。

到了清朝，不仅沿袭明代“新皇登基”的内容，还增加了皇帝万寿节、皇太后万寿节、册立皇太子、凯旋奏功等都须祭祀陵庙。据《北川县志·礼俗》记载：“禹庙，每年春秋与关岳庙同时致祭，其仪注与文武庙同，唯无乐歌。当前清初年以北川为大禹降生之地，特颁祀典，祭以太牢，至今仍之。”② 不仅如此，清朝也制定了新的科仪制度，《清史稿·礼志》提及：“祭文、香帛由遣官自京斋送。凡时巡祭帝王陵寝，仪同祭庙，率二跪六拜。”③ 有严格的祭拜仪式，而康熙、乾隆二帝巡会稽祭禹陵时，皆破例行三跪九拜的最高之礼仪。此时祭祀期限已从明代三年一次增加至每年春秋仲月分别一次。

发展至现代，1995 年浙江省重新举办了大禹祭祀活动，本次公祭仪式采用了古代最高礼祭形式——“禘礼”。仪式全程主要分为十三项议程，先后为肃立雅静、鸣铳、献贡品、敬香、击鼓、撞钟、奏乐、献酒、敬酒、恭读祭文、行礼、唱颂歌献祭舞、礼成。自此之后，便立下每年一小祭、五年一公祭、十年一大祭的约定，直到 2005 年，华夏广大同胞对大禹祭祀活动热情高

---

① 吴军、罗海笛：《绍兴大禹祭典》，浙江摄影出版社，2009 年，第 64 页。
② 钟利戡、王清贵：《大禹史料汇集》，巴蜀书社，1991 年，第 118 页。
③ 赵尔巽：《清史稿·礼志》，中华书局，1977 年，第 2529 页。

涨，同时也为了积极弘扬中华传统文化，浙江省遂改为每年公祭一次。

四、大禹祭祀活动的成因及意义

大禹祭祀活动从氏族祭祀发展到国家祭祀之礼，禹作为祭祀对象是民族内部礼制发展到后世封建礼制独有的祭祀人物。统治阶层选择将禹作为国家祭祀活动对象是有一定的原因的。另外，大禹祭祀活动自正史之初能够延续至今，也因其自身载有重大的意义。

（一）选择大禹作为祭祀对象的成因

禹为何备受历代帝王推崇，并且将其祭祀活动逐渐提升至国家重要活动之一延续至今，依据大禹祭祀活动形式的演变历程，究其原因大致有三点。其一，礼制需要。以血缘纽带为主的宗族制度是中国早期国家的显著特征，而氏族内部所规范的礼制将氏族祭祀纳入其中并制定了祖先祭祀活动。“族是当时社会最重要的强制组织，族规便是社会的基本法律”①，因此，启作为禹的子嗣按照当时的氏族礼制进行祖先祭祀活动并设立了宗庙，可见于《礼记·祭法》：“夏后氏亦禘黄帝而郊鲧，祖颛顼而宗禹。”② 另外，据《礼记·祭法》中描述，只有“法施于民则祀之，以死勤事则祀之，以劳定国则祀之，能御大菑则祀之，能捍大患则祀之”③。而禹“修鲧之功”造福百姓，也具备享祭祀之礼的资格。因此后世历代帝王与禹虽未存血缘关系，但仍将大禹祭祀纳入国家祭祀活动之中。其二，政治需要。《礼记·祭统》中说：“凡治人之道，莫急于礼。礼有五经，莫重于祭。”④ 将祭祀视为礼中之重，强调“治国之本也，不可不知也”。另外儒家十分强调国家来历的正统，如孔子在《春秋》中常用“窃”“盗”之语来批判其统治者获取国家政权的不正当性。因此历朝更迭后，胜利者常为证明其政权合理性，并顺利维持其政权的长期稳定性，不得不看重沿袭祭祀先贤的活动。其中禹除帝王身份之外，另有“女娲后人”及“水官大帝”的身份，加之其造福百姓的治理水患之功德，在百

---

① 张光直：《美术、神话与祭祀》，辽宁教育出版社，2002 年，第 23 页。

② ［汉］戴德：《礼记·祭法》，上海古籍出版社，1987 年，第 252 页。

③ 同上，第 255 页。

④ 同上，第 266 页。

姓之中备受崇拜，因此禹也在众多先贤中独树一帜，成为众多帝王推崇的祭祀对象。其三，宗教需求。最初氏族内祭祀大禹时，会将禹的功德行为赋予神话意义，从而将禹塑造为天赋神权的王，使其政治行为或其他行为具有一定的正确合法性，进而证明在战斗中禹氏处于正义一方，此外，还能维持其氏族后裔的政权稳定性。但随着后期宗教的利用，禹逐渐被道教从氏族神话中上升为真正的神人，具有确切的神力帮助世人。由此可知，道教通过利用大禹的受众影响力，将其信徒收纳为道徒，从而达到促进自身发展的目的。

（二）大禹信仰及其祭祀活动的意义

大禹信仰及其祭祀活动从最初形态延续至今，已发展到多地点多样式的活动模式。无论是民族祭祀形式、国家祭祀形式或者是如今的非物质文化遗产形式，对我国历史文化都有着重要意义。

1. 历史研究意义。了解中华五千年的历史真实性，虽说相关文献载体是主要途径，但官方制定、民间传统遗留下来的相关活动也是了解史实的辅助途径之一。大禹祭祀的活动形式无论是民间祭祀、国家祭祀或是宗教祭祀，其规定的科仪制度，包括祭品、祭器、祭乐、祭舞和祭文等等，蕴含了十分丰富的历史信息。另一方面，祭祀活动之外雕刻的禹碑、建造的禹庙以及与之相关的文学作品都有一定史料价值，具有十分重要的历史研究意义。

2. 弘扬中华民族文化意义。禹是勇于抗击自然灾害、造福百姓的治水功臣，一生奋力于为族人打造和泰环境，列五服收九州开创华夏历史。民众对大禹充溢着崇敬之情，直至上升到信仰文化，成为中华五千年历史中孕育出的优秀传统文化之一。其中，尤其对羌族文化发展有着重要意义。羌族源于古羌氏族，是中国西部地区少数民族之一，而大禹祭祀活动不仅存在于古时羌族内部，发展至今仍在部分有羌族历史的少数民族中存在。因此，探究少数民族的大禹祭祀活动，不仅有利于了解具有丰厚历史意蕴的古羌族文化，还有利于弘扬中华民族优秀传统文化。除此之外，大禹信仰及其祭祀活动不仅能激发中华儿女包括广大海外侨胞、港澳台同胞爱国爱乡的热情，也能更好地凝聚人心，充分调动各方面的积极性，促进和谐社会的建设。中华文明富含千年历史，历经万千磨难，如今以崭新的面貌屹立于世界，大禹祭祀文化作为中国独特的传统文化，更是从夏朝开始就传承至今的传统文化，承载的不仅是中华民族千年厚重的历史，更是万千华夏儿女对祖国的美好寄托。

《押沙龙，押沙龙！》中的神话叙事与人类学想象[①]

华中科技大学中文系　秦崇文

摘　要　《押沙龙，押沙龙！》并非简单地叙述托马斯·萨德本家族所遭遇的“现世报”，福克纳有意识地将小说与圣经神话传说构成某种互文关系，采用因果叙事模式表达神话中的罪与罚、作孽与赎罪的二元对立主题，折射人类难以摆脱的境遇和突显神话的心理救赎功能。作者采用多种艺术手法对南方历史进行解构，这使得故事上升到神话的高度且充满人类学意蕴。福克纳将现代历史事件视为具神话色彩的悲剧来处理，在这一过程之中，作者消解了单数历史，而转向了复数历史，以揭露南方衰败的真正原因。福克纳的创作在对人类伦理道德进行反思的同时，也为现代文学的神话叙事和人类学想象提供新的思考路径。

关键词　福克纳；《押沙龙，押沙龙！》；神话叙事；人类学想象

20 世纪初期，神话在现代文学中复苏，“在现代原始主义思潮的推波助

---

① ［基金项目］本文为湖北省社会科学基金后期资助项目“威廉·福克纳小说神话诗学研究”（项目编号：2021263）和中央高校基本科研业务专项资金资助项目“威廉·福克纳的神话学研究”（项目编号：2021WKYXQN048）成果。

澜下，许多作家都意识到了圣经神话传说对主题的深化以及文本和读者之间交流与共鸣存在潜在的作用，因而在创作中开始自觉地运用各种神话原型”①。《押沙龙，押沙龙!》便是该浪潮下的产物，小说讲述了美国南北战争前后，杰佛生镇的穷小子白人马斯·萨德本白手起家，建立起种植园的故事。他与有黑人血统的前妻育有一子——查尔斯，与现任妻子育有儿子亨利、女儿朱迪斯。朱迪斯与同父异母的哥哥查尔斯产生了恋情。为杜绝乱伦悲剧，亨利杀死了查尔斯。最后，托马斯·萨德本也死在白种女人的镰刀之下。萨德本“想要一个能够体现他理想的儿子，而且他有太多的儿子了——他的儿子们相互毁灭，最终又毁灭了他自己。他最后只剩下一个儿子，这个儿子却是个黑鬼”②。该作品在新千年（2009 年）被评选为“美国南方有史以来的最佳小说”。美国评论家埃尔斯·杜斯瓦·林德认为：“《押沙龙，押沙龙!》是小说方面独一无二的一种实验。”③ 作者以重塑神话的方式勾勒了一幅宏大的具有历史画面感的悲剧景象，小说在展示美国南方 19 世纪下半叶至 20 世纪初的历史社会面貌的同时，也对现代社会人类道德沦落的重大议题进行深刻反思。尽管学界对该作品的研究可谓硕果累累，但小说突显出来的神话叙事、人类学意义、战争反思等则较少受到关注。本文从跨学科视角出发剖析战争冲突、种族主义、伦理秩序问题、作家的神话意识、人类学想象等，并进一步探讨现代社会中人的心灵冲突与精神救赎问题。

一、神话重构与道德救赎

弗莱指出：“美国革命本身在很大程度上是以新英格兰的清教徒观念为其思想基础的，试图在殖民地建立一个新社会而宁可置魔鬼于不顾，结果却招

---

① 洪增流：《英美文学中上帝形象的演变》，中国社会科学出版社，2009 年，第 178 页。

② Frederick L. Gwynn，Joseph L. Blotner. （eds.）*Faulkner in the University*：*Class Conferences at the University of Virginia*，1957—1958，1959；reprinted. New York：Vintage—Random，1965，p. 35. Although the Oedipus cycle and Agamemnon contain readily obvious analogues to Faulkner's drama，a full explication of revenge and reciprocal action，and particularly the motifs of incest and twinship，require reference to the rest of the Oresteian trilogy（The Choepheri and The Eumenides）and to Euripides' Iphigenia in Tauris.

③ ［美］埃尔斯·杜斯瓦·林德著，陆谷孙译：《〈押沙龙，押沙龙!〉的构思及意义》，原载《美国现代语言学会集刊》1955 年 12 号，现据《福克纳：三十年间评论集》译出。本文转引自李文俊选编：《福克纳评论集》，中国社会科学出版社，1980 年，第 168 页。

致了魔鬼更大的怨恨。”① 南北战争以后，道德困境与伦理沦陷成为这一时期社会学家、文学批评家们关注的焦点。与此同时，内战前后，美国南方特殊的文化及社会背景，即农业社会、种族主义和清教传统，其文化基础是以加尔文主义为核心的清教，被视为“圣经地带”。福克纳的创作就根植于这种文化语境之中，并延续了美国文学对清教的批判思想，同时也受到外来思潮，特别是欧洲元素的影响。

小说中，故事在广阔的画面中展现出来，其中的人物超越了时代的特点，亦如古希腊的合唱队，在舞台上挥舞着脑袋唱出：萨德本……萨德本。作者在《押沙龙，押沙龙!》中巧妙借用了《圣经》中“押沙龙”的故事原型，并且渗透了希腊神话故事中关于忒拜家族的故事，使得这部小说同时具有《圣经》元素与希腊神话的悲剧色彩。福克纳延续了《喧哗与骚动》的神话叙事模式，但又有所不同。在《喧哗与骚动》中，主要体现为圣经人物与小说中人物之间的对应关系；而在《押沙龙，押沙龙!》中，在前者基础上，更加强调了圣经故事与小说情节之间的对应关系。与其说萨德本是形变的阿伽门农，不如说他是衰老的匹拉莫斯、绝望的浮士德、年老的亚伯拉罕。萨德本痛苦地认识到自己没有合法的继承人去实现自己的伟大计划，福克纳巧妙地戏剧性地置换了故事的情节，讽刺性地与书名对应，萨德本成了耶路撒冷中的大卫王，后者得到上帝保证，帮他建立心中的万世王朝。萨德本及其后代，在单调、公式化地完成自己的行动，他们的行动完全受主题变化的影响。萨德本故事具有史诗般的景象，其故事情节本身唤起了对古老神话悲剧的记忆。笔者以图表形式直观呈现《押沙龙，押沙龙!》与《圣经·撒母耳记》② 之间的关联以及具体情节梗概与救赎对比概况：

---

① ［加］诺思洛费·弗莱著，郝振益、樊振帼、何成洲译：《伟大的代码：圣经与文学》，北京大学出版社，1998 年，第 157 页。

② 中国基督教三自爱国运动委员会、中国基督教协会：《圣经》，2011 年，第 258—317 页。

1.《押沙龙，押沙龙!》与《圣经·撒母耳记》情节梗概对比

《押沙龙，押沙龙!》	《圣经·撒母耳记》
萨德本原来是山区穷白人，后来建成了显赫的萨德本庄园。种植园门前被拒绝的遭遇是他一生的转折点，由此产生了建立萨德本万世王朝的梦想。	大卫是牧羊的男孩，后来成为以色列国王。杀死巨人歌利亚是其一生的转折点，从那以后他再也没回到羊群中。
以萨德本为代表的种植园主的罪恶导致了南方的战败，也让各自苦心经营的家族走向毁灭。	大卫的罪使以色列战败，也使自己丧失了儿子。
亨利是萨德本的宠儿，因为妹妹的缘故杀害了同父异母的兄弟查尔斯·邦，最终导致萨德本王朝的坍塌。	押沙龙是大卫的宠儿，是不遵守法度、反叛父亲的逆子，为了妹妹的名誉设计杀死兄长暗嫩，因而被放逐。

从整体框架看，萨德本的故事与大卫的故事相似，而亨利对邦的态度与押沙龙对暗嫩、约拿单对大卫的态度相似。

两个家族都上演了兄妹三角恋与兄弟相残的剧情。两个故事系统中人物与事件不是一一对应的，有时是反讽的（如大卫的充满人性对比萨德本的残酷冷漠），而罪与罚的重演使得萨德本家族故事获得了永恒的悲剧意义。

2.《押沙龙，押沙龙!》与《圣经·撒母耳记》的“救赎”对比

《押沙龙，押沙龙!》	《圣经·撒母耳记》
萨德本的道德问题导致了家庭的悲剧。萨德本因骄傲和占有欲而犯罪，并为传统观念所驱使，盲目而不顾一切地追求体面的社会地位，拒绝承担道德责任，像出卖了灵魂的浮士德。他所犯的罪导致亲子残杀，最后走向自我毁灭，把身边的世界也一起拖向灭亡。 福克纳的“故事是讲一个人出于骄傲想要个儿子，但儿子太多了，他们把他毁了。”	最初，大卫勇敢、信德、善举，按照良心行事，被上帝选为领导人。上帝助其脱离险境，成为以色列国王。耶和华向大卫应许：“你的子孙若谨慎自己的行为，尽心尽意、诚诚实实行在我面前，就不断有人坐以色列的国位。” 后来，权力使大卫骄纵无度，道德败坏，做了卑劣之事——贪恋乌利亚的妻子拔示巴，并因此犯下了杀人、奸淫、陷害等罪孽。大卫藐视上帝诫命，行奸邪之事，最终获罪。 他的罪行成为王朝后来经历的乱伦、凶杀、内乱和衰败的祸根。大卫的卑鄙残忍影响了儿子。押沙龙因为妹妹遭同父异母的兄长暗嫩侮辱而心生恨恶，索性杀了暗嫩为妹报仇，后来因叛乱之举而被杀。
萨德木则显得冷酷无情，因为所谓的蓝图失去了想象力与感受力。	大卫是充满人情味的统治者，经受着所有人都会有的那些压力和诱惑。
萨德本至死不明白自己的错误在哪里，也始终没有悔罪。	大卫在苦难中顺服管教，祈祷悔罪，上帝宽恕其恶行。
寻求体面的社会地位是萨德本离开穷苦生活的源动力。	
萨德本的罪是人的欲望之罪。	
为了实现梦想，萨德本把人当作工具。	

上述情节梗概和救赎对比，以圣经故事为参照，我们不难看出，福克纳所建构的萨德本形象与南方悲剧，一方面与希伯来神话中大卫的战争故事形成互文关系，另一方面福克纳将希腊悲剧中阿伽门农的故事作为支线情节进行处理。《押沙龙，押沙龙!》的故事结构与《圣经·旧约》中的故事不尽吻合，仅有某些隐约相似之处，但小说中亲子之间的爱与恨，兄妹之间的暧昧

感情，的确具有《旧约》的原始色彩与悲剧格局[①]。萨德本建立家庭和大卫建立王朝的经历相似，两者都因为道德问题而引发了家庭悲剧。福克纳把南北战争时期的社会历史事件，视为古典悲剧进行叙事处理，使得萨德本家族的故事具有诗性的神话色彩，揭示人类命运过程中的道德困境与伦理危机。萨德本的一生，作为南方文化的缩影，是善与恶、美与丑的集合体。在种族主义与宗教清教主义思想的映照下，人性的弱点与社会的罪恶交织在一起，古典悲剧的现代演绎，在这部作品中拉开序幕。对于福克纳来说，这是一个他“必须从阁楼里弄出来讲述萨德本故事的人”[②]。

从社会和心理的层面上看，以萨德本家族为代表的南方人所承受的惩罚是真实的，这种惩罚延续到了第三代或第四代或所有人。福克纳借助班吉这一生理退化的人物来描绘南方的“原罪”及其所遭受的伦理困境。班吉那看似杂乱无章的意识流表述将小说中的多个声音统一了起来，他的声音吞没了其他讲述者试图拯救萨德本帝国的所有努力。正如书的最后一页所讲，萨德本还有“一个黑鬼留了下来。当然，你抓不到他，你甚至常常看不见他，而且永远也不能指使他。但他仍在那里”[③]。莱斯利·费德勒说，《押沙龙，押沙龙!》在美国哥特式小说这个类别里是一部了不起的作品，“它第一次将乱伦这个美国小说中的基本色欲主题同奴隶制和黑人复仇这个美国恐怖小说的基本社会学主题相结合了起来”[④]。萨德本由于深受种族制度和社会物质财富观念的伦理环境影响，产生了“错误”的伦理标尺，最终导致了家族悲剧。亨利对其妹妹朱迪斯的特殊“爱情”，对同父异母的哥哥埃蒂尼·邦的“同性恋”情感，导致他在伦理两难的情况下，最终杀死了哥哥邦。伦理禁忌的破

① 关于“押沙龙”的故事，据《圣经·旧约》记载，押沙龙是古代以色列国大卫王的儿子，事见《撒母耳记（下）》第十三到十八章：“大卫的儿子押沙龙有一个美貌的妹子，名叫他玛，大卫的儿子暗嫩（押沙龙和暗嫩同父异母，但《圣经》中并未交代）爱她。暗嫩为他妹子他玛忧急成病。他玛还是处女，暗嫩以为难向她行事。设法玷污了他玛，押沙龙知道后替他玛复仇。两年后，在借口剪羊毛之际，杀死暗嫩。……后来押沙龙与大卫王发动战争，兵败被杀。当大卫王得知押沙龙死讯时，他心里伤恸，上城门楼去哀哭。一面走，一面说：‘我儿押沙龙啊，我儿，我儿押沙龙啊，我恨不得替你死。押沙龙啊，我儿，我儿。’”“押沙龙故事”见中国基督教三自爱国运动委员会、中国基督教协会：《圣经》，2011 年，第 301 页。

② Frederick L. Gwynn, Joseph L. Blotner. (eds.) *Faulkner in the University: Class Conferences at the University of Virginia*, 1957—1958, 1959 *reprinted*. New York: Vintage—Random, 1965, p. 73.

③ William Faulkner. *Absalom, Absalom!*. New York: Vintage—Random, 1972, p. 378.

④ Leslie Fiedler. *Love and Death in the American Novel.* (rev. Ed.) New York: Dell, 1966, p. 414.

坏，造成了兄妹三人的悲剧。埃蒂尼·邦对自己的混血儿的伦理身份产生困惑，并抛妻弃子，且将亨利和朱迪斯的关系作为逼迫萨德本承认自己的儿子身份的工具，甚至在内战中为捍卫种族制度而斗争，其混乱不清的伦理身份，亦成为酿成悲剧的重要原因。萨德本的毁灭及朱迪斯对种族制度的蔑视，在某种程度上，象征着南方新旧伦理秩序的更迭。萨德本家族的毁灭，除了特殊的社会因素之外，还来源于小说人物错误的伦理意识。萨德本的雄心伴随着最后一个“傻儿子”的出现而终结，最后化为泡影，这也显示因果报应在人间的戏剧性作用，而美国南方的堕落正是这种作用拓展到现实社会的反映。

在《押沙龙，押沙龙!》中，萨德本悲剧的存在，由故事的四个叙述者共同完成。萨德本悲剧也构成全书戏剧内容的核心，四位叙述者构成小说的中心。两者共同构成二元的焦点，推动故事的展开。而最后一章体现了南方联盟的“痛苦解体”。萨德本故事从当地人们的口头传统中，被福克纳以四位叙述者讲故事的形式呈现到小说文本之中。该故事以圣经故事为底本，作者对其中的神话原型进行了四个方面的变形处理，即乱伦的动机、对待乱伦的态度、弑兄的动机及弑兄的后果。文本所隐含的神话原型置换与形变，以及伦理道德的言说，突出了种族主义及旧南方家族毁灭的主题，并以期唤起读者对道德救赎和社会伦理的重新审视。当然，还传递着某种信号——通过救赎，南方将重获新生。

福克纳曾在给马尔科姆·考利的信中写道：“战争中唯一干净的东西就是输掉战争。因为从物质方面来说，南方是幸运的一方。”① 从某些层面看来，这可能是对的，但战争所付出的惨痛代价和因战争而废除的奴隶制度一样，都非同寻常。在福克纳的小说中，战争的代价和人们追求的财富这两者之间的比值，成为读者内心迫切想解开的心结，这也构成南方人们的一种强有力的乡愁，一种令人担忧的当代相关性。福克纳对小说的设想，同林肯对国家及奴隶制的设想一样，一直都被其中的“缺陷”困扰，这种“缺陷”长时间得不到解决，时刻存在且总带有弑兄弑父的威胁。两者都以一种漫长的回溯方式，一再被推迟、一再延宕，最终也只是间接地触及到了奴隶制这个关键

---

① Malcolm Cowley. *The Faulkner—Cowley File*：*Letters and Memories*，1944—1962. New York：Viking Press，1966，p. 79.

性问题。作品所呈现出来的——“对爱的忽略”、对“绝望的延伸”，最终使得福克纳的故事成为美国南方社会的镜像。

二、“约克纳帕塔法”：人类学想象世界的“田野化”

自人类学诞生以来，对“异文化”和“田野”概念的理解，也随着时代的发展而演变，由对历史文献的关注到文学文本也被视为“田野”对象而予以人类学层面的关注。将《押沙龙，押沙龙！》纳入人类学视野进行考察，发现福克纳特别注重将故事与人类学的视野相结合，可以说是从讲故事的角度去揭示人类学，也可以说是从人类学的视角讲述故事。这里所言的人类学具有双重意义，即哲学意义上的和作为特殊社会文化意义上的。福克纳的文学创作，并不强调田野调查，亦不过分偏重特殊的社会文化视角。作者注重人类对故事的多重依赖，发掘故事叙事与人类的多层次多维度之间的关联，着重于故事中的人类学内涵。作为讲故事的小说家，福克纳与人类学家有着同一双关注的眼睛。

人类学对“田野”的强调，对地理空间的关注、对人口谱系的青睐、对人物事件的细节记录，也成为福克纳小说文本借鉴的“对象”，他有意识地把人类学的关注对象引入文学领域，并通过小说叙事呈现出来。从文学疗伤的层面上来讲，麦克斯韦·盖斯玛（Maxwell Geismar）称该小说发出的声音出自“最远处的发源地”，它“从过去的记忆深谷中唤起了人们被遗忘的回忆”①；大卫·敏特（David Minter）则认为，福克纳在“涉足禁忌场景，言说禁忌语言，从事危险活动策略”中②，小说确实是他的核心出发点。或许，只有在看过《押沙龙，押沙龙！》中康普生先生对昆丁的讲话后，才明白它的确

① Maxwell Geismar. *Writers in Crisis*: *The American Novel*, 1925—1940. (1947; reprint). New York: E. P. Dutton, 1971, p. 159. Geismar's relatively early estimation is particularly instructive, because he praises *The Sound and the Fury's* "evocation of our infantile origins" but maintains that the problems of Faulkner's later novels derive from a transposition of those preoccupations into the realm of racial conflict, a correct premise from which Geismar draws misleading but valuable conclusions.

② David Minter. *William Faulkner*: *His Life and Work*. Baltimore: Johns Hopkins University Press, 1980, p. 103. Minter's genetic reading of the novel, which draws on Faulkner's biography and early poetry and fiction, is the best discussion available along these lines.

切含义，“多年以前，我们在南方将我们的女人变成淑女，然后战争爆发了，把这些淑女变成了幽灵。”①

文字表述一直是作家传递思想与知识的最主要的方式，最大多数的文学作品都以文字为主或者只有文字。在某种程度上，文字表达也存在很大的缺陷。正如地理学家阿尔夫雷德·赫特纳所言，“文字很难表达复杂的空间关系，文字先后衔接缓慢，割裂了并存的情况，人们很难把文字转变为感官的直觉，而后者对于理解空间情况是必不可少的”②。历史地理学家 B. H. 塔基谢夫也指出：“对于历史上各种各样的事件和事件发生的时间，尽管历史学家们从字面上给我们作了明确的介绍，但是事件在什么地方、什么情况下或者什么条件下发生，这些问题只有地理学和已编绘的地图能给我们说得一清二楚”③。土地是人类关系共同体的载体，人们对土地的情感表征为人类社会伦理关系的延伸。对于《押沙龙，押沙龙!》，福克纳为了让书中的情节能够更加直观地呈现，为弥补文字表达带来的缺陷，他还专门为此书编了一份大事年表④、一份家谱表⑤，并绘制了一幅约克纳帕塔法县地图，且进行标注：“密西西比州约克纳帕塔法县杰弗生镇，面积：二千四百平方英里；人口：白人，6298，黑人，9313。威廉·福克纳，唯一的业主与产业所有者。”⑥ 显然，福克纳想传递给读者——这是“约克纳帕塔法县宝鉴录”的压卷之作——的印象，这部小说使得作者超越传统小说家的刻板身份，成为具有人类学意义上的小说经典，遂使该部小说成为福克纳作品中最重要，也是最复杂、深奥，最具史诗色彩的一部。对福克纳来讲，从《沙多里斯》开始，他便开始构建心中的“约克纳帕塔法帝国”，到了《押沙龙，押沙龙!》，该部作品构成这一帝国的雏形。他为再现“约克纳帕塔法帝国”所做的努力，同小说中萨德本面临的挑战具有相似之处。常常被我们忽略的一个事实是：作为政治动物的人——福克纳在地图上，亦暗藏了他关于政治的想象。“人口调查、地图和博物馆这三者一起深刻地形

---

① William Faulkner. *Absalom*, *Absalom*! . New York: Vintage—Random, 1972, p. 12.

② ［德］阿尔夫雷德·赫特纳著，王兰生译：《地理学：它的历史、性质和方法》，商务印书馆，1983 年，第 465 页。

③ 转引自张步天著：《历史地理学概论》，河南大学出版社，1993 年，第 158 页。

④ ［美］威廉·福克纳著，李文俊译：《押沙龙，押沙龙!》，现代出版社，2017 年，第 284—285 页。

⑤ 同上，第 286—288 页。

⑥ William Faulkner. *Absalom*, *Absalom*! . New York: Vintage Books, 1972.

塑了殖民地政府想象其领地的方式——在其统治下人类的性质、领地的地理、殖民地政府的家世（ancestry）的正当性。”① 在这个意义上讲，地图成为作家除了人类学想象以外的关于政治想象的重要内容。人口调查的虚构性在于：“每个人都在里面，而且每个人都占据了一个——而且只有一个——极端清楚的位置”，福克纳的“领地”——在小说中被聚集、解散、重组、混合及重新排序——它不再是宗教地理中的两个位置，在这些不同神圣与世俗的点之间的平面关系，并非纯粹由数学意义上的计算所得出的直线距离而决定。诚如“［轴线体系］考虑了疆域界限和天堂的关系。天堂就像一个圆周，被两条轴线切分成四份。城市规划中的东西向干道和南北向干道乃是天堂模式在大地上的呈现”②。在布局范式上，整幅地图构成一个巨大的“十字架”，被赋予了极其重要的宗教内涵，它成为仲裁和惩戒的场所，成为“约克纳帕塔法帝国”的基督“十字架”隐喻。他的地图——在某种意义上讲——有中心，却没有边界，实质上建构了神圣的与世俗的空间。

图1　约克纳帕塔法县路标

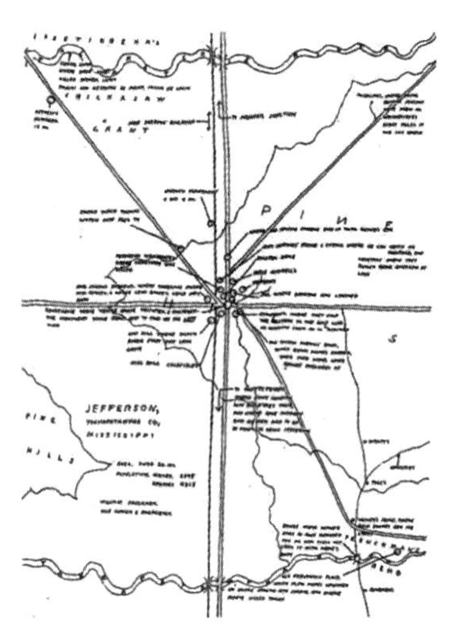

图2　约克纳帕塔法县地图（福克纳绘）

① ［美］本尼迪克特·安德森著，吴叡人译：《想象的共同体：民族主义的起源与散布》，上海人民出版社，2003年，第187页。

② Ferdinando Castagnoli. *Orthogonal Town Plarming in Antiquity*. Cam—bridge, 1971, p. 73.

从表面看，或许是源于文学的学科特点，作家在创作作品时，很少将自己的写作与某地图相配合，历史地理学家们亦然。结果，大部分的文学作品只有文字或是附有较少的插图。这就对读者，特别是非文学专业读者造成了不便，读者们常常会发现，读完整部作品，总感觉缺少点什么。但在另一方面，若仅提供地图，也会存在表达上的缺陷，因为地图很难表达历史事件的背景、细节、结果、影响及其在历史长河中的地位，更不可能承载抽象的思想或理论。而这些内容对于了解历史事件，又是非常必要的。通常来讲，只有文字才能将它们充分地表述出来。从理论上来说，读者只要通过作家的文字表达，就可以比较全面地了解该故事的梗概。但由于福克纳的语言表达的丰富性和晦涩性，也给阅读者带来极大的困难。在《押沙龙，押沙龙!》中，福克纳把美国南方的书写内容，从现实空间向虚拟想象空间延伸，通过小说叙事，实现小说文本叙事空间与地理空间之间的映射关系，揭示小说文本空间与现实地理空间之间的内在逻辑与运行机制。地图中那些符号，随处可见——道路与边界，以及散居其间的各种场所，都成为生活中的阅读符号。"'组织空间，分隔空间，组合空间'是普遍的需求和能力，是人类存在某种共同而恒久的天性的确凿证据。然而，每个时代、每个社会都会演绎出它独特的空间秩序。"① 作为小说叙事的实验，同时也是小说家在小说创作过程中的"人类学实验"，通过小说发生的时间、地理空间、人物之间的关系，事件的起因、过程及结果等元素，实现作家的"文本田野化"，具有了人类学、宗教学意义内涵。土地作为一个关系共同体的载体，应该被尊重和热爱，这一过程也是人类社会伦理观念的延伸，同时也是福克纳对"应许之地"的想象。

三、"南方问题"与福克纳的整体神话史观

19 世纪末 20 世纪初，种族主义小说成为反映社会历史的一面镜子，并与社会学、文学一起反映了时下流行的科学自然主义潮流。福克纳将种族悲剧融入加尔文主义式的诅咒话语之中，将种族仇恨的暴力和乱伦行为置于内战

---

① ［美］约翰·布林克霍夫·杰克逊著，俞孔坚、陈义勇等译：《发现乡土景观》，商务印书馆，2015 年，第 39 页。

的创伤语境之中，将社会现实置于神话历史之中，以小说的形式，将这些主题带入美国文学传统。这种结合本身具有矛盾性，但是从本源上讲，它依存于美国的历史和文学中无处不在的社会心理。表面上，《押沙龙，押沙龙!》反映了美国南方19世纪下半叶至20世纪初的历史、社会面貌，但这还不是福克纳创作的全部用意。用福克纳自己的话说，他要写的毋宁是“人的心灵与它自己相冲突的问题”，“只有这一点才能制造出优秀的作品，因为只有这个才值得写，值得为之痛苦与流汗。”（见《诺贝尔奖受奖演说》）因此，我们应当领会福克纳所写的并不是关于美国南方的一部历史小说，更不是热闹的历史背景映衬下的一出“情节剧”。

南北战争在某种程度上撕裂了南方的过去与现在，导致许多南方人建立的传统南方价值观念体系的崩塌，南方不但战败了，还得在道德上承担战败的后果，许多南方人及其后代在精神上沦为了孤魂野鬼。正如昆丁·康普生说，“多年前我们南方人使自己的女眷变成淑女。然后那场战争来临，使淑女变成鬼魂。我们这些当爷们儿的除了听她们讲如何做鬼魂的故事，又有什么别的办法呢?”[①] 尽管康普生“还太年轻不应成为一个鬼魂，但他却不得不如此，因为他是在南方深处出生和被哺育长大，那个从1865年起就已死亡的南方深处，”从小就聆听着“拒绝安静躺下的鬼魂们……给他讲述过去那鬼怪年代”[②]，这种强烈的怀旧感情，使得昆丁滋生了一种幻觉：旧的南方作为一种神话般的存在，并没有死去，更没有成为过去，甚至到现在依然充满活力。昆丁在学校给施里夫讲述萨德本家族的传奇故事，这个具有哥特式色彩的悲惨故事，具有南方的象征或隐喻意蕴：萨德本最初定下的建造百里庄园的宏伟蓝图，最终因兄弟相残，家族分崩离析，象征家族势力的大厦最终也轰然倒塌，成为了南方历史寓言故事。在昆丁看来，“我二十岁时就比许多死去的人都老了”，在施里夫眼里，“更多的人还没到二十一岁就已经死去了”[③]。最后施里夫大惑不解地问昆丁：“现在我只需要你告诉我一件事情。你为什么恨南方?”昆丁脱口而出急忙纠正道：“不，不！我不恨它！我不恨它!”[④] 事实

① ［美］威廉·福克纳著，李文俊译：《押沙龙，押沙龙!》，现代出版社，2017年，第5页。

② William Faulkner. *Absalom*, *Absalom*! . New York: Vintage Books, 1972, p. 9.

③ ［美］威廉·福克纳著，李文俊译：《押沙龙，押沙龙!》，现代出版社，2017年，第281页。

④ William Faulkner. *Absalom*, *Absalom*! . New York: Vintage Books, 1972. p. 412.

上，福克纳对萨德本的人生经历和创业史作了饱含感情的描述，表达了作家对可以凭借个人奋斗而发迹的年代充满向往，对白手起家、凭借坚强意志实现梦想的先人表示尊敬和仰慕之心，对往昔历史和充满传奇的人生表达无限追忆之情。

在某种意义上讲，《押沙龙，押沙龙!》是一部解释（演绎或阐释）性小说，通过罗沙小姐、康普生先生、昆丁和施里夫对美国过去的历史进行回忆版的表述。在他们繁复式的表述中，有一股隐藏的张力在其中流动，或冗长、繁缛、抽象，或故作高深，或横切面，或剖面（facet），宛如一首巴赫的多声部“康塔塔”（Cantata）。面对历史，不同的人、不同的情感、不同的认知视角，又彼此各不相同，福克纳如擅长多层象牙透雕的中国艺人，将其有机组合到一起，构成一部史诗级别的悲剧故事。故事中，托马斯·萨德本、查尔斯·邦、朱迪思、埃蒂尼·邦等人物形象栩栩如生，个性鲜明；克莱蒂纵火、罗沙小姐下乡等场景，一如我国的“风雪山神庙”，都是文学中耳熟能详的段落。以福克纳为代表的南方文艺复兴时期的艺术家们，凭着对故土特有的感情和理解，通过笔下富有地方色彩的环境和人物，从不同的角度和立场，对困扰南方的诸多问题，阐述自己的观点和看法。正如美国学者路易斯·鲁宾（Louisn Rubin）所指出的：“南方文学复兴时期的作家们的作品之所以仍然是南方文学，是因为它们仍然根植于（南方）地域性生活，尽管在技巧上、在态度上是完全现代的。”① 福克纳希望文学艺术创作可以向南方的父老乡亲传递这样的正能量：

> 人其实是很坚强的，没有任何别的，再没有其他别的东西——战败、忧伤、痛苦、失望——能跟人自身一样持久；人自是能挺得过他所有那些痛苦的，只要他是作了努力——作了努力相信人，相信世上总有希望——去寻求，不是寻求一根仅能勉强支撑的拐棍，而是设法依靠自己的双脚站直，怀着相信总会有出路的信念，相信自身的坚强与忍受能力

① Louisn Rubin. *The History of Southern Literature*. Baton Rouge: Louisiana State University Press, 1985, p. 250.

的信念。①

战争给人们带来毁灭性灾难的同时，也为文艺复兴带来契机，因为它“使南方有机会同过去一直沉浸其中的恶性循环一刀两断。……他们用新现实主义的视角重新诠释南方的过去。”② 战争前后，很多南方年轻人来到欧洲，或学习，或游历，或直接、或间接地参加一战，接触到了新思想，开阔了眼界。这一时期，如海明威、福克纳、泰特、戴维森、沃伦、沃尔夫、兰瑟姆等成为南方文艺复兴的中坚力量。艾伦·泰特亦认为：“南方在第一次世界大战中重新进入了世界，它回顾来时路，自1830年以来，第一次发现北方佬不应该对所有的事负责。这一回顾给了我们对南方文艺复兴一种现在对过去的文化审视。”③ 对南方的爱恨情仇，成为一批年轻人书写南方的情结，或许福克纳的回答最具代表性：“我既爱它又恨它。”而内战对于作家的影响，福克纳是这样说的：

> 我相信，主要是战争与灾难在提醒人类，他需要为自己的耐力与坚强留下一份记录。我认为，正因如此，在我们自己的那场灾难之后，在我自己的家乡，也就是南方，才会涌现出优秀的文学创作，那样的文学创作质量确实不错，使得别的国家的人都开始谈到出现了一种南方“地区性”的文学，也因而竟然使我——一个乡下人——也成为美国文学中日本人尽早想谈论与倾听的一个名字。④

这一时期的南方作家经历了一种普遍性的矛盾和痛苦，出于对家乡的爱和作家的责任，对南方的社会、历史及文化传统进行批判。当然，它带来的后果是不同程度地遭到人们的误解、冷眼、嘲讽乃至敌对仇视。即便如福克

① ［美］詹姆斯·B·梅里韦瑟编，李文俊译：《福克纳随笔》，上海译文出版社，2008年，第84页。

② C. Vann Woodword. *Why the Southern Renaissance*? Virginia Quarterly Review. 1975 (Spring), Vol. 51, No. 2, p. 237.

③ Allen Tate. *Essays of Four Decades*. Athens: The Swallow Press, 1968, p. 592.

④ ［美］詹姆斯·B·梅里韦瑟编，李文俊译：《福克纳随笔》，上海译文出版社，2008年，第84页。

纳这样的作家，都遭到家乡人的冷眼，同一时期的小说家《飘》（*Gone with the Wind*）的作者米切尔（Margaret Mitchell）甚至认为福克纳是“为了北方佬的臭钱背叛了南方，为北方提供它所需要的南方腐败的情报”①。

《押沙龙，押沙龙!》可以看作是福克纳对美国“南方问题”源头的一次探索，也可以看作是作家联通过去、现在和未来，用小说表述现实的一次大胆尝试。小说既是在书写萨德本，同时也是在书写福克纳自己：两人都是“唯一的所有者和经营人”，都是崩溃边缘的一大片领地上的“父亲”。福克纳从萨德本的视角重新阅读南方、阅读自己，也阅读自己的作品、阅读自己作品中的悲剧以及阅读带来南方悲剧的原罪。正如罗莎所言，福克纳自己很清楚“它没有全部，也没有结束；让我们痛苦的不是它带来的打击，而是它冗长的、反复回荡的结尾突降，它那毫无价值的、想要清除绝望的起点的那个后果”②。福克纳对奴隶制的原罪几乎不做直接的评判，而是围绕一个缺陷的故事展开。萨德本的形象和他天真的“百里地”宏伟蓝图构想，并未因其儿子们所减损，正如大卫的功绩也不会被押沙龙所遮蔽。圣经故事中，大卫王那句“我儿，押沙龙”的呼喊，也很可能是来自林肯的呼喊，同时也是福克纳的呼喊。南方的垮掉，如同大卫王的宫殿，如同萨德本的庄园，不论是从神话或是现实的视角看，都极像一个原罪的持续诅咒。福克纳通过小说来书写南方的历史，从设计到垮掉，到重建，最终实现自我的超越，他不仅仅是小说的书写者，同时也参与建构了南方的历史。

四、结语

从广义神话学视角看，《押沙龙，押沙龙!》是关于“成长”的神话，是关于萨德本家族的“成长史”，同时也是美国的阶段性成长史，乃至人类社会成长史的一个部分。如果说“什么是美的、善的生活”是起源叙事背后的唯一问题，那么“如何追寻这样的生活”则是成长叙事背后最有意义的问题。

---

① Louis D. Rubin. *The History of Southern Literature*. Baton Rouge：Louisiana State University Press，1985，p. 363.

② Faulkner. *An Introduction for The Sound and the Fury*，p. 709；*Absalom，Absalom*!. New York：Vintage Books，1972. p. 150.

人类如何将自身置于诸神的世界之中？神的世俗化和人的神圣化，成为沟通“神”和“人”的两条途径；同时，神的世俗化被回应于人的神圣化，“天上的神与地上的人相似，人能够像神明一样崇高尊贵”①。

作家对神话的起源的记述或重建，并非是抽象或是理论化的阐述，现在看来，依然是“天真”且“原始的”。神话绝非是人的幼年状态，也并非现代科学的试演，它是深刻性的和理智层面上的。神话视野并不是科学的原始先行者，它关切的不是客观性，甚至不是现实本身的知识，它的真正焦点在于其他且在他处。通过讲故事的形式，神话为我们提供了解世界的方法和一种别样的视野，人的生存必须在其中找到正确的位置，即去寻找自我的文化身份。在《押沙龙，押沙龙！》中，福克纳不再对南方的传统、历史、神话传说等浪漫化，而是多侧面地表现了南方必须放弃它的神秘价值。这种价值观也成为作家反思的对象，为重塑伦理关系，提供一个对话的空间。福克纳对种族冲突、战争危害、伦理秩序等进行了深度的挖掘，并对意识形态层面上的阶级对抗与融合关系进行审美观照，使得压抑的乌托邦欲望得以有效宣泄，这也进一步拓展并升华了种族主题，想象性地为人类道德追求寻求出路。福克纳“直面种族问题社会现实”，以善恶交融的形式再现历史，渴求种族的融合与人性的解放。

福克纳曾说，《押沙龙，押沙龙！》就是“南方整个奴隶制的缩影”②。他对这部作品非常自信，他给它加上了年表、家谱和地图，给它一个总和的外观，让它成为规模最为宏大，同时也是最伟大的小说。小说内容涉及历史、地理、人文，并且追溯到约克纳帕塔法的史前时期，其中人物包含受压迫歧视的黑人、被逐出家园的印第安人以及从其他地方来的受压迫的白人的异种。故事时间跨度一百多年，回溯到了 19 世纪初，当时的约克纳帕塔法是相当“寂静的边陲”。小说通过法国建筑师追溯欧洲的历史文化风土人情；通过萨德本家族和其他家族，揭示弗吉尼亚的历史、阿巴拉契亚山的印第安原始部落，南北方的城乡风貌，地方风物；通过萨德本的奴隶，揭示奴隶贸易，并

---

① ［美］伊迪丝·汉密尔顿著，徐齐平译：《希腊方式——通向西方文明的源流》，浙江人民出版社，1988 年，第 252 页。

② Frederick L. Gwynn, Joseph L. Blotner. (eds.) *Faulkner in the University: Class Conferences at the University of Virginia*, 1957—1958. (1959; reprinted). New York: Vintage—Random, 1965, p. 94.

追溯非洲和西印度群岛的历史文化。因此，小说提供的不仅仅是美国南方的历史，它远远超出了这一范畴，不仅提供美国人民和历史意识，而且还对历史的源头进行追溯。如果说《八月之光》回溯了圣经的传统和欧洲的历史，那么《押沙龙，押沙龙!》最主要的力量来源于美国南方本土传统。从萨德本的百里庄园构想可以看出，这部小说从征服荒原和修建大宅，经过南北战争、美西战争等，人们的生活节奏被打乱，遭受创伤的人们坐了下来，对历史进行回望，留下创伤的记忆。随着时间的流逝，这种集体记忆也将受到巨大的冲击，逐渐走向尽头，“活生生的记忆面临消失的危险，原有的文化记忆形式受到了挑战。”① 书写南方，同时体现了作为作家的福克纳的历史责任感，他尝试采用小说的形式，把这些记忆存储且固定下来，而对自己却希望从历史上勾销。他在给马尔科姆·考莱的一封信中说，他只希望“作一个民间的个人，从历史上勾销或取消”，他的目的是使他的一些书成为他一生所留下的唯一记号②。对于人性的拷问，是福克纳思想的核心。一方面，他反对美国北方所代表的资本主义工商文明对于南方传统农业社会和生活方式的冲击，以及对自然环境的破坏；另一方面，他也反对罪恶的蓄奴制对黑人的奴役和摧残，反对白人对黑人实施的种族隔离政策。他热情讴歌的是忠诚、善良、坚忍不拔的古老美德，是人与自然和谐共存的美好家园。由于受到南方特殊的历史与文化传统影响，福克纳的伦理观不可避免地表现出一定的矛盾性与局限性。这也正是现代性问题凸显在作家层面的具体表征，这种“成长”式写作同时也是作家文化寻根情怀的隐性表达。

---

① ［德］阿斯曼著，金寿福、黄晓晨译：《文化记忆：早期高级文化中的文字、回忆和政治身份·前言》，北京大学出版社，2015 年，第 1 页。

② ［美］达维德·敏特著，赵扬译：《圣殿中的情网：威廉·福克纳传》，生活·读书·新知三联书店，1991 年，第 172 页。

试论老子化胡传说的历史形成[①]

北方民族大学民族学学院　王文心　胡祥琴

摘　要　萌芽于东汉末年的老子化胡传说，曾经引起道、佛两家及学界的激烈讨论，其焦点是老子曾经西行进入胡地传播道家思想。本文通过对老子西行材料的分析辨正发现，老子西行确属事实，但化胡之说乃是杜撰，是一定历史时期人们将对神仙方术的追捧和佛教的东传联系的结果，也是佛教文化与中国传统文化中某些因素相互碰撞和融合的产物。将老子与佛教传播相联系，其根本原因还在于二者在宇宙生成、人生哲学等方面所具有的相通性。

关键词　老子化胡；黄老道术；历史形成

自东汉末年开始历朝历代对老子化胡说多有记载，本文经过研究发现，老子化胡说萌芽于东汉末年，盛行于东晋南朝，经隋唐宋三朝发展流变，在元初随着化胡经的被焚而湮灭，历时长久而又影响深远。老子化胡说在历史时期曾扮演了非常重要的角色，是我国佛道关系、佛教史上值得关注的重要方面。相传西晋的道士王浮创作了一部经书，名为《老子化胡经》，由于这本经书的传播，老子化胡传说就逐渐浮现在了人们的眼前。老子化胡说是与老

---

①［基金项目］本文为胡祥琴主持教育部人文社会科学一般项目“正史《五行志》怪异书写研究”（项目编号：20YJA770004）阶段性研究成果。

子神话有关的重要传说之一，但这个传说并不是西晋时期才出现，而是早已经体现在西晋以前的典籍中，是后期才开始流行的。它一开始是一个老子西行入秦的历史事件，但在流传过程中因世人的附会渐渐被传说化，最后更是与传入中国的佛教联系在一起，演化成为老子入夷教佛化胡的传说。

一、老子西行传说

老子化胡传说最初的面貌是老子西行传说，主要是与老子西行出关以后的行踪不明有关，因老子“莫知其所终”，具有了一定的神秘性，所以这就给了后人联想附会的机会。《史记·老子韩非列传》记载：“老子修道德，其学以自隐无名为务。居周久之，见周之衰，乃遂去。至关，关令尹喜曰：‘子将隐矣，强为我著书。’于是老子乃著书上下篇，言道德之意五千余言而去，莫知其所终。”[①] 此故事最早出现在《庄子》中，司马迁在撰写《史记》时采用《庄子》的相关材料。如《庄子·寓言》说：“阳子居南之沛，老聃西游于秦。”[②]《庄子·养生主》同时也记载了他死去的事，言：“老聃死，秦失吊之，三号而出。”[③] 这句话说老子死后，他的一个叫秦失的朋友去吊唁他。

以上文献记载表明，老子曾经向西出游，进入秦地，并最终在秦离世。那么，老子又是何时人？又是何时出游秦地的呢？《左传·襄公二十九年》有“为之歌秦”句，孔颖达将之疏为“秦者，陇西山谷之名，与汉则陇西郡秦亭、秦谷是也”。东汉许慎的《说文·禾部》有云：“秦，伯益之后所封国，地宜禾。”[④]《广韵·真韵》也说：“秦，州名，古西戎地。”[⑤] 可见，秦地，自古以来就是中国西部边陲的封国或州，大概位于今天的陇西地区。总之，秦地是我国古代的西部边陲小国或封地无疑。

本文所讨论的老子又生活于何时？为什么会和秦地联系在一起呢？历史上有孔子适周，问礼于老子的事件，《庄子·天运》：“孔子行年五十有一而不

---

① ［汉］司马迁：《史记·老子韩非列传》，中华书局，1982 年，第 2141 页。
② 陈鼓应：《庄子今注今译》，商务印书馆，2007 年，第 849 页。
③ 同上，第 123 页。
④ 宗福邦：《故训汇纂》，商务印书馆，2003 年，第 1622 页。
⑤ 同上。

闻道，乃南之沛见老聃。”[①]《史记》：“孔子之所严事，于周则老子。”[②] 孔子的生卒年是可以确定的，他生于公元前551年，卒于公元前479年。老子生活的时间应该就在这一时期的前后，现代考证认为他的生卒年大约在公元前571年到公元前471年。《史记·秦本纪》记载道：“惠公元年，孔子行鲁相事。……惠公立十年卒，子悼公立。……孔子以悼公十二年卒。”[③] 秦惠公、秦悼公两位秦诸侯在位的时间是公元前500年到公元前477年。有学者深入探讨老子与孔子之交往后，指出：“《庄子》书中讲到孔子与老子发生关系的有八次之多。八处记载分别在内篇和外篇之中，都是关于孔子向老子问道、问礼、‘语仁义’的事，不是一次，而是多次，看来不仅频繁，而且相当亲密。”经过多方论证，该书进一步解释道：“历史上有一个老子其人，此人先于孔子，而且孔子向他学习过，具体地‘问礼’、‘问道’过。”[④] 由此可见，历史上不仅的确有老子其人，而且可以推测出老子与孔子为同时代人，年龄应该略大于孔子。但我们需要关注的是老子何以与“化胡”（此处胡是佛教之产生地）联系在一起，要证明这一问题，需先讨论他与“化胡”联系起来的可能性。

从地域上讲，史籍记载老子曾与西边的秦地有着诸多联系，这是人们将其附会于“化胡”事件的理由之一。北朝地理学家郦道元在他的著述《水经注·渭水》中记载了他对老子陵墓的考证：“水出南山就谷，北经大陵西，世谓之老子陵。昔李耳为周柱下史，以世衰入戎，于此有冢，事非经证。然庄周著书云：老聃死，秦失吊之，三号而出。是非不死之言。人禀五行之精气，阴阳有终变，亦无不化之理。以是推之，或复如传。”[⑤] 我们可以看到老子的陵墓是在秦地的渭水，老子和孔子所处的秦惠公和秦悼公时期的秦国疆域已经不仅仅限于最初的甘肃天水地区，而是随着秦穆公时期的拓边，版图扩展到东方，北到铜川，南到秦岭，东到崤山，西到陇西，今天的陇右地区和陕西关中一带都属秦的领地。老子陵墓所在地渭水就处于这一区域，这也说明

---

① 陈鼓应：《庄子今注今译》，商务印书馆，2007年，第438页。
② ［汉］司马迁：《史记·仲尼弟子列传》，中华书局，1982年，第2168页。
③ ［汉］司马迁：《史记·秦本纪》，中华书局，1982年，第198页。
④ 熊铁基、马良怀等：《中国老学史》，福建人民出版社，1995年，第11—12、15页。
⑤ ［北魏］郦道元著，陈桥驿译注，王东补注：《水经注》，中华书局，2009年，第142页。

了老子不仅进入过秦国，同时也是死在秦国的。

另外，《史记·秦本纪》还记载了老子曾经在秦国为官的事迹："献公元年，止从死。……十一年，周太史儋见献公曰：'周故与秦国合而别，别五百岁复合，合十七岁而霸王出。'"[①]《封禅书》也有同样的记载："后四十八年，周太史儋见秦献公曰：'秦始与周合，合而离，五百岁当复合，合十七年而霸王出焉。'栎阳雨金，秦献公自以为得金瑞，故作畦畤栎阳而祀白帝。"[②] 司马迁对太史儋的身份并不确定，只是说他也有可能是老子，"或曰儋即老子，或曰非也，世莫知其然否。"[③] 以上事实表明老子西行入秦这个事实是存在的，他入秦的理由极有可能是见东周衰退，秦国又占领了西周的故都，认为秦能够一统天下，所以他去了秦国做官。然到了西汉末年，故事却发生了变化，刘向在《列仙传》中记载：

> 老子，姓李，名耳，字伯阳，陈人也。生于殷时，为周柱下史。好养精气，接而不施。转为守藏史，积八十余年。《史记》云："二百余年，时称为隐君子，谥曰聃。"仲尼至周，见老子，知其圣人，乃师之。后周德衰，乃乘青牛车去入大秦。过西关，关令尹喜待而迎之，知真人也。乃强使著书，作《道德》上下经二卷。[④]

《列仙传》的成书年代是具有争议性的，但大抵是在西汉末到东汉年间。第一作者是刘向，后人在此基础上对其进行增补。从《列仙传》对老子的描述来看，老子"好养精气，贵接而不施"、"乘青牛车去，入大秦，过西关……知真人也"，这时候老子的人物形象已经具有了一定的神秘性，其人已经被看作是神仙人物，老子开始由一个先贤圣人的形象转化为一名仙人的面貌。

那么《列仙传》中提到的"大秦"是何地呢？汉代的都城在长安，在汉

① ［汉］司马迁：《史记·秦本纪》，中华书局，1982 年，第 201 页。
② ［汉］司马迁：《史记·封禅书》，中华书局，1982 年，第 1364 页。
③ ［汉］司马迁：《史记·老子韩非列传》，中华书局，1982 年，第 2142 页。
④ 王叔岷：《列仙传校笺》，中华书局，2007 年，第 18 页。

代人眼里，从长安向西走的路线是自敦煌西出玉门关、阳关，到达西域诸国①。因此《后汉书·西域传》所记载的大秦是："大秦国一名犁鞬，以在海西，亦云海西国。地方数千里，有四百余城。小国役属者数十。以石为城郭。列置邮亭，皆垩塈之。有松柏诸木百草。"② 同时《后汉书》记载过甘英出使大秦的历史事件，虽然甘英并没有真正进入大秦，但也到达了大秦东部邻国安息的最西方。但仅凭这几处记载我们无法推知老子是否去过大秦，但进一步证明其曾经与西部有紧密联系却是无疑的。以上材料说明，随着时间的流逝，不仅老子本人被神化成为神仙，而且他西行之后的目的地"秦"也随着人们认识的转变而发生了变化。不过，关于老子西行之后到底是去做什么事情的，司马迁乃至刘向，他们本人并不知晓，也并没有与佛教联系起来。

二、汉代道佛之流布

道家思想在汉初地位很高，它所推崇的思想和治国政策都有利于汉初生产生活的恢复，因此受到了统治者和学者们的推崇。《汉书·艺文志》载："道家者流，盖出于史官，历记成败存亡祸福古今之道，然后知秉要执本，清虚以自守，卑弱以自持，此君人南面之术也。"③ 司马迁父子对于道家的治国理念持赞许态度，此处的"君人南面之术"即是对道家治国理念的充分肯定。又如司马迁在《史记·太史公自传》如此描述道家："道家无为，又曰无不为，其实易行，其辞难知。其术以虚无为本，以因循为用，……何事不成。乃合大道，混混冥冥。光翟天下，复反无名。"④ 在司马迁父子看来，道家所主张的"无为"其实是"无不为"的，其治国策略也是容易实行的，只要顺应自然时势的变化，以休养生息为治国理论，也就是抓住了时势的脉搏。

汉武帝时期是一个重要的转折时期，汉武帝采取主父偃的主张，实行"罢黜百家，独尊儒术"，儒学地位上升，道家学派地位下降，甚至一度衰微，

① ［南朝宋］范晔《后汉书·西域传》载："自敦煌西出玉门、阳关，涉鄯善……此其西域之门户也，故戊己校尉更互屯焉。"中华书局，1965 年，第 2914 页。

② 同上，第 2919 页。

③ ［汉］班固：《汉书·艺文志》，中华书局，1962 年，第 1731 页。

④ ［汉］司马迁：《史记·太史公自传》，中华书局，1982 年，第 2142 页。

渐渐流于养生方术之道。汉武帝虽然推崇儒学作为官方政治思想，但他本人又十分笃信鬼神方术，曾多次派人去各地甚至海外求取仙丹，希望能获得长生，这就给了道家延续其生命力的土壤。原因在于道家思想不仅包含有治国之道，更有修身养性之道，再有老子长寿传说的加持，渐渐与神仙方术联系起来，道家获得了另一种生命力，这种生命力与宗教联系起来，更为持久且生生不息。自古以来，人们对于长生成仙的追求是无穷无尽的，尤其是在统治阶级中，他们对于长生的渴望更加强烈，道家学说中有其独特的养生之道，这就引来众多的追随者①。

汤用彤在《汉魏两晋南北朝佛教史》中指出："然则道家者流，早由独任清虚之教，而与神仙方术混同。阴阳五行、神仙方技、既均托名于黄帝，而其后方仙道，更益于老子。于是黄老之学遂成黄老之术。"② 到了东汉，老子越发被道家的方士们推崇，各种长生之术，炼丹辟谷的药方也都寄名于老子，老子甚至被尊称为教主。足见老子其人已改变原貌并逐渐走向庸俗化、神秘化，与此同时，佛教也渐渐被中国人接触和传播。

汉代是一个大一统的时代，随着中央集权的加强，汉武帝锐意进取，开辟了西域，与乌孙、大宛、大月氏交好，张骞在通西域的过程中也知道了西方还有天竺这一佛教国家。"及开西域，遣张骞使大夏还，传其旁有身毒国，一名天竺，始闻有浮屠之教。"③ 佛教的东传也因西域的通畅而得到便利。《后汉书·西域传》中记载："世传明帝梦见金人，长大，顶有光明，以问群臣。或曰：'西方有神，名曰佛，其形长丈六尺而黄金色。'帝于是遣使天竺问佛道法，遂于中国图画形象焉。"④ 汉明帝夜梦金人，问道于群臣，大臣们都说这金人是佛，这说明佛教已经渐渐流传开来，上层统治阶级也开始对佛教有了一定的了解。汉明帝的弟弟楚王英，是汉代统治阶级中最早信奉佛教的人。"楚王英始信其术，中国因此颇有奉其道者。"⑤ 《后汉书·楚王英列

---

① 余英时先生在《东汉生死观》中认为早在战国时期的君王们就很热衷于长寿，因此还演化出"不朽"和"毋死"的观念，见其《东汉生死观》，上海古籍出版社，2005年，第24页。

② 汤用彤：《汉魏两晋南北朝佛教史》，中华书局，2015年，第46页。

③ ［北齐］魏收：《魏书·释老志》，中华书局，1974年，第3025页。

④ ［南朝宋］范晔：《后汉书·西域传》，中华书局，1965年，第2922页。

⑤ 同上。

传》："英少时好游侠，交通宾客，晚节更喜黄老，学为浮屠斋戒祭祀。"[①] 这段记载说明当时的中国人，对于佛教的了解并不深，楚王英是把佛教当成了与黄老道术一样的神仙方术来进行追捧。有学者就指出"浮屠方士，本为一气"[②]，任继愈在其《中国佛教史》也说："东汉时期人们把黄老作为祭祠的对象是十分自然的。佛教刚刚输入，被人们看做与黄老道术没有什么区别。"[③] 佛教初入中国，作为一种外来文化，为了能在这片大地上传播佛法，佛教不得不借助于黄老道术的影响力，依附其上以求得生存。佛教在传入中国之前，中国并没有形成本土的宗教，比较流行的是祖先崇拜，神仙鬼神观念，方术占卜巫术之类的原始信仰。正是佛教的传入，对中国的本土宗教道教的发展产生了刺激和启发。但佛教毕竟是外来的，信奉的佛是外国的神，这是不符合中国传统的夷夏观念的，佛教想要发展，就必须要借助于中国本土的神仙，而这时候中国最负盛名的神仙便是老子。二者渐渐相近，因此便有人伪造老子化胡的故事，这故事既可能是佛教徒所作，更有可能是当时处于萌芽期的道教徒所作。

等到了东汉桓帝时，襄楷在上书中已指出："又闻宫中立黄老、浮屠之祠。此道清虚，贵尚无为，好生恶杀，省欲去奢。今陛下嗜欲不去，杀罚过理，既乖其道，岂获其祚哉！或言老子入夷狄为浮屠。浮屠不三宿桑下，不欲久生恩爱，精之至也。天神遗以好女，浮屠曰：'此但革囊盛血。'遂不眄之。其守一如此，乃能成道。今陛下淫女艳妇，极天下之丽，甘肥饮美，单天下之味，奈何欲如黄老乎？"[④] 这说明在当时人眼中，老子曾入夷狄地区教佛化胡，老子与佛本就是同一人，或者老子与佛有师徒关系，因此汉桓帝才会在宫中同时祭祀老子和浮屠。总之，老子入夷狄为浮屠的说法，除了进一步把老子西行的范围扩大之外，还把老子西行与浮屠直接联系起来了，这是为老子化胡说的开始。

《三国志·魏书》卷三十《乌丸鲜卑东夷传》裴松之注引的《魏略·西戎传》，有对西戎之国"临儿国"的记载："临儿国，《浮屠经》云其国王生

---

① ［南朝宋］范晔：《后汉书·光武十王列传》，中华书局，1965 年，第 1428 页。

② 汤用彤：《汉魏两晋南北朝佛教史》，中华书局，2015 年，第 45 页。

③ 任继愈：《中国佛教史》，中国社会科学出版社，1985 年，第 122 页。

④ ［南朝宋］范晔：《后汉书·郎颉襄楷列传下》，中华书局，1965 年，第 1082—1083 页。

浮屠。浮屠，太子也。父曰屑头邪，母云莫邪。浮屠身服色黄，发青如青丝，乳青毛，蛉赤如铜。始莫邪梦白象而孕，及生，从母左胁出，生而有结，堕地能行七步。此国在天竺城中……浮屠所载临蒲塞、桑门、伯闻、疏问、白疏闲、比丘、晨门，皆弟子号也。《浮屠》所载与中国《老子经》相出入，盖以为老子西出关，过西域之天竺、教胡。浮屠属弟子别号，合有二十九，不能详载，故略之如此。”[①] 《魏略》不仅详细叙述了老子西入夷狄教化浮屠的具体过程，同时，浮屠的形象也具体化了，服装、发肤等身体特征都很鲜明，其母感白象而从左胁生子，子落地便能行七步。

襄楷的上书仅仅讲了“老子入夷狄为浮屠”这一事件，以此来劝说上层人士清静无为，并没有仔细描述具体的故事情节，而《魏略》则详述老子西入夷狄的过程：“老子西出关，过西域之天竺、教胡。”老子化胡传说的故事情节逐渐丰满，这至少表明三国时期老子化胡传说已经相当完备。

以上的材料表明汉代的道教与佛教两教的关系是处在一个较为和谐的时期的。道教萌芽，佛教初来，“分歧则示弱，相得则益彰”[②]。佛教和道教都需要借助老子化胡传说，以一个统治者较为容易接受的方式联合起来发展各自势力，从而传播其各自的理念，所以才会有汉桓帝同时祭拜老子和浮屠，也会有大臣把这两人合二为一的现象发生。阐述清楚道佛之流传、交融状况之后，有个根本的问题依然摆在我们面前，那就是佛教为什么初入中国就与道教扯上关系，且被人们混淆呢？它们二者之间有着怎样的根本联系呢？

三、道佛之理论相通性

上文讲到道教和佛教需要联合势力才能获得发展，佛教依附于黄老道术在中国人民之间传播，而道教也随着佛教的传入渐渐开始萌芽。与道教所崇尚的长生、炼丹等庸俗化的道家思想有所不同，佛教其实是一种较为理论性的宗教，它饱含着丰富的哲学思想。《老子》一书中蕴含的许多道家思想，与追求个人精神生活的佛教思想有许多相似之处，比如对世间宇宙万物的变化

① ［晋］陈寿：《三国志·魏书·乌丸鲜卑东夷传》，中华书局，1964 年，第 859—860 页。

② 汤用彤：《汉魏两晋南北朝佛教史》，中华书局，2015 年，第 50 页。

法则的认识，对“自然”“无为”“清静”等个人精神世界建设的思考，二者都有理论上的相通性。

首先，二者关于宇宙本原认识方面的相通性。

老子学说中最著名的便是对“道”的解读。可以说老子的哲学理论基础都是由“道”这个观念来进行展开的，是其中心观念。“道”是宇宙万物产生的根源，所谓“有物混成，先天地生。寂兮寥兮，独立而不改，周行而不殆，可以为天地母。吾不知其名，强字之曰道”（二十五章）。①“道生一，一生二，二生三，三生万物”（四十二章）。②“道冲而用之，或不盈。渊兮似万物之宗”（四章）。③

“道”不仅是宇宙生存的起源，还是世间万物之本体，是一种具有哲学意义的精神。“道之为物，惟恍惟惚，惚兮恍兮，其中有象；恍兮惚兮，其中有物。窕兮冥兮，其中有精；其精甚真，其中有信。自今及古，其名不去，以阅众甫”（二十一章）。④

以“无”和“有”来指称“道”。“天下万物生于有，有生于无”（四十章）。⑤世界分“无”和“有”这两个层面，“无”即是“道”，是一个十分抽象，人无法感知的存在，作为世界的本原和本体。而“有”则是一种具体的，可以通过经验感知到的存在，是世界的表现形式。“无，名天地之始；有，名万物之母。故常无，欲以观其妙；常有，欲以观其徼。此两者同出而异名，同谓子玄。玄之又玄，众妙之门”（一章）。⑥

王弼的《老子注》指出：“凡有皆始于无，故‘未形’、‘无名’之时则为万物之始，及其‘有形’、‘有名’之时，则长之育之，亭之毒之，为其母也。言道以无形无名始成万物，以始以成而不知其所以玄之又玄也。”⑦

而佛教关于宇宙万物本原的探究和论述较为丰富，有气本原说、道体说、

① 陈鼓应：《老子今注今译》，商务印书馆，2016 年，第 169 页。

② 同上，第 233 页。

③ 同上，第 90 页。

④ 同上，第 156 页。

⑤ 同上，第 226 页。

⑥ 同上，第 73 页。

⑦ 王弼的《老子注》体现了正始学派的“以无为本”思想，并建立了一个严密、完整的玄学体系。见楼宇烈校释：《老子道德经注校释》，中华书局，2008 年，第 3 页。

本无说、心本原说等等。黄老盛行的汉代，佛教学者为了在中国争取立足之地，竭力以“道”来比附佛教思想。

牟子在《理惑论》里指出：“道之言‘导’也。导人至于无为。牵之无前，引之无后，举之无上，抑之无下，视之无形，听之无声，四表为大，蜿蜒其外，毫厘为细，间关其内，故谓之道。”① 佛与道是契合的，“道”是无声无形，虚无恍惚的，是宇宙万物产生的最初的本原。

竺道生也利用道家的“道”来说明成佛的境界，说：“道之名者，在用能通。不及，无用也，未及则转进无常，极则常也。”② 只要不违背“道”，与“道”契合，就能超凡成圣，坐地成佛，他的思想中渗透着道家思想。

著名的佛教思想家僧肇曾作《不真空论》，他认为万物由缘而生，虽有实无，是空的。他在其中讲道：“然则万物果有其所以不有，有其所以不无。有其所以不有，故虽有而非有；有其所以不无，故虽无而非无。”③ 万物有他有或者不有的道理，所以他虽然是“有”，而是“非有”，“无”是“非无”。“夫有若真有，有自常有，岂待缘而后有哉？譬彼真无，无自常无，岂待缘而后无也？若有不能自有，待缘而后有者，故知有非真有。……夫无则湛然不动，可谓之无。万物若无，则不应起；起则非无，以明缘起，故不无也。”④ 僧肇是根据宇宙万物生成的理论来证明万物都不是真有的，是“空”的，万物是待缘而后有的。“有”即存在，“无”即非存在，事物是非有非无，是一件事物的两面，万物有其存在的一面，也有其不存在的一面。“有”就是常有的，不是依靠其他条件而存在，“无”也并非是“湛然不动”的，而是存在缘起现象。因此他总结道：“欲言其有，有非真生；欲言其无，事象既形。象形不即无，非真非实有。然则不真空义，显于兹矣。”⑤

所以在僧肇看来，一切事物的现象都是不实的存在，是一种幻象。幻象不是不存在，而是一种非真实的存在，这便引出了他关于“无住则如幻”的观念。他说：“诸法如电，新新不停，一起一灭，不相待也。弹指顷有六十念

① ［梁］僧祐：《弘明集·牟子理惑论》，中华书局，2011年，第16页。

② ［日］高楠顺次郎等编：《大正新修大藏经·大般涅盘经集解》，台湾新文丰出版社，1988年，第489页。

③ ［晋］僧肇著，张春波点校：《肇论校释·不真空论》，中华书局，2010年，第52页。

④ 同上，第55页。

⑤ 同上，第56页。

过，诸法乃无一念顷住，况欲久停？无住则如幻，如幻则不实，不实则为空。”①万物川流不息，不曾有过一念的停留，如虚幻之相，是“不实”且“空”的。僧肇认为宇宙万物是“空”的，也就是“无”，万物是由缘而生的。僧肇虽然是鸠罗摩什的弟子，但他的思想渗透着老子的宇宙万物由无而生的观念。可以看到，中国本土的佛教思想家们不仅继承了老子的“道”本原说，同时在此基础上对“道”本原说加以完善和发展。

其次，二者有关“自然”“无为”“清净”等思想方面的相通性。

“自然无为”同样是老子哲学中最重要的观点。“人法地，地法天，天法道，道法自然”（二十五章）。②任何事物都应该顺应自然而去发展，不以外物为转移，不勉强。不仅“道”要效法自然，天、地、人同样如此。著名的无神论者王充在他的《论衡·谴告篇》中指出：“夫天道，自然也，无为。如谴告人，是有为，非自然也。黄老之家，论说天道，得其实矣。”③他吸收了道家学术中的“无为”和“自然”的理论，认为天道即自然。所以“无为”就是指顺其自然而不以人的意志去进行制约。“道之贵，德之贵，夫莫之命而常自然”（五十一章）。④“道”之所以尊贵，“德”之所以尊崇，都是在于它顺应自然不干涉。“悠兮其贵言。功成事遂，百姓皆谓‘我自然’”（十七章）。⑤“希言自然。故飘风不终朝，骤雨不终日。孰为此者？天地。天地尚不能久，而况於人乎？”（二十三章）⑥自然并不是指客观的自然界，也不是具体存在的事物，而是一种不强加力量且顺应自然的状态。不施加政令，为政者不宜过度扰民，政令繁重苛刻如同疾风骤雨，那么他的政权便不可能长久维系，因为暴政违反了自然。

“天地不仁，以万物为刍狗；圣人不仁，以百姓为刍狗”（五章）。⑦这也说明，天地是不会去影响万物的自然生长规律的，圣人也同样如此，这就是

① 石峻、楼宇烈等：《中国佛教思想资料选编》第1卷，中华书局，1981年，第176页。
② 陈鼓应：《老子今注今译》，商务印书馆，2016年，第169页。
③ 冯友兰：《中国哲学简史》，岳麓书社，2018年，第197页。
④ 陈鼓应：《老子今注今译》，商务印书馆，2016年，第260页。
⑤ 同上，第141页。
⑥ 同上，第164页。
⑦ 同上，第93页。

“自然无为”的思想的体现。所谓“道常无为而无不为”（三十七章）。[①] 无为并不是什么都不做，而是不妄为。最终“无为而治”的结果是皆大欢喜的：“我无为而民自化，我好静而民自正，我无事而民自富，我无欲而民自朴。”（五十七章）[②] 实际上老子的“好静”“无事”“无欲”都是针对统治者的自我膨胀欲望而提出的，这些妄为足以威胁到百姓们的安全。

老子说：“致虚极，守静笃。”（十六章）[③] 他认为万物的根源是“虚静”状态的。“清静为天下正。”（四十五章）[④] 清静的作用是巨大的，因此“不欲以静，天下将自正”（三十七章）。[⑤] 因此统治者若是能“清静”而“无欲”，社会便能走向一个较为安定的道路。统治者必须洁身自好，清心寡欲，除欲去贪，不要为了自己的私欲而去扰乱百姓，“将欲取天下而为之，吾见其不得已。天下神器，不可为也，不可执也。为者败之，执者失之。是以圣人无为，故无败；无执，故无失。……是以圣人去甚，去奢，去泰”（二十九章）。[⑥] 治理国家若是以暴力，都将自取灭亡。所以要顺应自然，去除极端的、奢侈的、过度的措施。同时对待臣民百姓，应实行清静宽松的统治方式，“是以圣人处无为之事，行不言之教，万物作焉而不辞，生而不有，为而不恃，功成而弗居。夫唯弗居，是以不去”（二章）。[⑦] 圣人遵循自然的规律不强自妄为，任凭天地万物自然生长，统治者仅仅发挥辅助作用就可以了。

佛教同样提倡人应该“省欲去奢”。《牟子理惑论》提出：“佛道崇无为，乐施与，持众戒，兢兢如临深渊。”[⑧] “道之言‘导’也，导人致于无为。”[⑨] 《四十二章经》中讲道：“使人愚蔽者，爱与欲也。”“人怀爱欲，不见道。”“人从爱欲生忧，从忧生畏。”[⑩] 所以“有沙门问佛，以何缘得道，奈何知宿命？佛言：道无形相，知之无益。要当守志行。譬如磨镜，垢去明存，即自

---

① 陈鼓应：《老子今注今译》，商务印书馆，2016 年，第 212 页。
② 同上，第 280 页。
③ 同上，第 134 页。
④ 同上，第 243 页。
⑤ 同上，第 212 页。
⑥ 同上，第 188 页。
⑦ 同上，第 80 页。
⑧ ［梁］僧祐：《弘明集·牟子理惑论》，中华书局，2011 年，第 38 页。
⑨ 同上，第 16 页。
⑩ 汤用彤：《汉魏两晋南北朝佛教史》，中华书局，2015 年，第 74 页。

见形。断欲守空，即见道真，知宿命矣。”①

道家的“自然无为”观念对后来佛教思想的发展尤其是禅宗一系的观点有很大的影响。竺道生是最早把“自然”引入佛教内涵的，他说：“夫体法者，冥合自然，一切诸佛莫不截然，所以法为佛性也。”② 感悟佛法需要体会自然。《五灯会元》曾记载道：“雪峰因入山采得一枝木，其形似蛇，于背上题曰：‘本自天然，不假雕琢’，寄与师（大安禅师）。师曰：‘本色住山人，且无刀斧痕。’”③ 自然就是不加雕琢的本色天然状态，慧能的禅宗一系就用自然来说明人的本性，他们的这种观念与老子的“道之贵，德之贵，夫莫之命而常自然”的思想是一致的。

老子关于“静”的思想对佛学也有很大的影响。梁慧皎《高僧传·禅论》中说：“《老子云》：‘重为轻根，静为躁君’，故轻必以重为本，躁必以静为基。”④ 这句话表明了中国佛学明确的肯定老子的“静”的观念，并且以此成为禅学的重要理论基础。老子提出的这些观点都可以认为是专有名词，因此有些佛教高僧在翻译佛教经典时，会不自觉地利用《老子》中的观点来加以解释佛经，因此我们可以看到佛教经典中的诸多与道家文化相契合的思想。僧肇、竺道生等高僧将印度佛教与我国本土的道家思想联系在一起，使得佛教找到了中国化的途径，并且为以后禅宗的产生提供了思想基础。但是佛教毕竟是外来的宗教，它的教义、制度又有许多地方不符合中国本土的文化传统，特别是落发修行、行乞以及沙门不敬王者被视为“不忠不孝”。随着佛教的飞速发展，这些问题日益暴露出来，与此同时，道教也在不断地发展壮大，二者在教义、宗教经典、组织制度上都有极为巨大的差异，道家为了与佛教争夺宗教发展空间和利益开始进行了长期的斗争。

总的来看，老子化胡传说是佛教思想传入中国后与中国本土的传统文化产生碰撞后的产物。佛教传入前的中国，是一个政治、经济和文化等物质精神文明较为发达的封建国家，学术思想经过“百家争鸣”的发展，已经有了

---

① 汤用彤：《汉魏两晋南北朝佛教史》，中华书局，2015 年，第 75 页。

② ［日］高楠顺次郎等编：《大正新修大藏经·大般涅槃经集解》，台湾新文丰出版社，1988 年，第 549 页。

③ ［宋］普济著，苏渊雷点校：《五灯会元》，中华书局，1984 年，第 191 页。

④ ［梁］释慧皎著，汤用彤点校：《高僧传》，中华书局，1992 年，第 426 页。

比较定型的文化形态。初传中国的佛教作为一种完全陌生的文化，必须在中国传统文化中找到一种可供参照的语言环境，才能让中国人了解佛教。而儒家学说被定为官方哲学思想，主要思考国家政治、社会伦理问题，关注现实生活，与出世型的佛教共同语言较少，并且成为了抵制本土和外来宗教的重大制约力量。但是道家文化自老子开始，就有关注个人精神世界自由和健康的传统，与追求个人精神解脱的佛教有许多相似之处。老子不仅在中国人心中有较高的思想地位，同时又具有种种长寿、西行等的神秘性。因此从东汉时期便开始流行的老子入夷为浮屠的传说，渐渐变成了老子西入夷狄，教佛陀为其弟子的故事，最终出现了《老子化胡经》。《老子化胡经》在南北朝时期非常流行，道教与佛教围绕《老子化胡经》展开了激烈争论，老子化胡的传说也就正式产生了。

网络时代的异兽形象建构

四川省社会科学院文学研究所　何胜莉

摘　要　中国传统神话故事中的异兽为网络时代的玄幻创作提供了叙事蓝本。当代异兽形象建构呈现出巨大的想象空间，出现了 NPC 工具兽、配角宠物兽、主角重生兽、优质伴侣兽和社会打工兽等多元类型，分别代表了传统形象的延续、人际关系的代餐、视角转换的思考、自由婚恋的追求以及现实世界的共情。网络文艺作品中多选择龙、凤、狐狸角色，既有中国传统思维的惯性，也有西方奇幻的影响。其他异兽神话资源的持续开发将为新神话作品创作提供更大空间。在科学与人文的双重基础上，当代异兽形象建构对现实问题予以审美回应，其价值表现为三点：反映人类认知的进化过程、回应特定群体的价值诉求、反思信仰的冲突与缺失。

关键词　网络文学；异兽神话；形象建构；价值内涵

中国神话故事中有许多关于异兽的记载，如《山海经》《淮南子》《搜神记》中的青龙、白虎、朱雀、玄武、白泽、麒麟、凤凰、勾陈、梼杌、穷奇、饕餮、浑沌、九尾狐、毕方、獬豸、夔等等。随着网络时代来临，异兽的故事在世界观开创、形象创作、故事框架和情节发展等各方面都为网络小说、影视、动漫、游戏提供了叙事蓝本，成为玄幻一系不可或缺的组成因素。基于网络文学的巨大包容性，异兽形象得以多层次多角度呈现，体现出巨大的想象空间和当代传承可能性。

一、异兽形象的多元建构

网络文学对古代异兽的运用不只是借鉴和模仿。在创作持续多元化的发展趋势下，异兽形象建构吸收了神话、言情、都市、惊悚、恐怖、悬疑、军事、科幻、现实等多种元素，涵盖生存、成长、发展、亲情、友情、爱情等多重主题，并开始注入关于现实与未来、人类与环境、中国与世界以及人性、道德、信仰方面的严肃思考。

当代异兽形象创作大致可分为以下几种类型：

1. NPC 工具兽——传统形象的延续

NPC 工具兽通常出现于非现实场景，具有高强法力，充当故事背景板和情节推动工具，亦善亦恶，取决于作者喜好和所站阵营，一般保持兽形和兽性，人性情感表现不多。

作为龙套角色推动情节发展。如萧鼎的《诛仙·青云志》中复活神兽的关键阵法“四灵血阵”需要用黄鸟、夔牛、烛龙、饕餮四大神兽激活。四灵血阵炼成后，炼阵人可借此操控他人大开杀戒。魔教鬼王宗宗主鬼王炼成四灵血阵后杀上青云，最后败于张小凡诛仙剑下而伤重殒命。这里四大神兽的出场是情节关键一环。唐七的《三生三世十里桃花》中的四大凶兽浑沌、穷奇、梼杌、饕餮，继承父神半生修为镇守四海瀛洲，被男主角夜华斩杀，在“抢夺神芝草”和“墨渊苏醒”两个情节之间起到了承接作用。另如《盗墓笔记》中善于蛊惑人心的青眼狐尸，《择天记》中的凤凰和大鹏等都属于此类。

作为反派 BOSS 衬托主角能力。如《诛仙》中的白骨蛇精、黑水玄蛇、乌吾给人们带来无休止的灾难，印证了《山海经》中“见则天下大乱”的古语，后被正派斩杀。树下野狐的《蛮荒记》中的大荒十大凶兽裂天兕、珊瑚独角兽、赤炎金猊兽、冰甲角魔龙、八爪火螭、九翼天龙、雷电蝠龙、蓝翼海龙兽、裂海玄龙鲸、夔牛，《琉璃美人煞》中的蛊雕，《鬼吹灯》里的红犼等各种妖兽，都是以 BOSS 身份被打怪历练的主角团斩杀，成就了他们的成长。

作为主角助手充当开挂道具。主角在历练或复仇的过程中总会得到神人或是神物的帮助，其中最常见的就是异兽。异兽的助手/法宝等辅助属性在玄幻修仙类型中极为普遍，基本属于标配，而且原始属性越强大引用率就越高，如四灵、龙子（或其变种和结合体）等传统神话中战力值高技能强大的异兽一般都是主角团必备金手指。早在玄幻小说鼻祖还珠楼主的《蜀山剑侠传》中，主人公峨眉弟子李英琼就有两个神兽助手：神雕佛奴和猩猩袁星。另如 fresh 果果的《花千骨》中的哼唧兽，唐家三少的《斗罗大陆》中的魂兽蓝电霸王龙、泰坦巨猿、翡翠天鹅、暗金恐爪熊、三眼金猊、白虎、玄武、凤凰、饕餮神牛，辰东的《遮天》中的龙马、黑皇（狗）和圣皇子（猴）等等。

2. 配角宠物兽——人际关系的代餐

在宠物流、御兽流、精灵流网文中，异兽（宠兽、精灵、星兽、灵兽）是主角心爱的宠物和可靠的伙伴，故事框架就是主角带着宠物兽进化升级。宠物兽设定或呆萌，或高冷，或狗腿，或严肃，具有人的特质和情感，和主角多有交流共鸣。这一类型因为受到精灵宝可梦、口袋妖怪、神奇宝贝等影响，常常是中外异兽共存，且吸收了神话、童话、民间传说等各种奇幻、魔幻因素，风格多为热血幽默，凸显人物和异兽的共同成长，与现实世界淡漠疏离的人际关系形成鲜明对比。

典型代表是鱼的天空（乱）的《宠魅》，它具有类似生物界界门纲目科属种的完整丰富设定，出现了各种各样的神奇宠兽，如天苍青蛰龙、夜之雷梦兽、云龙猿君、冰空精灵、凌冰之诅印妖狐、混沌雷冠精灵、夕阳鹏、缚风灵等等。主角是一位年轻的魂宠师，带着幼小的魂宠月光狐（取名莫邪）不断战斗，使其异变到更加强大的邪焰六尾妖狐和更高级别的冕焰之九尾炎狐，最终踏上强者之路。在酒池醉的《神宠进化》中，主角开挂获知怪兽提升天赋的材料方案，一路帮助神宠进化。神宠包括寒霜寂狮、骸骨亡猿、雷光熊、浮空水母、沙漠暴君、星辰白猪、金刚鸭等。轻泉流响的《不科学御兽》中，主角拥有可以传授自己宠兽技能的天赋，培育出一堆奇葩宠兽包括食铁兽、青棉虫、参宝宝、小剑灵等。另如轻泉流响的《精灵掌门人》、手枪的《天魔神谭》、霞飞双颊的《召唤万岁》、三风 11 的《不科学御兽师》、青云阁的《圣兽便宜卖》、北川南海的《我真没想当训练家啊》、熊狼狗的《难道我是神》、育的《九星毒奶》、古羲的《超神宠兽店》等，都生动刻画了各种异兽的特性、战斗力、成长过程以及异兽与主人的情感故事。

3. 主角重生兽——视角转换的思考

突破人兽关系阈限的是异兽流。异兽流小说的主角非人类，多为人类穿越重生成异兽，以异类视角看待世界、解剖人性，又以人心角度解读异类的种种行为。时代背景有历史、现实、架空、未来等多重维度，表达了对不同环境下的各类文明的思考。

本类型主角五花八门，既有神话类的狻猊（如爱诗词的猫的《扇花录》）、龙（如峰凌暄的《穿越清末重生为龙》）、鹿（如苍山大虫的《鹿妖逐鹿》）、猴（如甲鱼不是龟的《大泼猴》）、玉兔（如一梦黄粱的《兔子必须死》）、蛇（如饥鱼的《洪荒之青蛇成道》）、猿（如山过的《青猿传》）、狼（如李君时的《变成狼妖怎么办》）等，现实类的鲨鱼（如东方倾城的《噬魂老祖》）、熊（如天丛的《熊霸天下》）、鳄鱼（如七乐的《我是一只大鳄霸》）、美洲豹（如王沉舟的《灵气复苏下的美洲豹》）、狮子（如妖妖喵的《我变成了一只雄狮》）、猫（如陈词懒调的《回到过去变成猫》）、蚂蚱（如咱的小刀的《虫群法则》）等，还有新神话类的奥特曼怪兽（如聚能蝠的《咸鱼怪兽很努力》）、德鲁伊（如易伤秋者的《都市的变形德鲁伊》）、DND五色龙（如笑筱笙的《红龙皇帝》、一般冶行的《永序之鳞》、无物的《绿龙博士》、欢声的《黑龙法典》、咸鱼公爵的《霜寒之翼》）等。部分增加了系统①、聊天群②和诸天万界流③元素，增强了小说的世界格局。比如我家的小鲤鱼的《鼠行诸天万界》，主角本是一个程序员，穿越变成一只老鼠，还带有一个神奇的系统，在《天下第一》《古剑奇谭》《仙剑奇侠传》《香蜜沉沉烬

---

① 系统文：一般是主角玩游戏或者穿越开篇，遇到问题后系统觉醒，主角可以从系统获得各种便利以升级。代表作品有八月飞鹰的《史上第一祖师爷》、秋风揽月的《全能修炼系统》等。

② 聊天群文：指主角金手指为“聊天群”，可以拉入不同作品的人物互动，谋取利益，产生友谊，互相穿越世界，往往还有一个凌驾诸天的大反派需要多个世界合作对抗。代表作品有圣骑士的传说的《修真聊天群》、火洞的《万界黑科技聊天群》等。

③ 诸天万界流：无限流＋无敌流的变种，主角穿越到不同世界历练和执行任务，和无限流的最大区别是不存在主神空间，主角较自由，副本的危险系数较低。代表作品有虾米XL《诸天万界》、心意难平《自完美世界开始》等。

如霜》《斗破苍穹》《花千骨》《神墓》《遮天》《盘龙》《宝莲灯》等诸多世界穿梭，不断完成任务，获取能力成长。

世界观设定因为视角转换而呈现出不一样的内涵。有坚持人兽对立传统的，如霸恶的《狂蟒之灾》主角重生为蛇，视万物为食物，前期以科幻手段进化为巨蟒，带领无数蟒小弟攻打人类社会，后期转为玄幻，进化为神龙统领玄黄宇宙。主角全程站异类立场，走的是杀伐果断的黑暗风。有倡导人与环境共存的，如祖树的《树宗》主角穿成一棵树，拥有让动物进化控制动物的能力，以此提示现代浮躁的人们万物皆有灵，呼吁人们保护环境。有以人心兽身混生活的，如一毛二的《重生之我变成了蛆》讲述了一只蛆的日常，以轻松诙谐的方式写昆虫动物们的趣事，走的是法布尔《昆虫记》式的生活流。有意气风发搞建设的，如咱的小刀的《虫群法则》主角穿越异界成为了一只蚂蚱，身怀成长系统不断提升实力，培养从属，最终从一只最底层的昆虫逐渐成长为大领主，开启世界规则游戏化网络化系统化的步伐。有揭示文明冲突的，如人勿玩人的《重林巨蜥》主角重生为地球蜥蜴，靠着前世当雇佣兵时学会的金钟罩功法进行修炼最终进化为巨龙，发展信徒成为神明，与科技文明展开神系争霸。全书其实是一部玄幻和科技文明的战争史。有幻想宇宙征途的，如南城有雪的《虫噬星空》讲述未来虫族降临地球和人族大战，一个人族士兵战亡后重生为虫子在茫茫宇宙中闯荡的故事，描述了宇宙文明（包括各类科幻文明、修真文明）的等级分布。总而言之，异兽流注重从多维角度来看待世界，而不仅仅是借用异兽设定的批皮套路。

4. 优质伴侣兽——自由婚恋的追求

异兽作为美好强大、忠贞不渝的高质量伴侣多见于言情类。异兽伴侣并非网络文学独创，人与异类相恋母题滥觞于远古神话，此后大体经历了巫术——世俗——艳情这一演变过程，在众多志怪作品中留下了痕迹。不过，基于民间信仰的敬畏心理，传统故事中少见与上古神兽、凶兽相恋。现代社会自由婚恋观的兴盛以及神鬼信仰的衰落使创作者无所顾忌，涌现出大量相关作品。

一种是以玄幻仙侠为故事背景，即本身属于神话世界观。此类故事中异兽身份为何全不重要，因为角色大多非人类且都修炼成人形，所以跨种族恋爱毫无问题，实力、阶层和阵营才是最大障碍。异兽的言行举止、性格喜好、心理情感基本和人类无异，异兽身份通常只是起到情节推动（打怪升级提升实力）、深化主题（降妖除魔保护苍生）和增加情趣（飞行变幻等独特能力）的作用。比如唐七的三生三世系列，主角分别为青丘九尾白狐[①]白浅 X 龙族夜华（《三生三世十里桃花》）、九尾红狐凤九 X 东华帝君（《三生三世枕上书》）、红莲成玉 X 龙族连宋（《三生三世步生莲》），演绎的都是上古神兽的爱情。许多配角同样出自《山海经》，如白浅仆从迷谷[②]，热情活泼，善于做饭和认路；天地第一只凤凰[③]折颜，实力强大却退隐三界，花枝招展，喜欢饮酒歌舞闲适生活；狐帝四子白真坐骑毕方[④]，执着刚毅脾气暴躁，动辄离家出走，因喜欢白浅而与夜华针锋相对；巴蛇[⑤]少辛，温婉和顺楚楚可怜，以白浅侍女身份抢了白浅未婚夫。还有杜撰的异兽，如前鬼王擎苍坐骑赤炎金猊兽[⑥]，凶猛好斗肆虐无忌，后被夜华斩杀；现鬼王离境坐骑火麒麟[⑦]，以小孩形态出现，能吐红莲业火，兢兢业业地协助离境和白浅的感情交往。这些都在异兽原始特征和创新设定上取得了较好平衡，与同样取自《山海经》的青丘、东海、昆仑墟、十里桃林、东荒俊疾山等地理设定一起构建了一个想象奇特而有根有据的世界。其他如决明的妖系列[⑧]和神兽录系列[⑨]、电线的《香

---

① 《山海经·南山经》："又东三百里，曰青丘山，其阳多玉，其阴多青雘。有兽焉，其状如狐而九尾，其音如婴儿，能食人，食者不蛊。"《海外东经》："青丘国在其北，其狐四足九尾。"《大荒东经》："有青丘之国，有狐，九尾。"本文所有《山海经》引文如无另外说明均采用《中华典藏》电子版。

② 《山海经·南山经》："南山经之首，曰䧿山。其首曰招摇之山……有木焉，其状如榖而黑理，其华四照。其名曰迷榖，佩之不迷。"网络写手误作"迷谷"。

③ 《山海经·南次三经》："又东五百里，曰丹穴之山，其上多金玉。丹水出焉，而南流注于渤海。有鸟焉，其状如鸡，五采而文，名曰凤皇，首文曰德，翼文曰义，背文曰礼，膺文曰仁，腹文曰信。是鸟也，饮食自然，自歌自舞，见则天下安宁。"

④ 《山海经·西次三经》："又西二百八十里，曰章莪之山。……有鸟焉，其状如鹤，一足，赤文青质而白喙，名曰毕方，其鸣自叫也，见则其邑有讹火。"

⑤ 《山海经·海内南经》："巴蛇食象，三岁而出其骨，君子服之，无心腹之疾。其为蛇青黄赤黑。一曰黑蛇青首，在犀牛西。"

⑥ 出自网络小说树下野狐《蛮荒记》，为大荒十大凶兽之首。

⑦ 来源于神话传说中的神兽麒麟，基本设定为浑身充满火焰，极度凶残，天生大力，可御空飞行。出现于许多游戏或影视剧作品，如《风云》中的火麒麟为四大瑞兽（龙、凤、麟、龟）之一。

⑧ 决明的妖系列有5本，包括《千骄百媚》（浑沌 X 狐狸精）、《白玉无瑕》（梼杌 X 天女）、《龙飞凤五》（魔刀 X 饕餮）、《镜花水月》（天山之神 X 穷奇）、《秋水伊人》（武罗 X 补魂师）。

⑨ 决明的神兽录系列有13本，包括《金貔》（金貔 X 云遥）、《银貅》（方不绝 X 银貅）、《狍枭》（狍枭（宝貔）X 宝宝）、《参娃》（睚眦 X 参娃）、《鱼姬》（负屃 X 鱼姬）、《烟华》（狻猊 X 延维）、《珠芽》（囚牛 X 珠芽）、《红枣》（蒲牢 X 皇甫红枣）、《辰星》（好望 X 辰星）、《凤仙》（狴犴 X 凤仙）、《无双》（霸下 X 无双）、《小九》（惊蛰 X 螭吻）、《曦月》（勾陈 X 曦月）。

蜜沉沉烬如霜》（凤凰、龙、鱼、花妖）、蜀客的《小凰不是仙》（凤凰）、大风刮过的《如意蛋》（凤凰）、沧月的《镜》系列（鲛人、辟邪、饕餮）、蓝艾草的《青鸾》（龙 X 青鸾）、宅女一枝花的《凶兽饲养手册》（浑沌 X 椒图）、尤四姐《玄中魅》（麒麟 X 煞）、九鹭非香的《司命》（黑龙 X 司命星君）、十四郎的《半城风月》（扶苍神君 X 烛阴公主）等也是在神怪世界发生的异兽爱情故事。

另一种是以现实世界为背景，时空可古可今可未来，多与玄幻世界平行。此类故事中异兽虽有各种异能，但不能随便使用或贸然暴露身份，这一设定常用于增加故事的曲折性和恋情的复杂性，但对于人类和异兽的恋情本身没有影响，基本不会出现传统志怪小说中异类被人嫌弃惧怕喊打喊杀的桥段，取而代之的是对异兽能力身份的仰慕和认同。如爱爬树的鱼的《复生》，故事从 1966 年伦敦少女阿宝死而复生成为僵尸开始。男主是龙神七子睚眦，幼年时魂魄意外流落到千年后遇上阿宝，由此开启了一段流转千年（主角在不同世界穿越三次）的传奇。女主最后修炼成为旱魃，男主由最初的自负跋扈、霸道任性变为稳重温柔、倾情以待。书中还出现了天狐和朱獳①等其他异兽。千草的四神系列②将故事背景设置于人类校园，四神兽麒麟、龟、凤凰、龙相继被人类召唤而至，它们需要有主人的爱和鲜血作为依凭存在于这个世界。殷羽的《饕餮记》中，厨艺惊人的饕餮朱成碧在江南小城无夏开了天香楼，一面制作各种菜肴，一面将侵扰无夏的妖兽吞噬殆尽。她与风流倜傥、妙笔生花的账房兼跑堂常青公子是公认的欢喜冤家，一起经历了一桩桩惊心动魄的事件。西米鹿的《貔貅在娱乐圈文里爆红》《饕餮靠吃爆红娱乐圈》则将神兽投身娱乐圈，依靠本能（貔貅招财走运，饕餮食量巨大）得到粉丝支持并吸引爱慕者。许多作品中主角之所以被赋予异兽身份，根本原因在于作者和读者对强大及独特伴侣的渴望，表现了特定社会环境下的多元价值观和爱情观。

5. 社会打工兽——现实世界的共情

异兽众多形象中有一类是现代社会所特有，那就是在都市中为了生存而

---

① 《山海经·东次二经》：“又南三百里，曰耿山，无草木，多水碧，多大蛇。有兽焉，其状如狐而鱼翼，其名曰獳，其鸣自纠，见则国有恐。”

② 千草的四神系列包括《龟兔方程式》（龟）、《麒麟恋爱方程式》（麒麟）、《霸道神兽麻烦爱》（凤凰）和《龙的驯养法则》（龙）。

辛勤工作的打工兽。他们外表与常人无异，但为了符合天道规则不被抹杀，必须遵循现有社会规则，像人类一样努力生活。这种设定有两个既定前提：一是随着科学文化教育的普及，神话信仰已经黯淡无光，因此异兽能力和生存环境都大受限制，作者、读者以及角色都默认并接受了这个现实；二是神话世界已经与时俱进发展至现代，人类社会和神鬼妖魔社会维持基本的和平关系，通常还签有协议或是有妖管局等类似管理机构。在此类作品中，不管幻想世界多么大胆奇特标新立异，也具有与现实世界平等存在甚至完全接轨的逻辑和法则，这种写实手法以大量真实细节（与神话、现实双重吻合的真实）营造“第二世界”① 的真实感，将读者带入共情的艺术幻境。

社会打工兽形象常见于都市奇幻类作品，为读者提供荒诞不经又真实可信的超现实体验。

可蕊的《都市妖奇谈》描绘了异兽的现代都市生活。那些来自《山海经》《搜神记》的妖怪灵物们隐藏在人群中悄无声息地生存、捕食、进化，每一个都有着种族的通性和自己的个性，为了生存下去而不断努力。追求享乐和流行的地狼刘地在市立图书馆当管理员；影魅周影为了修成正果而跑到城市里做了一个随波逐流的出租车司机；喜好听故事、睡觉、吃其他妖怪的毕方火儿是个职业恶霸；狡猾和喜食鸡鸟的九尾狐林睿作为一个五年级小学生，因渴望得到人类妈妈的爱而不惜改变自己委曲求全；温柔典雅的僵尸南羽是市立医院医生，治病救人的同时信奉以杀止杀；天真美丽的山鬼瑰儿喜欢做菜和时尚，是个小偷兼家庭主妇，因为出生时故乡就被开发成了旅游区，所以除了可以驾御文狸和赤豹的种族天性以外几乎不会法术，但极其适应人类

① 第二世界（Secondary world）可译为“架空世界”。1938 年托尔金应苏格兰圣·安德鲁斯大学邀请做了名为《论仙境故事》的学术讲座，提出仙境故事不是对现实世界中美丽与恐怖的简单复制、再现或者象征性的解读，而是利用其中的元素进行再创造，在幻想之中，奇境诞生，而人成为“亚创造者”。上帝创造了“第一世界”，仙境就是人类创造的第二世界。托尔金的《魔戒》系列就是他的第二世界，里面存在很多现实世界没有，但仙境故事独有的生物，比如精灵、矮人、巨人、龙、半兽人、食人妖等等。托尔金对于这个世界有更高层次的理解，他在《托尔金的读者》中表示，故事的创造者应该是一个成功的“亚创造者”，他创造了一个人们思想能够进入的“第二世界”。在这个世界里，他的叙述就是真实，符合现实世界的法则。当你身临其境，你会因此而相信它。怀疑一产生，这个符咒就失灵了，魔法或者艺术表现就失败了。许多知名小说都选择架空世界作为自己的故事背景，比如古龙的《陆小凤传奇：决战紫禁之巅》，乔治·马丁的《冰与火之歌》，马尔克斯的《百年孤独》等。中国网络文学中也有多个脱离现实的架空世界，如九州、东宋世界、云荒、十华录、望古神话、六迹世界、源世界、将界宇宙等。

社会；平淡寡言、性情刚毅的巴蛇孟蜀在木偶剧团当团长兼编剧；喜欢金钱和喝酒的鲛人泉先儿为了保住家园留在人类世界，做过采珠人、裁缝、导游等各种工作；胆小怕事的鹿蜀鹿九和鹿为马一个在市郊开养殖场，一个在公园摆摊算命骗钱；灌灌罗天梦想着当个歌唱家；还有热衷于主人婚姻大事的猫妖咖啡、认真送信的苗民厘荔、乐于助人的长明灯妖和尚、自动在街上维持治安的塑料警察妖马路、在花店看门的女鬼江榕等等，塑造了一群鲜活而富有人性的现代都市异兽，在一个神、仙、人、妖、怪、魑魅魍魉组成的世界里构建起息息相关、彼此影响牵制依赖的社会网。

苹果馅包子的《山海杂货店》讲述了山海经各路异兽开店赚钱换自由的故事。大约四百年前三界各方达成协议在人类世界和平相处。天道化身神镜负责管理众生并在各地设置神地作为三界来往通道，破坏和平的神鬼妖怪会被神镜判定为祸并刻罪纹限制法力。凶兽穷奇①被神镜禁锢于山海杂货店，必须靠灭祸赚钱兑换自由积分，与神镜签订协议的店员负责看管穷奇并守护神地。杂货店经营不善，穷奇及其店员恢复自由遥遥无期。凡人白圆误入杂货店被穷奇强行招为店员，从此开始带领一店的神、兽、妖以各种营销手段努力赚钱，比如猫妖变身招财猫和布偶猫揽客，狡②化成宠物狗发传单并负责多快好省种菜，饕餮开吃播引流，穷奇和于儿神③因外形出众充当店招模特，狪狪④生产大珍珠，玉鸡管理母鸡下蛋，花妖云蒸做花露。他们卖功效各异的精怪肉和植物小零食，开发了瑶草⑤、荀草⑥精华水、珍珠粉等妆品，运营网店微博，为天师协会站台兼提供充满法力的异兽零件和草药，最终攒够积分换取了自己的自由。所有神地守护者都出自《山海经》，每隔十年召开的神地守护者昆仑会议（由白泽或西王母主持）就是山海经异兽大聚会，主题是讨论

① 《山海经·海内北经》："穷奇状如虎，有翼，食人从首始，所食被发，在蜪犬北。一曰从足。"

② 《山海经·西次三经》："又西三百五十里，曰玉山，是西王母所居也。……有兽焉，其状如犬而豹文，其角如牛，其名曰狡，其音如吠犬，见则其国大穰。"

③ 《山海经·中次十二经》："又东一百五十里，曰夫夫之山，其上多黄金，其下多青、雄黄，其木多桑、楮，其草多竹、鸡鼓。神于儿居之，其状人身而身操两蛇，常游于江渊，出入有光。"

④ 《山海经·东山经》："又南三百里，曰泰山，其上多玉，其下多金。有兽焉，其状如豚而有珠，名曰狪狪，其鸣自詨。环水出焉，东流注于江，其中多水玉。"

⑤ 《山海经·中次七经》："又东二百里，曰姑媱之山。帝女死焉，其名曰女尸，化为䔄草，其叶胥成，其华黄，其实如菟丘，服之媚于人。"

⑥ 《山海经·中次三经》："又东十里，曰青要之山，实惟帝之密都。……有草焉，其状如葌而方茎、黄华、赤实，其本如藁本，名曰荀草，服之美人色。"

三界协议是否有漏洞，怎样更快适应人界生活、如何与人类相处以及各地的收入情况。异兽们嘴炮攀比拉生意或约架解决私人恩怨，俨然是人类社会大集团公司的年会模式。《山海杂货店》的新奇之处就是以社会流行文化来设定环境场景，迎合了大众心理。

饭卡的《千妖百魅》中，各种妖怪就职电视台《非常科学》节目组，把观众眼中的神奇事件粉饰成科学，掩盖上古神话时代的秘密；月下蝶影的《不要物种歧视》中，由当康、狌狌、凤凰、朱雀、白泽养大的犼符离进城后一心想考公务员，却苦于没有身份证和学位证，最后凭超强战斗力特聘入修真界管理处（负责平衡人间和妖界的管理机构）；凤久安的《全校只有我是人》中，人类生活于地表上，非人类生活于地表下，由女娲补天神话中的四柱隔开。两个世界共存互知且有贸易往来，妖界成员和人类一样要上学、考试、考公务员、上班、服兵役以及开展娱乐活动（包括上网）；初一大白的《建国后我靠守大门为生》中的貔貅沈青自从建国后不许成精的禁令下来后，为了维持生计不得不下海干起了老本行；墨尔玉的《神兽小食堂》中，在灵气复苏时代刚刚苏醒的貔貅洛淮安为了生活承包了航大闹鬼的八食堂，成为学生们的煮饭阿姨；君无凉的《国民小仙女》中，沉睡千年的白泽苏醒后发现自己身处二十一世纪，她努力想要融入现代社会做个普通人，凭借着算命读心的本能进军娱乐圈，等等，都体现了创作者在异兽形象建构上的现实关照。

二、异兽形象的选择倾向

《山海经》记载了各类奇物异兽 400 余种，其中很大一部分被后世创作者所采用。网络文学中有个上古十大神兽的集合设定，包括太阳烛照、太阴幽荧、青龙、白虎、玄武、朱雀、黄龙、应龙、螣蛇、勾陈，在许多作品中作为故事背景打包出现。实际创作中，白泽、夔、凤凰、麒麟、梼杌、犼、毕方、饕餮、貔貅等也都是小说、影视、动漫、游戏的常客。单以影视论，就有《天火传说》《太王四神记》《十二生肖传奇》《山海经之赤影传说》（青龙、白虎、玄武、朱雀）、《三生三世十里桃花》《轩辕剑之天之痕》《风语咒》（浑沌、穷奇、梼杌、饕餮）、《哪吒降妖记》《宸汐缘》（白泽）、《虹猫蓝兔七侠传》《风云》《麒麟传奇》（麒麟）、《天宝伏妖录》《古剑奇谭》《轩辕剑》（重明鸟）、《灵魂摆渡》《无心法师》《长城》（饕餮）、《诛仙青云志》（黄鸟、夔牛、烛龙、饕餮）、《捉妖记》《大圣归来》（帝江）等诸多作品引用了上古神兽形象。

网络文艺作品中出现最多的异兽是龙，不仅覆盖各个流派，而且形成了完整体系。一方面是因为龙是中华民族的象征，是上古神话体系中的主要神兽，另一方面也是受西方 DND（龙与地下城）体系影响，因此东西方幻想作品皆以其为重要角色。以东方龙为主角的有《南禅》《铜钱龛世》《百鬼异闻系列遇龙记》《生肖守护神》《异世龙逍遥》《升龙道》《山海纪之龙缘》《神墓》《邪佛》《饲神》《龙域》《纨绔子弟》《心灵黑客》等众多作品。在御兽流中，龙是最受主角青睐的宠兽，如白雨涵的《大龙挂了》、育的《九星毒奶》、乱的《牧龙师》的主角都收服并驯养了各种龙。在异兽流中龙也属于大类，涌现出大量作品，不过西幻五色龙远多于东方龙。风青阳的《龙血战神》是将龙视为创世祖神并设定完整神龙体系的东方玄幻代表，该体系包括十大祖龙、无上神龙、终极神龙、超级神龙、高等神龙、中等神龙、低等神龙等各个层次（也吸收了一些西幻龙元素），在玄幻世界观和修炼体系中自成一脉。

《龙血战神》十大祖龙列表

祖龙	名称	规则	精血传承	伴生祖火	伴生神国	世界本源
起源祖龙	起源天龙	主起源与万物灵魂之道（执掌天道）	天道灵魂	灵魂天火	灵魂国度	黑白玉佩
元始祖龙	元始祭龙	主元始之道（混沌、鸿蒙、造化）	元始龙祭	元始祭火	原始空间	元始铜塔
时间祖龙	太虚宙龙	主时间与永恒之道	元神太虚	永恒圣火	时光隧道	时间锁链
命运祖龙	混元天命龙	主命运与愿望之道	天命于瞳	苍天帝祖火	命运沧海	命运项链
因果祖龙	神道炼心龙	主道德与因果之道	善恶由心	三生因果心焰	善恶湖	因果战戟

祖龙	名称	规则	精血传承	伴生祖火	伴生神国	世界本源
生命祖龙	太极生灵龙	主生命与创造之道	神国生灵	混沌青火	生界	生命戒指
灾难祖龙	宇宙洪荒卍劫龙	主洪荒与劫难之道	掌上洪荒	洪荒卍劫火	龙魔古墓	洪荒骨剑
杀戮祖龙	太古血灵龙	主杀戮与血腥之道	肉身杀戮	死灵血火	死界	杀戮血剑
变化祖龙	幽影梦魅龙	主梦幻与变换之道	梦寐阴魔李璇玑	九幽魔祖火	梦界	迷幻吊坠
吞噬祖龙	混沌吞天龙	主吞噬与毁灭之道	吞噬万物	混沌吞天火	吞天界	吞噬之门

其次是凤凰。凤凰作为中国古代传说中的百鸟之王以及《礼记》四灵之一，一直地位尊崇，在网络文艺中也是备受青睐，各流派都有涉及。众多作品中，既有男主角是凤凰的，如电线的《香蜜沉沉烬如霜》、曦宁若海月的《凤展记》、七月鱼阳的《一世朝华》、悠梦依然的《重生之凤族圣子》、白痴兔子的《神兽王座》、明月夜色的《不灭生死印》、明月百年心的《重生之凤凰传奇》、卫风的《盘丝洞38号》、爱吃白菜的《无上血脉》等，也有女主角是凤凰的，如冷漠的天蝎的《凤耀异世》、沉尽晚的《重生之废材凤凰修仙记》、千云烟雪的《我成了凤凰》、墨染流年夕的《废女成凰》、若水琉璃的《妖凤邪龙》、水色空瓶的《异世之凤尊狠彪悍》等，作为NPC出现的作品更是数不胜数。一般为神兽或瑞兽，偶有黑凤凰和地狱凤凰（代表邪恶力量），基本都见于西方奇幻作品，与东方神话路数不同①。

再次是狐狸，尤其是道行高深的九尾狐。传统志怪故事中狐狸就属于大户，不过多是杂毛妖狐。网络男频文选择狐狸的不多，即使选用也有严格的等级划分，如《诛仙》中有三尾妖狐、六尾魔狐、九尾天狐之分。女频文则沿袭大禹涂山氏、《封神演义》苏妲己的传统，大量以九尾狐为情爱主角，既

① 中国古代典籍中有“乌凤”和“黑凤”记载，都属于正面形象，如《拾遗记》：“俗多阴雾，遇其晴日，则天豁然云裂，耿若江汉。则有玄龙黑凤，翻翔而下”。南宋周去非《岭外代答·禽兽门》：“乌凤如喜鹊，色绀碧，颈毛类雄鸡鬃，头有冠，尾垂二弱骨，各长一尺四五寸。其杪始有羽毛一簇。冠尾绝异，大略如凤。鸣声清越如笙箫，能度曲，妙合宫商，教之精熟者，至能终一阕，又能为百虫之音。生左、右江溪峒中，极难得。饲以生物，故又难蓄。南方珍禽之尤，然书传未之纪，当为难得，人罕识云。”［清］《皇朝通志》卷一百二十六：“乌凤，一名王母鸟。”

有九尾狐女主如《九尾窈窕》《重生之奈何为狐》《狐作妃为》《绝代天狐》《盛唐美人香》《雏姬》《诱狐》《公主凶猛》等，又有九尾狐男主如《封印之书九尾狐》《狐狸相公》等，还有男女狐狸如《美人三千笑》《三生酒·神仙醋》《注意美狐出没》《封印之书九尾狐》等，以及无数妖狐反派。最出圈的是《三生三世十里桃花》，整个故事围绕青丘狐族的权力斗争和情爱纠葛展开。影视游戏作品也常见九尾狐身影，除了上文提过的《封神榜》中的妲己和《三生三世十里桃花》中的白浅、凤九，还有《青丘狐传说》中的陶恒、《古剑奇谭》中的襄铃、《诛仙》中的小白、游戏《英雄联盟》中的九尾妖狐阿狸、《轩辕传奇手游》中的九尾等。事实上，九尾狐也是日韩影视动漫中最常担任主角的异兽，比如日本的《九尾狐的复仇》《火影忍者》以及韩国的《九尾狐传》《我的女友是九尾狐》《心惊肉跳的同居》等，体现了九尾狐文化在东亚的兴盛。

其他出现频次较高的异兽主要是四神兽和四凶兽，通常是组合出现，增强作品的神话临场感和仪式感。

从创作实践来看，异兽选择范围大大拓宽，从传统的四大神兽和凶兽扩展到各级大小异兽，为读者提供了更丰富更新鲜的体验。许多以前基本是背景板的异兽开始有了自己的新神话故事，比如貔貅（血红的《巫颂》、灰色的猫的《仙界生存手册》）、穷奇（枫月舞的《妖缘记》、苹果馅包子的《山海杂货店》）、饕餮（佟婕的《饕餮娘子》、醉饮长歌的《饕餮》、殷羽的《饕餮记》）、白泽[①]（轻抚绫罗的《超神学院之神兽白泽》、初吻江湖的《成了传奇之白泽》、日安云雨肖的《白泽盛世》）、马腹[②]（藤萍的《马腹》）、朱蛾[③]（藤萍的《朱蛾》）、鱼妇[④]（藤萍的《鱼妇》、子牙 mio 的《蟠桃修仙记》）、

① ［宋］张君房：《云笈七籤·轩辕本纪》："帝巡狩，东至海，登桓山，于海滨得白泽神兽。能言，达于万物之情。因问天下鬼神之事，自古精气为物、游魂为变者凡万一千五百二十种。白泽言之，帝令以图写之，以示天下。帝乃作祝邪之文以祝之。"

② 《山海经·中次二经》："又西二百里，曰蔓渠之山。其上多金玉，其下多竹箭。伊水出焉，而东流注于洛。有兽焉，其名曰马腹，其状如人面虎身，其音如婴儿，是食人。"

③ 《山海经·海内北经》："大蜂其状如螽。朱蛾其状如蛾。"

④ 《山海经·大荒西经》："有鱼偏枯，名曰鱼妇。颛顼死即复苏。风道北来，天及大水泉，蛇乃化为鱼，是为鱼妇。颛顼死即复苏。"

朏朏[①]（东门饕宴的《小神兽的万千宠爱》、朝绯的《修仙不如修鱼塘》、动漫的《朏朏传奇》）、冉遗鱼[②]（沈二小姐的《冉遗鱼》）等等。由于网络时代的大众文化繁荣趋势，大量传统神话资源被开掘出来成为新的创作素材。

同时，创作者们还热衷于根据情节需要杜撰异兽。比如《花千骨》中的哼唧兽，设定为稀世难寻的异兽，喜阳，性情乖僻，因为在发怒时发出刺耳的哼唧声而得名。文中详细描述了其外形并标记为“没心没肺者，故七情六欲极难驯养，得宠可生肺，得爱可生心，食其肺可得长生，食其心可永不死也”，设定方式基本仿照《山海经》。又比如树下野狐的《蛮荒记》中的大荒十大凶兽裂天兕、珊瑚独角兽、赤炎金猊兽、冰甲角魔龙、八爪火螭、九翼天龙、雷电蝠龙、蓝翼海龙兽、裂海玄龙鲸、夔牛，除了夔牛以外，其他九个都是作者在传统异兽基础上自创而成，各自都有外形、战力、来历和结局，设定完备，故事精彩，由此被其他小说沿用，成为新的神话传说。

三、异兽形象的价值内涵

幻想文学的本质是关于“世界是什么”的狂欢化思考[③]。奇幻小说的重要价值之一是“提供了一面透镜，让你比一般的角度更好地观察世界”[④]。当代幻想文学有两个基点：科学与人文，因此现实与神话、真实与虚构的融合是它的主要表达方式。随着时代发展，异兽形象建构在幻想的外壳下越来越强调现实性，在融入中国特色文化元素的前提下不断增添人文与现实关怀，对所处时代问题做出了审美回应。

1. 反映人类认知的进化过程

异兽形象从单纯的异兽到工具、宠物、伴侣、同事，再到现代人心甘情

---

① 《山海经·中山经》：“又北四十里，曰霍山，其木多穀。有兽焉，其状如狸而白尾有鬣，名曰朏朏，养之可以已忧。”

② 《山海经·西次四经》：“又西三百五十里，曰英鞮之山，上多漆木，下多金玉，鸟兽尽白。涴水出焉，而北流注于陵羊之泽。是多冉遗之鱼，鱼身蛇首六足，其目如马耳，食之使人不眯，可以御凶。”

③ 参见韩云波：《大陆新武侠和东方奇幻中的“新神话主义”》，《西南师范大学学报》（人文社会科学版）2015 年第 5 期。

④ 参见［美］奥森·斯科特·卡德著，东陆生译：《如何创作科幻小说与奇幻小说》，百花文艺出版社，2015 年。

愿地以身为兽，有一个人类对异类认知的进化过程。从人性与兽性的对比选择能看出创作者的价值观和世界观。

在工具兽类型中，兽性大于人性或占绝对地位是毋庸置疑的。在宠物兽类型中，出于对亲密关系的需要，异兽人性大于兽性。在伴侣兽类型中，为了迎合人类的情感需求，异兽的兽性可以忽略不计。在打工兽类型中，异兽的兽性和人性基本持平或人性大于兽性，取决于是主角、配角还是反派。

值得重点关注的是异兽流。在主角本身即异兽类型中，人性与兽性可能互相争斗形成矛盾（仙侠言情类除外，因为在仙侠概念下谈恋爱的异兽与人族并无本质不同），如爱诗词的猫的《扇花录》中，原型为狻猊的书生主角以诗词修道，提升实力，结交红颜，成就无上至尊。异兽身份使主角的成长遭遇诸多障碍。主角的书生身份给了他“人”的一面，使其对待普通人迂腐仁慈；而狻猊的本性给了他“兽”的一面，使其性格偏执，对待敌人杀伐果断。主角对异兽身份的处理是其成长的基石。在人类穿越重生为异兽类型中，情况则大有不同。有人性和兽性和平共处的，如水道不孤的《野猪传》主角本来是野猪，因为吃了金丹而觉醒了前世作为人的记忆，从此在野猪和野猪人的身份之间自由切换，还入赘修仙世家成为门派女掌门的猪郎君。有人性高于兽性，但对兽性颇为认同的，如千里送一血的《星界蟑螂》中，主角作为联邦军人，因遭遇时空乱流穿越到一颗蟑螂主宰的星球，成了一只刚刚出生的小蟑螂。在面对外来敌人时，蟑螂全族齐心协力，表现出在人身上看不见的友爱和团结。有人性压过兽性的，如路过的穿越者的《诅咒之龙》主角灵魂穿越为龙后，完全不改其本身的逗比属性，还立志成为学霸，经常结合地球科技与异界魔法搞研究。还有兽性压过人性的，如狩猎仟佰的《重生之九尾凶猫》主角重生为一只拥有吞噬进化的猫，开始了在灾变后地球的无限进化之路，逐渐由人性兽身到兽性转变，最后完全化为兽。异兽流中人异变为兽且最后（即使可以）也不化回人形的作品不在少数，如《狂蟒之灾》《重林巨蜥》最后都是站了兽类立场将所有生灵（包括人类）置于麾下。这种与异兽人性化大趋势背道而驰的人类兽性化有的是出于“物我同一”的生态伦理观，有的则是受到优胜劣汰、弱肉强食的丛林法则的影响。

2. 回应特定群体的价值诉求

有的作品将异兽视同人类对待，以超现实手法写现实题材，观照社会现实问题。比如亦狸的《我在山里养妖精》讲述了一个人类教师和妖怪学生的故事。宋福泽到山区支教，原来的校长要飞升成仙，宋福泽接任校长，开始为空无一人的学校招生。他最终招到了烛龙、貔貅、穷奇、人参精等学生，开启了现代教育与妖精教育相结合的新型教育模式。因为学校、老师和学生都很穷，宋福泽靠卖药材和有灵气的水果以及带学生“行骗”来赚取阵法化形等修炼课本费和学校运转资金。他使尽一切常规和非常规手段将学校办了下去。奇葩欢萌搞笑的文字后是对留守儿童的关爱和对支教老师的致敬。

有的作品把异兽设为主角，围绕异兽的某个显著特征展开故事，以此满足人类的具体现实需要，属于特定时代的主角工具兽类型。比如东门饕宴的《小神兽的万千宠爱》围绕朏朏“养之可以解忧”的功能设置各种欢乐情节，让朏朏为深陷抑郁、哭泣、压抑世界的人们重新带来开心的能力，体现了作品对现代社会人们心理健康和生活状态的关注。西米鹿的《饕餮靠吃爆红娱乐圈》根据饕餮的超好胃口建立主角人设，反映现实观众对娱乐圈明星虚假人设的不满以及真实个性的呼吁。这类异兽形象较为工具化，仅仅是为受众需求的满足增添一些奇幻趣味和逻辑说服力，创作风格和价值表达轻松随意，流于表面，主要起到宣泄情绪、缓解压力的作用。

有的作品将异兽视为食材，在神话与美食的碰撞中传递中国博大精深的传统文化，满足读者物质精神的双重欲望。比如在杜红娘的《山海经妖怪食用指南》中，妖监办公务员周清宴开了间九州馆，将犯法的妖怪（都是《山海经》里的珍禽异兽）做成了丰富多彩的菜肴：剁椒鳙鳙鱼头、巴蛇象骨汤、烤撇付鸟配啤酒、鲛人尾巴汤……各种烹饪方式令人食指大动，突破了美食类小说的桎梏，同时还勾勒了生活在人类城市中的憨厚老实的猪怪老板、快递员黄鼠狼、缝纫技术高超且喜欢打游戏的蜘蛛精等“不能吃”的妖怪形象，穿插讲述了生动有趣的《山海经》神话故事。

有的作品以兽观人，剖析人心的欲望与人性的善恶。比如颜歌的《异兽志》讲述了在永安城里生活的悲伤兽、喜乐兽、舍身兽、穷途兽、荣华兽、千里兽、景兽、痴心兽、英年兽以及来归兽的故事。它们貌若凡人，与人杂居，具有人之不同性情，其命运使观者对人与兽的定义提出了质问。佟婕的《饕餮娘子》中，饕餮桃三娘在江都城开的食肆欢香馆能烹尽天下人心所想的美食，满足神人妖怪的口腹之欲，而所有的美食皆来自人心的妄念：神仙醋是一对人鬼殊途的苦命鸳鸯的执念所酿；蔷薇糕是备受欺凌的小妾对宠妾的蓄意报复；阿胶肉是觊觎三娘美色的恶人所化……匪夷所思的珍馐美馔的背后是悲欢离合的人世沉浮。

3. 反思信仰的冲突与缺失

网络时代的新神话故事有一个公认的前提，就是神灵妖怪的力量来源于人类的信仰和意念，信仰意念越强，它们就越强大。随着人类文明的发展以及科技的进步，人类逐渐遗忘和背弃了传统信仰，而被遗忘的神灵妖怪会日渐衰弱直至彻底消亡。

人们长期以功利和实用主义的价值观来判别知识和信仰，能带来即时利益的知识和信仰（如实用科技知识和金钱学、成功学、享乐学理念）受到追捧，而与之相反的能增加学识、提升品格的知识和信仰（如哲学、历史、文学等优秀传统文化以及正义良知信仰）则日渐边缘化。由此产生了神的信仰和科技信仰的冲突，历史文明与科技文明的冲突。冲突的背后是消费时代的精神信仰危机。

异兽形象的现代建构同样反映了这种冲突。创作者以不同的世界观设定将冲突情景化再现，主角和观众沉迷于“第二世界”并自动代入其中一方去构想自己的行动准则并做出不同选择。在异世界设定下，这种冲突可以毫无顾忌地以升级争霸的方式来表现并寻求解决之道；在现实世界题材中，这种冲突则渗入人们的日常生活，表现为日益增多的困惑烦恼、愈发贫乏的精神追求以及无法克服的心理障碍。选择以异兽形态书写不过是为了在沉重的话题和轻松的阅读之间建立平衡，使人得以继续前行。异兽的能力和生存环境是虚幻的，人类与世界的关系是真实的，虚幻的故事中是人性的真实诉求。

传统文化信仰在现代社会中如何存在并传承，这是我们共同面对的问题。如何利用大众娱乐消费品解决这个问题，则是我们需要努力的方向。

研究综述

中国神话学文献及资料整理与保存现状概述①

四川省社会科学院文献信息中心　王殿之　杨雨霖

摘　要　中国神话学研究的推进有赖于文献及资料的专门性研究，而文献及资料的整理与保存工作则是重要的基础性工作。本文从中国神话学的原始文献资料、研究文献资料两个方面进行了整理，呈现了目前中国神话学文献及资料的概貌及整理保存现状，以此为基础对20世纪以来中国神话学研究进展进行概括，从文献资料的角度提出了思考和展望。

关键词　神话学；文献整理；文献保存

神话是人类在漫长的发展过程中创造的精神文明，是人类劳动与智慧的结晶。习近平总书记曾多次在重要场合提到中国古代神话故事，在十三届全国人大一次会议闭幕会上指出要发扬诸如夸父逐日、精卫填海、愚公移山等我国古代神话所反映的中国人民勇于追求和实现梦想的执着精神②，赋予了中国古代神话新的时代内涵和时代价值。中国古代神话作为中华民族文化的源

---

①［基金项目］本文系2021年成都市哲学社会科学规划项目“袁珂中国古代神话学文献及资料数据库建设研究”（项目编号2021BS050）阶段性成果。

② 凌陈、徐渠：《刚刚，习近平提到的这些神话故事，你知道吗?》，来源：新华网，2018年3月20日光明网转引，https：//politics. gmw. cn/2018—03/20/content_ 28042189. htm。

头和民族精神的承载形式，在整个民族文化体系中有不可替代的重要地位，对整个民族的文化内涵与精神塑造起到了积极作用。2016 年，习近平总书记在全国哲学社会科学工作座谈会上的重要讲话中指出，要重视发展具有重要文化价值和传承意义的“绝学”、冷门学科，特别是一些事关文化传承的学科，确保有人做、有传承，要系统梳理传统文化资源，让收藏在禁宫里的文物、陈列在广阔大地上的遗产、书写在古籍里的文字都活起来①。习近平总书记这些论述为中国神话学文献及资料相关工作的开展，为更好地实现中国神话学研究的传承与推广指明了方向。

中国神话学文献及资料以记载神话内容的原始文献资料和考察神话学的研究文献为主，反映了中国古代社会风貌、文化风俗、民族精神的历史脉络，传承绵延，数量巨大。然而，中国神话学研究的推进有赖于文献及资料的专门性研究，文献及资料的整理与保存工作则是重要的基础性工作。探讨中国神话学文献及资料的整理现状，梳理中国神话学研究概况，为进一步促进学科发展，推动学科纵深研究，具有开创性的学术意义。

一、原始文献及资料的整理与保存

中国神话是一笔古老而宝贵的文化宝藏，然而数千年的积累、流传使得这份宝藏辗转于各族人民的口头，亦散落在古代群书典籍之中。“工欲善其事，必先利其器”，中国神话原始文献的梳理工作是中国神话研究的起点和基础，既需要持续地不断推进，又需要阶段性地系统梳理。根据文献及资料的调研情况，中国神话原始文献及资料的整理与保存工作开展主要形式有选编（或汇编、集成）、提要、影印等。

1. 原始文献及资料的选编

目前，中国神话原始文献及资料多以选编（或汇编、集成）的形式进行系统性梳理并以此为基础形成各种文学读物或学术资料。根据文献调研情况，一方面，每年出版的涉及中国神话的文学读物选编本为数不少，但由于选编

---

① 李运富、何余华：《学习习近平总书记有关讲话精神　构筑汉字文明高地　促进中原文化崛起》，《郑州大学学报》（哲学社会科学版）2018 年第 2 期。

者众多、且多加诸主观诠释，其学术意义不大；另一方面，学术性的原始文献及资料的选编以《中国民间故事集成》《中国民间文学大系》等总集和其他中国古代神话专题选编为主。

（1）总集选编

20 世纪 80 年代中期起，由中央文化部、国家民委和中国文联组织编撰的中国民族民间文艺十部集成志书，筑起了“中国民间文艺的万里长城”[①]。其中，中国民间文学集成全国编辑委员会牵头组织的《中国民间故事集成》由钟敬文先生主编，按照“科学性、全面性、代表性”原则，选编全国范围内的各类体裁民间故事作品，以田野调查采录为主，分神话、传说、故事三大部分辑录[②]。就神话部分而言，按省、市分卷的体例，既便于群众宏观上了解各地区神话概貌，也便于学者作微观上纵向追根溯源（如分区域梳理神话故事脉络等）和纵横比较研究（如比较同一神话主题在不同区域的异同等）。总之，该集成涵盖了我国各地区各民族的神话相关文献及资料，具有高度的文学欣赏价值和学术研究参考价值。

另一部总集代表作是近几年启动并取得丰硕成果的《中国民间文学大系》。该书为中国文联及中国民间文艺家协会按照中共中央办公厅、国务院办公厅《关于实施中华优秀传统文化传承发展工程的意见》要求开展的中华优秀传统文化传承发展工程重点项目之一。自 2019 年首批示范卷出版以来，《中国民间文学大系》已面世 30 余卷本，多维度展现了民间文学的历史风貌和当代价值。该书专家组首创了对中国民间文学总体把握和全景呈现的 12 类分类法，《神话卷》位居 12 类之首，其对整个民间文学的代表性意义不言自明[③]。其中各省编撰的“神话”卷本将各地区各民族神话故事精心选编成册，内容丰富，不仅体现了神话故事的特色，而且具有编排体例完善、系统性、全面性的特点，如《中国民间文学大系 · 神话 · 云南卷》《中国民间文学大系

① 刘守华：《〈中国民间故事集成〉的特色与价值》，《北京师范大学学报》（社会科学版）2010 年第 2 期。

② 《中国民间故事集成》全国编辑委员会、《中国民间故事集成 · 湖北卷》全国编辑委员会：《中国民间故事集成 · 湖北卷》，中国 ISBN 中心，1999 年，第 1—16 页。

③ 叶舒宪：《盛世修书大业　再现神话中国——贺〈中国民间文学大系 · 神话 · 云南卷（一）〉出版》，《中国文艺报》2020 年 12 月 23 日第 5 版。

·神话·河南卷》《中国民间文学大系·神话·四川卷》[①] 等卷本。整体来看，各卷本按照《中国民间文学大系》基本一致的选录和分类标准整理，以纲举目张的方式系统呈现给读者，在便于读者阅读的同时，也适宜进行学术研究，兼具重要的科普价值和学术意义。

（2）专题选编

如前，围绕“中国神话”主题的文学读物选编者每年都成百上千地新增，而学术性选编作品数量却不多，但这些著作为中国神话研究或特定主题研究提供了详实、专业的文献资料基础。

中国神话学家袁珂先生为中国古代神话专题整理作出了巨大贡献，随着其神话研究工作的开展与深入，先后出版了《中国古代神话》《中国神话传说》《中国神话资料萃编》《古神话选释》《神话选译百题》等数十部神话学选编著作，经历多次修订、增订再版并在多国翻译出版，拥有广泛的读者群，不仅对中国古代神话的普及工作起到了一定作用，也使中国古代神话走向了世界[②]。其中，《中国古代神话》是中国神话史上第一本神话专集，《古神话选释》还未出版就得到早期研究中国神话的代表人物、大文学家茅盾先生的赞誉[③]，而与周明合编的《中国神话资料萃编》则更是少有的中国古代神话资料专辑，它从经、史、子、集、丛上百种历史典籍中辑录零散分布的神话片段，分类编排，详细注明出处，至今仍是中国神话研究者案头必备之书，特别是附录中由周明先生编纂的“人物索引”和“地名索引”，为学术研究者提供了极大的方便[④]。

此外，还有围绕特定专题进行收集整理的文献及资料汇编，如周翔编著的《盘瓠神话资料汇编》，收集有中国各民族流传的盘瓠神话、以韵文体形式流传的各民族盘瓠神话、汉文古籍中记载的盘瓠神话、瑶族《过山榜》中记载的盘瓠神话以及境外流传的盘瓠神话共 123 篇[⑤]。

---

① 周明：《〈中国民间文学大系·神话·四川卷〉概述》，《神话研究集刊》第 4 集，巴蜀书社，2021 年。

② 贾雯鹤：《袁珂学述》，《国学》第一集，四川人民出版社，2014 年。

③ 茅盾：《重印〈中国神话研究 ABC〉感赋》，《人民日报》1978 年 10 月 8 日。

④ 袁珂、周明：《中国神话资料萃编》，四川省社会科学院出版社，1985 年，第 1—3 页。

⑤ 周翔：《盘瓠神话丛书·盘瓠神话资料汇编（增订版）》，学苑出版社，2019 年，第 1—30 页。

2. 原始文献及资料的提要

文献是历史的缩影，提要是文献的精炼，将目录学的方法融入到中国神话文献及资料的整理工作中，将其作为编目对象，也是一种大展示、大盘点、大汇总。目前，中国神话原始文献及资料的提要主要依照地域划分撰写而成，具有显著的属地特色，根据文献调研情况，相关提要主要有民间文学资料提要和古籍文献提要两种形式。

（1）民间文学资料提要

中国神话是民间文学、口传文学的重要组成部分之一，因此，在各民族各版本的民间文学提要、口传非物质遗产提要中都是重要的不可或缺的一部分。

普学旺先后主编的《云南民族口传非物质文化遗产总目提要》和《中国彝族民间文学总目提要》都是以提要形式进行中国神话原始文献及资料整理的典型代表作。由普学旺任主编、云南省少数民族古籍整理出版规划办公室组织编撰出版的《云南民族口传非物质文化遗产总目提要》对云南各民族口传非物质文化遗产进行了全面的梳理、分类，其中《神话传说卷》上下两卷收录了我国 26 个民族的神话传说共 4638 项①。而后经过十数年的收集、整理，《中国彝族民间文学总目提要》在国家出版基金资助项目资助下，亦分上下两册出版，收录了长期流传于云南、贵州、四川、广西等地彝族地区的神话、传说、民间故事、诗史、叙事长诗、歌谣等民间文学作品近 3000 种，并按目录学方法写成提要，包括作品名称、类别、流传地区、作品内容、收集整理者、收录出版情况等，对多学科研究和全面认识彝族历史文化具有重要意义②。

此外，学者杨永福③、龙江莉④等都根据不同范围分门别类地收集整理了包括神话在内的口传非物质文化遗产提要，这些提要应用目录学的方法全面系统地梳理了部分民族的神话传说，是关于中国神话原始文献及资料的重要

① 云南省少数民族古籍整理出版规划办公室编：《云南民族口传非物质文化遗产总目提要·神话传说卷》（全 2 册），云南教育出版社，2008 年，第 1—2 页。

② 普学旺主编：《中国彝族民间文学总目提要》，云南美术出版社，2020 年，第 1—3 页。

③ 杨永福主编：《云南瑶族口传非物质文化遗产提要辑录》，天津古籍出版社，2013 年，第 1—3 页。

④ 龙江莉编著：《云南苗族口传非物质文化遗产提要》，云南民族出版社，2006 年，第 1—5 页。

集录著作。

（2）古籍文献提要

中国神话源远流长，既在人们口中流传，也散见于各类古籍之中。《中国少数民族古籍总目提要》是由国家民族事务委员会全国少数民族古籍整理研究室编著的中国第一部少数民族古籍解题书目套书，收录了55个少数民族至今成书并已流传使用的民族古籍或按原文抄录或复制的古籍、口头文献、民族文字碑铭和文书等资料的提要。该提要已出版44个少数民族卷，其中口头文献/讲唱类详细收集整理了各少数民族神话资料，为了解神话原貌、探索神话源流提供了全面而珍贵的资料目录。此外，不少地方编辑出版的古籍文献提要，如《浙江畲族古籍总目提要》《丽水畲族古籍总目提要》《湘西土家族苗族自治州苗族古籍总目提要》《湘西土家族苗族自治州土家族古籍总目提要》《吉林省少数民族古籍总目提要》《贵州苗族古籍总目提要》等，这些提要都对神话文献资料进行了收集与整理，为中国神话学研究所需的原始文献及资料查阅提供了方向性指引。

3. 原始文献及资料的影印

如前所述，中国神话散见于诸多古籍之中，而古籍的典藏之处更是遍布于海内外，故而收集、整理的珍贵影印资料也极具校勘和研究价值。四川省社会科学院神话研究院组织出版的《山海经珍本文献集成》，将宋代至民国时期60余种有关《山海经》原始文本、校勘、注释、辑佚、研究等方面的珍贵文献按照一定的体例进行编纂，是目前有关《山海经》文献整理的集大成之作。此外，李勇先等主编的《日本藏山海经穆天子传珍本汇刊》收录影印了日本藏《山海经》《穆天子传》的数个版本。这些文献为学术界从事《山海经》及中国神话相关问题研究提供了丰富的资料，具有十分重要的文献资料价值①。

4. 原始文献及资料的数据库

中国神话数量众多、形式多样、内涵丰富，通过对神话类型、内容的细分和数据统计，建立起较为系统的神话文献资料数据库，是神话学学科建设的必然要求。在各级政府部门、各科研机构的支持下，学术界在建设中国神

① 毛丽娅主编：《山海经珍本文献集成》（全2辑30册），巴蜀书社，2019年，第1—5页。

话文献及资料的数据库方面作出了积极有益的尝试，并取得了标志性的结果。

首先，由中国社会科学院民族文学研究所承担立项的“中国少数民族文学研究资料库”取得了丰硕的成果。该资料库经过五年（2010 年—2015 年）建设，建成容纳包括神话在内的多项口头文类、20 多项资料类型、覆盖 13 个省区、涵盖 29 个民族或支系并涉及数个周边国家和地区、文本资源/音声资源/视频资源及部分实物资源的资料库，并且在多个向度上实现了资料学建设和理论创新的跨越式发展①。

其次，中国口头文学遗产数字化工程也自 2010 年启动，旨在将中国文化界半个多世纪以来从田野大地收集到的数十亿字的民间口头文学原始资料（包括图片和文字）全部数字化，建立起“中国民间口头文学数据库”。这是中华民族历史上首次对自己的口头文学遗产按照学术规范进行全面和科学整理的超大规模文化项目。该数据库目前以光盘形式提供一期成果（包括神话在内的 11 个大类，总计 120 余万条篇目信息）的查阅服务②。

此外，由中国社会科学院民族文学研究所承担的 2017 年度国家社会科学基金重大项目“中国少数民族神话数据库建设”对于中国少数民族神话资料学建设和研究更是具有极其针对性的重要意义，其计划通过分北方、南方、西部三区进行民族神话数据采集与整理，运用数据库技术研发与呈现中国少数民族神话资料。目前，数据库尚未提供实质性的中国神话学文献及资料的查阅服务③。

二、研究文献的整理与保存

随着 20 世纪初神话研究引入中国，长久以来，我国许多不同领域的学者都给予了神话学研究高度的热情与关注，于是也形成了不同的神话研究派别，主要有文学界、历史界、文化人类学界、考古学界、民俗学界等方面的神话

---

① 《民族文学研究》编辑部：《“中国少数民族文学研究资料库”结项》，《民族文学研究》2006 年第 2 期。

② 冯骥才主编：《中国口头文学遗产数字化工程全记录》，中国文史出版社，2014 年，第 1—7 页。

③ 全国哲学社会科学工作办公室：《“中国少数民族神话数据库建设”基本信息》，全国哲学社会科学工作办公室官网，2018 年 12 月 7 日，http：//www. nopss. gov. cn/n1/2018/1207/c417057—30450148. html。

研究，分别从不同学科的角度对中国神话进行了整理与考察，经过几代专家学者的不懈努力，取得了丰硕的学术成果，相关研究全面展开，细致深入，呈现出多元化的研究态势，极大地推进了中国神话学研究进展。

目前，学界对中国神话的研究，不仅研究著述的数量众多，且涉及多个学科、多元视角，从而使得中国神话学研究有了日新月异的面貌和深厚扎实的学术话语基础。中国神话研究文献的梳理工作是对中国神话研究成果的段性整理和总结，更是为研究成果的长期保存和研究进展的纵深拓展夯实基础。根据调研情况，对于中国神话研究文献及资料的整理与保存工作，主要通过学术成果集、学术工具书、学术数据库、学术机构知识平台等形式开展。

1. 学术成果集

学术成果集一般由该学科领域专家根据文献及资料的学术创建性、学术价值、学术地位、方法论意义等方面综合衡量后选取符合标准的论文或专著辑录而成，从而体现特定学术主题内涵，主要形式有学术论文集、学术研究丛书两种形式，论文集数量众多，丛书也不乏精品。但是，无论是学术论文集，还是学术研究丛书，以中国神话研究为限定而专门辑录的寥寥无几，大多归属在各个神话学论文集、研究丛书之下。

（1）学术论文集

学术论文集是以特定时期、特定主题或特定学者为选编的限定标准而集成的学术成果集合，以回顾与总结的形式展示出不同时期不同时间段中国神话学所走过的道路和所取得的学术成就，是学术研究成果最直接的呈现形式之一。

以时期为限辑录的重要论文集有《中国神话学百年文论选》《中国神话学研究前沿》《20 世纪中国文学史论文精粹：神话卷》《神话中国》等，都是由国内领域资深专家学者（如叶舒宪、马昌仪等）选编出版，向国内外神话研究者以及广大神话爱好者提供了可供参考的文论资料集，有助于学术界和大众对神话学科的进一步认识。

以主题为限辑录的重要论文集有《盘瓠神话文论集》（“中国神话学”课题组编，学苑出版社 2017 年版）、《中华巴文化华胥伏羲论文集》（邱述学编，巴蜀书社 2019 年版）以及会议论文集《中国少数民族神话论文集》（田兵、陈立浩编，中国少数民族文学学会第二届年会论文集）、《中日神话传说比较研究》（刘玉宏编，2019 年“中日人文对话：神话传说”国际学术研讨会）、《重述神话中国》（叶舒宪主编，文学人类学研究会第七届学术年会论文集）、《上海创世神话论坛文集》（叶舒宪、雷欣翰主编，首届“中华创世神话上海论坛”论文集）等，都辑录展示了特定主题之下阶段性学术成果。

以学者为限辑录的重要学术论文集有茅盾所著《中国神话研究初探》、闻一多所著《神话与诗》、袁珂所著《神话论文集》、丁山所著《古代神话与民族》、刘锡诚所著《中国神话与民族精神》、刘毓庆所著《神话与历史论稿》等，都是特定中国神话学专家学者的系统性研究成果集成。

此外，四川省社会科学院神话研究院编辑出版的《神话研究集刊》是国内第一本神话研究专业学术集刊，反映了国内尤其是四川省近段时间内最新神话研究成果，具有较高学术价值。

（2）学术研究丛书

学术研究丛书是在一个总名之下，以主题、研究专题、研究领域为集结，将相关选题文献及资料汇编于一体的一种集群式图书。

中国神话学研究成果大多统筹于相关大类研究文献辑录的丛书中。如 20 世纪 80 年代开始，上海文艺出版社组织收集近百册文献资料，陆续影印出版了《民俗、民间文学影印资料丛书》，其中之六《中国的水神》、之七《神话研究》、之十四《中国古代宗教与神话考》、之四十一《神话三家论》等册，都是对过去重要研究文献的整理与保存。又如叶舒宪任主编并先后出版的《神话学文库》《神话历史丛书》《中国文学人类学原创书系》等三部丛书，其中，《神话学文库》是“十二五”国家重点图书出版规划项目和国家出版基金资助项目，也是国家社科基金重大招标项目阶段性成果；《神话历史丛书》的中国神话历史系列通过“总论—分论”的编排形式，以先秦两汉的重要经典为个案，探索其神话历史与神话哲学，以引领学者进入中国的思想传统和历史传统开展研究。《中国文学人类学原创书系》则是在我国改革开放四十周年之际推出的中国文学人类学发展 40 年集大成之作，以推进当代中国人文学术研究的新发展。再如暨南大学出版社出版的 10 卷本丛书《多元一体视域下的中国多民族文学研究丛书》，集合了多民族、多向度的民族文学研究成果。

此外，中国古代神话学研究成果还有辑录专门性的中国古代神话学研究丛书，如《盘瓠神话丛书》《中华创世神话研究工程系列丛书》《山西神话传说丛书》等。其中，《中华创世神话研究工程系列丛书》是由上海市社会科学界联合会组织实施的中华创世神话学术研究工程的成果之一，通过整理编纂各民族中华创世神话资料，研究和梳理中华传世神话脉络和体系，探索中华文明之源，弘扬中华民族精神，为中华文化培根固源，为中华民族塑魂铸魄，为今后学术研究、文艺创作提供参考。

2. 学术工具书

学术工具书系统而全面地汇集某一主题文献及资料，按照特定的方法加以编排，以供查找知识信息，是一种专门性、工具性的文献资料。根据文献调研，目前中国神话学研究文献的学术工具书主要有专题目录和学科年鉴两种形式。

（1）专题目录

专题目录是为某一特定专题的学科研究提供资料与信息的文献目录的检索型工具书。前有俄罗斯著名汉学家李福清编著的《中国各民族神话研究外文论著目录 1839—1990（包括跨境民族神话）》，后有贺学君等中日学者共同合作编著的《中日学者中国神话研究论著目录总汇》，两者在不同时期从不同角度对有关中国神话学研究的成果进行了系统性梳理。

李福清从时间和研究内容两个角度较为系统地整理自 19 世纪以来国外神话学者的中国神话研究成果，包括各国学者用 15 种语言发表的论著、文章与学位论文及书评，可以了解当时中国神话研究在国外的基本面貌，为研究中国神话提供一个十分重要的基础文献①。贺学君等中日学者所著属于朝戈金主编的《中国社会科学院民俗学研究书系》丛书，集科学性、实用性于一体，系统介绍近百年（1882—1998）中日学者关于中国神话研究成果。该目录资料丰富齐全，可以说是我国迄今第一部相当完备的有关中国神话研究的专门资料②。

此外，中国社会科学院民族文学研究所王宪昭还著有《中国创世神话母

① ［俄］李福清：《中国各民族神话研究外文论著目录 1839—1990（包括跨境民族神话）》，北京图书馆出版社，2007 年，第 1—29 页。

② 贺学君、蔡大成、［日］樱井龙彦编，朝戈金主编：《中日学者中国神话研究论著目录总汇》，中国社会科学出版社，2012 年，第 1—4 页。

题实例与索引》一书。该书是一部系统表达中国神话母题编码与索引的资料学著作，兼有神话研究新型工具书的特点。

可以看到，中国神话学研究文献的专题目录虽然不多，但对于中国神话研究文献的整理工作来说，编辑研究文献及资料的目录无疑是已有研究文献及资料最直接的阶段性梳理与呈现。

（2）学科年鉴

学科年鉴是以全面、系统、准确地记述一年内该学科重大事件、文献和统计资料为主要内容，反映该学科该年度发展状况的连续出版的资料性工具书。以往传统年鉴多集中于综合性年鉴，而随着学界、学科发展的需求，专业性的学科年鉴也应运而生。目前，有关中国神话研究成果的每一年度进展可以从《中国民间文艺学年鉴》《中国文学研究年鉴》《中国文学年鉴》《中国民俗学年鉴》四种年鉴的部分内容窥得概貌。虽然在上述年鉴中，中国神话方面仅以“研究综述”占少许篇幅，但是集资料权威、反应及时、连续出版、功能齐全特点于一身的年鉴能够提供由各专业领域知名学者对该年度中国神话学相关学术成果进行综合梳理、介绍与评述，较为客观、真实地反映这一年该领域研究全貌，是值得参考和借鉴的优质资料。

3. 学术数据库

中国神话学研究大量成果以传统出版物形式发表、传播，并被收藏于不同的机构/平台，纸质文献资源文献大多收藏于各级各类图书馆，数字资源大多收录于各个学术数据库。这些研究成果因保存机构/平台不同，故资源体系各异。其中，诸如CNKI、万方、读秀等学术数据库平台是最为常见、最易使用的形式之一。但是，这些学术数据库往往面向全学科、全学者，因此数字文献资源收录以基础性、全面性为要，而针对中国神话学研究成果并未进行特定学者、特定主题的学科性、学术性资源组织，也并未形成学科专题数据库或提供相关功能以供使用，文献资源的使用方式、使用程度、使用效率更多依赖于学者自身信息素养的高低。

4. 学术机构知识平台

目前，尚未有专门性、独立性、系统性的中国神话研究学术机构知识平台。但值得一提的是，“中国社会科学院民族文学研究所”即“中国民族文学网”这一学术机构平台上设置了“神话研究”专题，子栏目“中国古代神话研究”“少数民族神话研究”“神话文献及史料”“《山海经》研究”“中国神话母题 W 编目”等在持续更新该所在中国神话学研究领域的最新学术成果，虽然仅仅是该所成果的集中展示，但也的确具有了一定的知识平台功能性。

三、文献及资料整理与保存的重要意义

对于中国神话的可持续发展来说，无论是原始文献及资料的整理与辑录还是研究文献及资料的梳理与总结，都具有重要的社会意义和学术意义。

一是可以促进中国神话的普及和传承。如前提及的多部全面反映各地区各民族神话的原始文献辑录著作及各种文献资料数据库的建设，是对中国神话所进行的全方位展示，不仅为中国神话学的学术研究提供了较为准确的信息和线索，也为其他读者鉴赏各地区各民族神话提供了途径，努力满足不同读者的需求，是传承和弘扬中国各民族优秀文化的一种有效方式。

二是可以促进中国神话研究向纵深发展。对中国神话学研究文献及资料进行梳理、分类，使分散的学术作品“百花齐放”地展现于世人面前，以此进行学术思想交流，积极拓展了中国神话学教学与研究的新局面，以“继往”之势“开”百家争鸣的学术氛围之“来”。

四、思考与展望

以上从中国神话学的原始文献资料、研究文献资料两个方面梳理了中国神话学文献及资料的概貌及保存现状，同时也可以通过这些文献及资料回顾 20 世纪以来中国神话学的发展历程。

中国神话学自 20 世纪初起步以来，亦经历了一百余年的发展繁荣，在文化人类学、历史学、文学、民俗学、考古学等多个学科的共同推动下不断进步与创新，经历四个高潮：一是 20 世纪 20 年代，涌现了一批学术大家，在西方著作的影响下撰写了一系列学术成果，这些学术遗产是后人研究的重要课题；二是抗日战争时期，各个大学迁移到祖国西南后方，大批优秀学者汇聚西南，开始将少数民族神话引入学术研究，开启了中国神话学的民族志调查路径新视野，这是中国神话学研究内容的一次重要变革；三是 80 年代中国

神话学会的成立,《神话——原型批评》等一批学术著作出现,以及袁珂等老一辈专家坚持不懈创新研究,共同促成了新时期中国神话学的蓬勃发展;四是21世纪初,神话学进入改革的新阶段,一大批外国的神话学新理论与本土研究推进扩展了神话学的研究领域、研究方法,掀起了新的研究热潮[①]。此外,2017年、2019年上海交通大学神话学研究院暨中华创世神话研究基地、四川省社会科学院神话研究院、云南大学神话学研究中心先后成立。

经历百余年的学科发展与繁荣,中国神话学者在原始文献及资料的调查、搜集、整理、保存方面做了大量很有价值的工作,同时以这些文献及资料为基础开展的中国神话研究取得了瞩目的成绩,从基础理论、研究方法、文化价值、母题分类等不同角度进行了广泛而深入的探讨,并竭力进一步扩展中国神话学研究发展的新领域和新方向,中国神话学研究必将迎来崭新的发展格局。但在此发展过程中,悉心保存失而复得的珍贵原始文献、系统梳理前人学术成果等文献及资料的整理与保存仍需继续保持并不断深化,仍然具有广泛而深远的意义。这将为中国神话学的学科发展脉络留下清晰的印迹,亦为学科后续发展奠定坚实的基础,也能彰显其独特价值和意义,并且有助于更好地传承、保护和研究中国神话,增强中华民族的文化自信。

---

① 马昌仪选编,叶舒宪主编:《中国神话学百年文论选》(全2册),陕西师范大学出版总社,2013年,第1—10页。

族群叙事理论视野下的巴蜀古代民族与神话

四川大学道教与宗教文化研究所博士研究生　宋　峰

摘　要　所谓“族群叙事”，指的是族群通过对外部世界的观察与内部生活的呈现，塑造出能够担负族群认同感的形象，进而对族群的身份进行确认。本文将通过运用“族群叙事”理论，从羌族与大禹神话、古蜀族与杜宇神话、賨人与廪君神话、《华阳国志》与巴蜀地方神话等四个方面，对巴蜀地区的古代民族及神话进行分析。

关键词　族群叙事；巴蜀古代民族；大禹神话；杜宇神话；廪君神话

族群通常是指对共同世系具有主观认同感的人类群体。族群认同则指通过强化族群的文化认同感及历史认同感来对族群身份进行确认，是族群成员对自身族群及族群内其他成员认同的基础。族群的神话与传说，代表着族群对于人神关系的理解与认识，是族群认同的核心组成部分。而“族群叙事”，便是神话学语境下族群认同的产物。所谓“族群叙事”，指的是族群通过对外部世界的观察与内部生活的呈现，塑造出能够担负族群认同感的形象，进而对族群的身份进行确认。

本文将通过运用“族群叙事”理论，从羌族与大禹神话、古蜀族与杜宇神话、賨人与廪君神话、《华阳国志》与巴蜀地方神话等四个方面，对巴蜀地区古代民族及神话进行分析。

一、羌族与大禹神话

羌族的历史颇为悠久，据史书记载，羌人乃是三苗后裔。《后汉书·西羌传》认为羌族源自三苗，是姜姓的分支。舜流放四凶时，三苗被迁徙至三危，之后逐渐繁衍出了羌族[①]。姜、羌二字实乃一字之分化，其字形为以羊角作为头部装饰之人，象征着西北地区以牧羊为主、将羊视为图腾的族群。因此陆贾在其《新语·术事》中认为，大禹生于西羌[②]。在《吴越春秋》中亦记载道，大禹在西羌的石纽安家，石纽位于蜀地的西川[③]。

从先秦时期开始，氐羌系民族就居住生活在岷江上游一带，黄帝之子昌意同生活在这一带的蜀山氏结姻，"兴于西羌"的夏禹也是在这一带立下了泽被后世的伟大功勋。《诗经·文王有声》曰："奕奕梁山，维禹甸之。"在距今2900年的西周燹公盨上，记载了"大禹治水"的内容："天命禹敷土，随山浚川，乃差地设征。"[④]"决九川，距四海"的大禹通过治理水患、疏通九河，进而建立了我国历史上最早的国家——夏朝。

"神话不仅蕴含了族群先民对于自然现象的理解，同时也包含了对于族群具有根本性影响的事件的理解。这些事件不仅包括族群的起源问题，同时也包括族群内部的人—神关系。"[⑤] 因为大禹治水在上古文化中所占据的重要位置，故此衍生出了许多相关的神话传说。例如《山海经·海内经》中便有关

---

① 《后汉书·西羌传》："西羌之本，出自三苗，姜姓之别也。其国近南岳。及舜流四凶，徙之三危，河关之西南羌地是也。滨于赐支，至乎河首，绵地千里。赐支者，《禹贡》所谓析支者也。南接蜀、汉徼外蛮夷，西北（接）鄯善、车师诸国。"见［汉］范晔：《后汉书》，中华书局，1982年，第2869页。

② 王利器：《新语校注》，中华书局，1986年，第43页。

③ ［汉］赵晔撰，徐天祜音注，苗麓点校：《吴越春秋》，江苏古籍出版社，1986年，第79页。

④ 李学勤：《论遂公盨及其重要意义》，《中国历史文物》2003年第6期。禹疏导江河的具体过程，详见于《尚书·禹贡》："华阳黑水惟梁州，岷、嶓既艺，沱、潜既导，蔡、蒙旅平，和夷底绩……岷山导江，东别为沱，又东至于沣，过九江，至于东陵，东迤北会于汇，东为中江，入于海。"又如《尚书·益稷》载："禹曰：'洪水滔天，浩浩怀山襄陵，下民昏垫。予乘四载，随山刊木，暨益奏庶鲜食。予决九川，距四海，浚赋浍，距川。暨稷播，奏庶艰食鲜食。懋迁有无化居。蒸民乃粒，万邦作乂。'"

⑤ 宋峰：《族群叙事：神话学语境下的族群认同》，待发表。

于禹接受帝命，替代父亲鲧来继续治水的记载①。除此之外，《淮南子》中还记载有“禹生于石”的传说②，这一传说可以视为巨石崇拜的一种表征。颜师古《汉书·武帝本纪》注引《淮南子》轶文曰：“启，夏禹子也。其母涂山氏女也。禹治鸿水，通轘辕山，化为熊，谓涂山氏曰：‘欲饷，闻鼓声乃来。’禹跳石，误中鼓。涂山氏往，见禹方作熊，惭而去，至嵩高山下化为石，方生启。禹曰：‘归我子。’石破北方而启生。”③ 该引文较之通行本《淮南子》中的记载，情节更为丰富曲折，记载更加生动详实。李岩通过引证大量古籍后指出，春秋战国时期的人们对大禹生前与生后的一系列真实事迹刻意加以神化，其历史形象被逐渐放大成为神④。大禹逐步登上了神坛，成为了人们所信奉的神。

据《水经注·河水》载：“禹治洪水，西至洮水之上，见长人，受黑玉书于斯水上。”⑤ 于是乎这又成为了后人演绎杜撰的资粮⑥，并衍生出“禹穴”与“禹碑”等传说。衡山“禹穴”不仅是大禹藏书处，而且还有大禹所建的“禹碑”。《吴越春秋》中夏禹将治水的要领刻于衡山高处的说法，同样引发了后人的连篇浮想，进而产生了“岣嵝碑”的传说⑦。这些神话传说，可以视为是巨石崇拜在大禹这一历史人物身上的衍生品。同时，巫山神女因为与大禹相关，故而也流传有相类似的巨石崇拜传说。根据陆游《入蜀记》卷六的记载，巫山神女峰后山半腰处有一处平坦空旷的石坛，传说是夏禹会见神

① 《山海经·海内经》：“洪水滔天，鲧窃帝之息壤以堙洪水，不待帝命。帝令祝融杀鲧于羽郊。鲧复生禹，帝乃命禹卒布土以定九州。”见袁珂：《山海经校注》，上海古籍出版社，1980年，第472页。

② 《淮南子·修务训》曰：“禹生于石。”高诱注：“禹母修己，感石而生禹，坼胸而出。”见张双棣：《淮南子校释》，北京大学出版社，1997年，第1977页。

③ ［汉］班固：《汉书》，中华书局，1962年，第190页。

④ 李岩：《历史上对大禹形象的认识》，《安徽师范大学学报》2011年第4期。

⑤ ［北魏］郦道元注，杨守敬、熊会贞疏，段熙仲点校：《水经注疏》，江苏古籍出版社，1989年，第152页。

⑥ 如《十三州志》曰：“岷山无草木，其西有天女神，洮水径其下，即夏禹见长人受黑玉书处。”参见［北魏］阚骃撰，［清］张澍辑：《十三州志》，二酉堂丛书本。另，《吴越春秋》载：“因梦见赤绣衣男子，自称玄夷苍水使者。‘闻帝使文命于斯，特来候之。……欲得我山神书者，斋于黄帝岩岳之下，三月庚子，登山发石，金简之书存矣。’禹退又斋。三月庚子，登宛委山，发金简之书，案金简玉字，得通水之理。”见［汉］赵晔撰，徐天祜音注，苗麓点校：《吴越春秋》，江苏古籍出版社，1986年，第80—81页。

⑦ 例如，晋代罗含在《湘中记》中曾写道：“岣嵝山有玉牒，禹按其文以治水，上有禹碑。”南朝徐灵期在《南岳记》中也曾提到：“云密峰有禹治水碑，皆蝌蚪文字”，“夏禹导山通渎，刻石名山之颠”。

女并传授符书的地方。“族群文化同样也是在进行主动传播，并且以神话、传说、仪式、习俗等表达方式不断地进行确认。”[①] 由此可知，大禹治水的事迹虽然主要分布在蜀地，而与大禹治水相关的巨石崇拜神话却产生于川东三峡等巴地。

返回头再来看氐羌人的原始宗教信仰，其中最具特色的是白石崇拜。《华阳国志·蜀志》载：“夷人冬则避寒入蜀，庸赁自食，夏则避暑反落。岁以为常，故蜀人谓之作氐、白石子也。”[②] 刘琳指出，在今茂县汶川境内流传的羌人传说中，羌人祖先在远古时与“戈基人”发生战争，最终在神的启示下使用坚硬的白石作为武器取得了胜利。汶山羌人将白石奉为最高的天神，蜀中汉人称为“白石子”[③]。还有一种说法认为，羌族的白石崇拜源自于羌族在远古时期游牧迁徙时在途经的山头或岔路口的最高处放置白石作为路标的习俗[④]。羌人在每年祭山神的时候，都会在羌族寨子附近的神林中用白石代表山神进行祭祀[⑤]。这些传说，实际上都是上古氐羌人石崇拜的遗存。而与大禹相关的巨石崇拜，不仅是氐羌人石崇拜的延续，同时也反映出了氐羌族群内部成员的族群认同。

大禹的事迹主要流传在四川西北部的岷江上游地区，这不仅是氐羌先民同洪水搏斗的历史遗痕，同时也是他们对其祖先的追忆与纪念。夏民族的起源不仅与巴蜀有关，而且还与“石崇拜”有关[⑥]。

二、古蜀族与杜宇神话

《华阳国志·蜀志》中详细记载了蜀帝杜宇的事迹。杜宇首先教民务农，进而通过纳妃与梁氏结姻[⑦]。在对相关的古代地望的名称与建置变迁进行详细

① 宋峰：《族群叙事：神话学语境下的族群认同》，待发表。

② 刘琳：《华阳国志校注》，上海古籍出版社，1985 年，第 299 页。

③ 同上。

④ 林新乃：《中国风俗大观》，上海文艺出版社，1991 年，第 757 页。

⑤ 同上，第 791 页。

⑥ 唐世贵：《大禹神话与巴蜀文化之渊源新探》，《攀枝花学院学报》2006 年第 4 期。

⑦ 《华阳国志·蜀志》：“后有王曰杜宇，教民务农，一号杜主。时朱提有梁氏女利游江源，宇悦之，纳以为妃。”见［晋］常璩撰，任乃强校注：《华阳国志校补图注》，上海古籍出版社，1987 年，第 118 页。

的考证之后，人们发现杜宇与朱利联姻一事实际代表了朱利、杜宇、鱼凫三大部落之间错综复杂的共存关系。具体言之，朱邑由畜牧、毛纺为主的朱利部落所占据，成邑被以农耕为主的杜宇部落所占有，郫邑则是渔猎、蚕桑为主的鱼凫部落的定居地。以岷江为界的朱邑与成邑东西接壤，以蒲阳河、青白江为分界的成邑与郫邑南北相邻。三个部落之间通过经济文化交流和联姻等方式维系着三足鼎立的态势①。郫县古城遗址出土了大量的墙基和大型建筑基址，以及长方形的规律性堆积的鹅卵石。而以宝墩遗址为代表的成都平原地区早期城址，与紫竹遗址、双河遗址等颇为相似，可以一同视作包括杜宇时期在内的巴蜀先民农耕文明的遗存。

《华阳国志·蜀志》还记载有杜宇禅位于开明的事迹②。杜宇师法尧舜而禅位于开明，成为了先秦时期众多“禅位”佳话中的一则。不过既然提到了杜宇禅位，那就不得不论及他的继任者开明。《华阳国志·蜀志》云：“开明位号曰丛帝。……开明王自梦廓移，乃徙治成都。”③ 可见开明氏并非蜀地之人，而是由巴地迁徙而来：“荆人鳖令死，其尸流江，随江水上至成都，见蜀王杜宇。杜宇立为相，杜宇号望帝，自以为德不如鳖令，以其国禅之。”④ 如此看来，杜宇让位的关键在于“自以为德不如鳖令”。那么，究竟是什么原因使得杜宇自惭形秽，甘愿禅位让贤呢？《蜀王本纪》中对此有较为详尽的记载，认为在鳖灵（即“鳖令”）奉命去玉垒山治理水患之时，望帝与鳖灵之妻私通，因惭愧而让位给鳖灵。鳖灵随之即位，号为“开明”⑤。如此看来，是因为杜宇失德心生愧疚而主动让位给开明。然而我们禁不住联想：既然杜宇可以做出私通臣妻的丑事，那么他是否有如此高的道德觉悟将王权禅位给手下的大臣呢？换言之，杜宇究竟是主动让贤还是被迫退位呢？

无独有偶，先秦文献中除了对“禅位”的讴歌赞美之外，也有许多不同

---

① 王炎：《“杜宇”、“朱利”史实考辨》，《社会科学研究》2006年第2期。

② 《华阳国志·蜀志》：“会有水灾，其相开明，决玉垒山以除水害。帝遂委以政事，法尧舜禅授之义，遂禅位于开明。帝升西山隐焉。时适二月，子鹃鸟鸣，故蜀人悲子鹃鸟鸣也。巴亦化其教而力务农。迄今巴蜀民农时先祀杜主君。”见［晋］常璩撰，任乃强校注：《华阳国志校补图注》，上海古籍出版社，1987年，第118页。

③ ［晋］常璩撰，任乃强校注：《华阳国志校补图注》，上海古籍出版社，1987年，第122页。

④ ［南朝宋］范晔：《后汉书》，中华书局，1982年，第148页。

⑤ ［汉］扬雄撰，［明］郑朴辑：《蜀王本纪》，载四川大学图书馆编：《中国野史集成》第1册，巴蜀书社，1993年，第211页。

的声音对所谓的“禅位”进行质疑。如《竹书纪年》就说：“太甲元年，伊尹放太甲于桐，乃自立。七年，王潜出自桐，杀伊尹。”[①]《说郛合刊》卷六十辑《寰宇记》云：“望帝自逃之后，欲复位不得，死化为鹃。每春月间，昼夜悲鸣。蜀人闻之，曰‘我帝魂也’。”[②] 由此可见，所谓的杜宇禅位，应当是因为杜宇私通开明之妻（也可能这只是开明事后为自己夺权而找的借口）而被开明夺权，进而流放逃亡于外，后来被美化为杜宇主动让贤禅位于开明。杜宇复位不得悲苦而死，被后人演绎为得道升仙化为杜鹃的神话。杜宇化为杜鹃的神话，后来广泛流传于扬雄《蜀王本纪》《山海经》《禹贡》《水经注》《太平御览》等古籍，以及后世众多正史、野史、文人笔记之中。

中国人把魂灵大致划分为祖先、鬼与神三大类。其中，祖先主要是指人们自己死去的祖先。人们有义务对祖先提供礼仪上的祭祀（例如定期为他们提供香纸、食物和酒水），祖先也会以恩惠与赐福等形式来关心自己后代的命运，但却无法介入到后代与其他家族的各种关系当中。鬼是别人死去的祖先，他们常常会骚扰其他没有血缘关系的陌生人，这些被骚扰的对象需要通过礼仪上的祭祀（主要是提供香纸、食物与酒水等祭品）来让鬼收回对自己的骚扰。至于神则是具有能够影响自然与万物的法力的超然存在，神与神之间有一个仿照着帝国的官僚体系建立起来的以玉皇大帝为首的具有法力的体制架构[③]。由此可见，杜宇并未被纳入道教这种国家认可的祭祀体系之中，而只是作为蜀人的祖先受到蜀人的祭奠。“神话不仅能够表达与族群认同相关的各种观念，同时也能够借助这些观念来表达族群认同的具体行为。这些行为包括祭祀仪式、生产方式、习俗、奖惩制度、饮食习惯、战争与杀戮，等等。这些行为不仅制约着族群成员的思想，同时也对族群神话的讲述进行着反向制约。”[④] 蜀人们以“杜宇化鹃”的神话来寄托对祖先的哀思，隐晦地表达着自己的亡国之恨。而这种带有区域性民族特征的历史记忆，却一步步被外来文化加工成诸如“望帝春心托杜鹃”之类流于表面的感叹，失去了原来蕴含于

① 方诗铭、王修龄：《古本竹书纪年辑证》，上海古籍出版社，1981 年，第 218 页。

② 王炎：《“杜宇”、“朱利”史实考辨》，《社会科学研究》2006 年第 2 期。

③ ［美］沃尔夫：《神，鬼和祖先》，转引自［美］艾兰撰，杨民等译：《早期中国历史、思想与文化》，商务印书馆，2011 年，第 4 页注①。

④ 宋峰：《族群叙事：神话学语境下的族群认同》，待发表。

其中的民族情结。

三、賨人与廪君神话

賨人又称“板楯蛮”，是古代四川盆地东部和渝东地区最具影响力的族群，为长江流域巴文化的孕育贡献良多。扬雄《蜀都赋》有“东有巴賨，绵亘百濮”[①] 的说法，这说明賨人应当是百濮的一支。

賨人古居渠江与嘉陵江的两岸。据《华阳国志·巴志》载：“阆中有渝水，賨民多居水左右，天性劲勇。”[②]《史记·司马相如列传》集解引郭璞曰：“巴西阆中有俞水，僚人（即賨人）居其上，皆刚勇好舞。”[③]《太平寰宇记》卷一三八说：“古賨城在流江县东北七十四里，古之賨国都也。”賨人应当是沿嘉陵江而下，向东抵达流江县（今四川省渠县）后定居于此，繁衍生息。《国语·吴语》有“奉文犀之渠”之语，韦昭注云：“文犀之渠，谓楯也。”[④] 楯字通渠，可见渠江与宕渠等地，应该是由于賨人曾经聚居于此而得名。

在《华阳国志》的《汉中志》与《巴志》中记载道，汉中地区、巴东地区的涪陵与朐忍（今云阳县）都生活着板楯蛮。由此可见板楯蛮活动范围较大，涵盖了汉中东部以南和川东地区，实乃古巴国分布范围最广阔的民族之一。

禀君蛮留存下来的特色习俗，首推白虎崇拜。《后汉书》认为禀君死后魂魄化为白虎[⑤]，《蛮书》亦认为巴人是白虎的后裔[⑥]。这种将白虎作为祖先神，用活人进行血祭的风俗，源自于图腾崇拜。作为巴人的后裔之一，土家族将白虎视为本民族的保护神，称之为“坐堂白虎”。相关的出土实物也能够对此有所佐证，例如出土于四川三星堆遗址的金质和铜质虎形饰品，出土的巴蜀

---

① 林贞爱：《扬雄集校注》，四川大学出版社，2001 年，第 1 页。

② ［晋］常璩撰，任乃强校注：《华阳国志校补图注》，上海古籍出版社，1987 年，第 14 页。

③ ［汉］司马迁撰，［日］泷川资言考证，水泽利忠校补：《史记会注考证附校补》，上海古籍出版社，1985 年，第 1879 页。

④ ［春秋］左丘明：《国语》，商务印书馆，1958 年，第 220—221 页。

⑤ 《后汉书·南蛮西南夷列传》曰：“禀君死，魂魄世为白虎。巴氏以虎食人血，遂以人祠焉。”见［南朝宋］范晔撰，［唐］李贤注：《后汉书》，中华书局，1982 年，第 2840 页。

⑥ 《蛮书》说：“巴氏祭其祖，击鼓而歌，白虎之后也。”见［唐］樊绰撰，向达校注：《蛮书校注》，中华书局，1962 年，第 260 页。

兵器上面的虎形及对应纹路等。由此看来，虎崇拜乃是巴人与蜀人共有的习俗。

《后汉书·南蛮西南夷列传》中关于賨人的祖先，记载有掷剑于石穴、土船浮游于江面、射杀盐水神女等传说①。从神话中往往能够获得世界存在基础的文化解释，这些解释是由关于神祇和史诗英雄们的事迹所构成，并且努力从世界创生的过程描述中归纳出模式与范例②。例如在有关賨人祖先的神话中，这些史诗英雄式的行为被賨人当作榜样在心中效仿，并以文字的形式得到了记载与流传。投掷剑于石穴、制造土船、射杀盐水神女等神话，都可以视为是对賨人族群内部仪式加工与变形后的记载。这些神话经过合并后整合成为賨人统一的世界观，并形成了賨人特有的宇宙观与生命观。神话同传说一样，都和族群内的各种仪式保持着紧密联系。仪式作为族群认同的重要途径，在不断举行的过程中持续加强族群内部成员对于族群神话与传说的印象。族群的神话与传说，代表着族群对于人神关系的理解与认识，是族群内部文化认同感和历史认同感的核心组成部分。

如果我们以形式的观点来看待这则廪君神话，那么它就是一个叙事，提供了关于賨人神圣起源的口头叙述，以及具有神话象征性的简要暗示与典故。只有我们假定自己是賨人后裔的一员来追忆自己祖先的神圣历史，我们才能够理解这则神话中所蕴含的丰富内涵。神话中出现的原型、形象与人物，以及重复出现的英雄行为或创造的举动，全部可以纳入叙事形式用语言来表述。也就是说，无论是"掷剑于石穴"，还是"乘浮土船"，亦或是"射杀盐神"，都是能够令这则神话生生不息的有效信息。同时这些构成该神话的个别的、暂时的、独特的以及不稳定的成分，确保了作为神话所应当具备的神圣性。

四、《华阳国志》与巴蜀地方神话

《华阳国志》中记载有许多巴蜀地区独有的地方神话。这些神话不仅为我国神话史增添了不少亮丽的风景，同时也从侧面反映出了巴蜀地区在先秦时

---

① ［南朝宋］范晔撰，［唐］李贤注：《后汉书》，中华书局，1982 年，第 2840 页。

② ［美］阿兰·邓迪斯编，朝戈金等译：《西方神话学读本》，广西师范大学出版社，2006 年，第 64 页。

期的部分史实。

例如，导致蜀国灭亡的“石牛便金”传说。秦惠王命人造作了五头石牛，并且谎称这些石牛能够排泄黄金。蜀王向秦王索要这些石牛，结果被秦国趁虚而入攻占了自己的国度①。又如，讥讽蜀王好色的“五妇冢山”传说。秦惠王知晓蜀王好色，便遣送五位秦国美女来笼络蜀王，蜀王派遣五位壮士迎接。行至梓潼时，因为抓捕巨蛇而导致山崩，五位秦国美女和五位蜀国壮士皆葬身于此。蜀王十分哀痛，将该地称之为五妇冢山，并且建造了思妇台②。再如，哀牢国创国的“元隆之兴”传说。名为沙壶的妇人在水中与龙交合诞下十名男子，其中一人因为能与龙交流而被推举为首领，这便是哀牢国的始祖元隆。后来元隆弟兄十人又一同娶了十位姐妹，从此繁衍出哀牢国的民众③。

李冰是该书中最具有英雄神话意义的历史人物。《史记·河渠书》曰：“蜀守冰凿离碓、辟沫水之害、穿二江成都之中。此渠皆可行舟，有余则用溉浸，百姓享其利。”④ 在《华阳国志·蜀志》中，首先记述了李冰对神灵的祭祀：“周灭后，秦孝文王以李冰为蜀守。冰能知天文、地理，谓汶山为天彭门；乃至湔氐县，见两山对如阙，因号天彭阙；仿佛若见神。遂从水上立祀

---

① 《华阳国志·蜀志》：“周显王之世，蜀王有褒汉之地。因猎谷中，与秦惠王遇。惠王以金一笥遗蜀王。王报珍玩之物，物化为土。惠王怒。群臣贺曰：‘天承我矣！王将得蜀土地。’惠王喜。乃作石牛五头，朝泻金其后，曰‘牛便金’。有养卒百人。蜀人当作王。悦之，使使请石牛，惠王许之。乃当作蜀。遣五丁迎石牛。既不便金，怒遣还之。乃嘲秦人曰：‘东方牧犊儿。’秦人笑之，曰：‘吾虽牧犊，当得蜀也。’”见［晋］常璩撰，任乃强校注：《华阳国志校补图注》，上海古籍出版社，1987 年，第 123 页。

② 《华阳国志·蜀志》：“周显王二十二年，蜀侯使朝秦。秦惠王数以美女进，蜀王感之，故朝焉。惠王知蜀王好色，许嫁五女于蜀。蜀遣五丁迎之。还到梓潼，见一大蛇入穴中。一人揽其尾，掣之，不禁。至五人相助，大呼抴蛇。山崩，时压杀五人及秦五女，而山分为五岭。直顶上有平石。蜀王痛伤，乃登之。因命曰五妇冢山。川平石上为望妇堠。作思妻台。今其山，或名五丁冢。”见［晋］常璩撰，任乃强校注：《华阳国志校补图注》，上海古籍出版社，1987 年，第 123 页。

③ 《华阳国志·南中志》记载：“永昌郡，古哀牢国。哀牢，山名也。其先有一妇人，名曰沙壶，依哀牢山下居，以捕鱼自给。忽于水中触一沉木，遂感而有娠。度十月，产子男十人。后沉木化为龙，出谓沙壶曰：‘若为我生子，今在乎？’而九子惊走。惟一小子不能去，倍龙坐。龙就而舐之。沙壶与言语，以与龙倍坐，因名曰元隆。沙壶将元隆居龙山下。元隆长大，才武。后九兄曰：‘元隆能与龙言，而黠有智，天所贵也。’共推以为长。时哀牢山下，复有一夫一妇产十女，元隆兄弟妻之。由是始有人民。”见［晋］常璩撰，任乃强校注：《华阳国志校补图注》，上海古籍出版社，1987 年，第 229 页。

④ ［汉］司马迁撰，［日］泷川资言考证，水泽利忠校补：《史记会注考证附校补》，上海古籍出版社，1985 年，第 817 页。

三所，祭用三牲，珪璧沉濆。”[①] 接下来记载了李冰开流疏江、发展农业的历史功绩，之后则记载了李冰如何通过祈禳仪式来治理水患[②]。神话的目的是通过从观念上以超验的方式对某种情态加以呈现。这种呈现是永恒的、超越的，是对超时间的、永恒的存在的描述。神话是现实与观念之间的变形式对应，其本身就可以对各种现象进行解读，并对这些现象赋予符合神话要求的意义。因此，神话是具有神圣性的故事。

李冰不仅能见神通灵、置石犀以厌水精，甚至还能够操刀入水中与神争斗[③]，这些神异的事迹都为日后李冰神话的形成奠定了基础。例如《开山记》便提到，什邡的升仙台乃是李冰飞升之处，并藏其衣冠于章山的坟冢之中。通过出土于都江堰堰渠的东汉时期石质李冰像可知，李冰在东汉时期便已被蜀人奉作镇水之神，之后更是作为神王受到奉祀。族群的神话与传说，塑造了族群所崇拜的神祇及神化的族群首领或强者的形象。这些形象都是整体化思维的产物，用有限数量的类别来描述现实，并且在彼此之间的相互转换中不断地对自身加以丰富和完善。因此说，这些形象是一种具体的实体。它们在增强自身的同时，持续增强着族群的文化认同感与历史认同感。

五、结论

在族群叙事理论视野下对巴蜀古代民族与神话进行审视，我们可以发现：族群中同一神话的每一次讲述，都是对相同形象的肯定与发挥，都在增强这些实体的意涵。这些随之增强的文化认同感与历史认同感，便是神话学语境下的族群认同。

---

① ［晋］常璩撰，任乃强校注：《华阳国志校补图注》，上海古籍出版社，1987 年，第 132—133 页。

② 《华阳国志·蜀志》：“汉兴，数使使者祭之。冰乃壅江作堋。穿郫江、检江，别支流，双过郡下，以行舟船。岷山多梓、柏、大竹，颓随水流，坐致材木，功省用饶。又溉灌三郡，开稻田。于是蜀沃野千里，号为陆海。旱则引水浸润，雨则杜塞水门，故记曰：‘水旱从人，不知饥馑。’时无荒年，天下谓之‘天府’也。”见［晋］常璩撰，任乃强校注：《华阳国志校补图注》，上海古籍出版社，1987 年，第 133 页。

③ 《华阳国志·蜀志》云：“（李冰）作三石人，立三水中，与江神要：水竭不至足，盛不没肩。时青衣有沫水出蒙山下，伏行地中，会江南安，触山胁溷崖，水脉漂疾，破害舟船，历代患之。冰发卒凿平溷崖，通正水道。或曰：‘冰凿崖时，水神怒，冰乃操刀入水中与神斗，迄今蒙福。’”见［晋］常璩撰，任乃强校注：《华阳国志校补图注》，上海古籍出版社，1987 年，第 133 页。

通过以上梳理，我们可以发现：无论是羌族与大禹神话、古蜀族与杜宇神话，亦或是賨人与廪君神话、《华阳国志》与巴蜀地方神话，从本质上而言都是借助神话的形式来加深族群认同。族群认同不仅是族群成员对于自身族群归属感的表达，同时也是族群成员对于自身族群的情感依附。这种归属感的表达和情感依附，不仅是族群成员对自身族群认同的基石，同时也是对族群内其他成员相互认同的基石。

在族群叙事的初始阶段，观念与现实之间存在着本质性的呼应关系。这种呼应关系的一个重要表现形式，便是在族群内部开展崇拜仪式活动时，固定的行为与相应的语言之间的绑定。仪式活动中行为与语言的绑定，属于族群叙事中观念与现实之间本质性呼应关系的一般表现形式。此外，运用同音词、同义词来表达相关性，通过联想来表达观念与现实之间的呼应关系，则是更加独特的具体表现方式。

征稿启事

为大力弘扬中华优秀传统文化，推动中国神话学的研究和发展，四川省社会科学院神话研究院决定编辑出版《神话研究集刊》（每年两集），现将相关征稿事项公告如下。

一、栏目设置

《神话研究集刊》围绕以下研究方向征集稿件：

1. 中国神话典籍文献整理研究；
2. 神话与中国思想文化研究（历史与当代）；
3. 巴蜀神话研究；
4. 道教与神话研究；
5. 少数民族神话研究；
6. 神话与文学、艺术、美学、考古、历史、民俗等跨学科研究；
7. 外国神话研究；
8. 神话理论的译介与研究。

本刊将根据来稿内容设置相应栏目。

二、内容及字数

稿件观点新颖、论据充分、文字表达准确流畅，能够代表神话研究的最新成果。文责自负，严禁抄袭。每篇稿件实际字数在8000—15000字之间，以10000字左右为宜，特殊稿件不超出15000字，包括摘要（100—300字）和关键词（3—8个）。稿件内容包含标题、作者单位、职务或职称、姓名、摘要、关键词、正文、注释。注释采用当页脚注。未依本刊格式提供的稿件，将不能进入审稿程序。

三、格式

稿件采用简体中文。标题小三号宋体，正文小四号宋体，行距 1.5 倍。注释用小五号宋体，置于页下。注释序号采用圈号，如①、②、③（包括正文和脚注）。脚注引文格式如下：

1. 期刊

袁珂：《〈山海经〉盖“古之巫书”试探》，《社会科学研究》1985 年第 6 期。（注：如文章有三个以上的作者，仅列前三个，后加“等”）

2. 专著

袁珂：《山海经校注》，上海古籍出版社，1980 年，第 348 页。

3. 译著

[美] 马文·哈里斯著，李培茱、高地译：《文化人类学》，东方出版社，1988 年，第 299 页。

4. 古籍

[晋] 陈寿：《三国志·魏书·东夷高句丽传》，中华书局，1959 年，第 844 页；或 [宋] 宋祁、欧阳修：《新唐书》卷一百九十六，文渊阁四库全书本。

5. 析出文献

袁珂：《〈山海经〉盖“古之巫书”试探》，见《〈山海经〉新探》，四川省社会科学院出版社，1986 年，第 23 页。

6. 报纸

丁文祥：《数字革命与竞争国际化》，《中国青年报》2000 年 11 月 20 日。

7. 外文文献

North, D. C., *Institutions Institutional Change and Economic Performance*, Cambridge University Press, 1990, p. 34.

8. 图表

图表引用需按照通行版权规定，注明图表内容和出处。

文末注明作者通信地址、电子邮箱、手机号码等联系方式。文稿以 Word 文件格式提交。

四、截稿时间

《神话研究集刊》每年两集，截稿时间分别为 2 月 28 日和 8 月 31 日（以电子邮件发送日期为准）。

五、稿酬和样书

来稿将由我院组织相关专家进行评审。论文一经入选，出书后将按相关规定支付稿酬并赠送样书二册。提交稿件后三个月内（以电子邮件发送日期为准）未收到用稿通知，作者可自行处理。

六、知网及微信公众号授权

本刊所采用的论文将由出版单位授权在知网和本刊微信公众号发布电子版。作者投稿如无特别申明，即视为同意授权出版单位在知网和本刊微信公众号上发布。如不愿授权，请在文尾予以注明。

七、联系方式

1. 知网投稿网址：http：//yjjh. cbpt. cnki. net/

2. 网易收稿邮箱：shyjjk@ yeah. net

热忱欢迎海内外学者踊跃投稿。

四川省社会科学院神话研究院

《神话研究集刊》编辑部

2022 年 3 月

图书在版编目（CIP）数据

神话研究集刊．第六集/向宝云主编．—成都：巴蜀书社，2022.6

ISBN 978-7-5531-1758-4

Ⅰ.①神… Ⅱ.①向… Ⅲ.①神话-研究-丛刊
Ⅳ.①B932-55

中国版本图书馆 CIP 数据核字（2022）第 100912 号

神话研究集刊（第六集）
SHENHUA YANJIU JIKAN DILIU JI

向宝云 主编

责任编辑 黄云生
封面设计 成都墨之创文化传播有限公司
出　　版 巴蜀书社
成都市锦江区三色路 238 号新华之星 A 座 36 层
邮政编码：610023
总编室电话：（028）86361843
网　　址 www.bsbook.com
发　　行 巴蜀书社
发行科电话：（028）86361856
经　　销 新华书店
印　　刷 成都蜀通印务有限责任公司
（电话：028-64715762）
版　　次 2022 年 6 月第 1 版
印　　次 2022 年 6 月第 1 次印刷
成品尺寸 240mm×170mm
印　　张 18.625
字　　数 320 千
书　　号 ISBN 978-7-5531-1758-4
定　　价 88.00 元